UXer에게 꼭 필요한 경험

UXer에게 꼭 필요한 경험

아무도 말해주지 않는 기술

심규대 옮김 로버트 후크만 주니어 지음

에이콘

에이콘출판의 기틀을 마련하신 故 정완재 선생님 (1935-2004)

옮긴이 소개

심규대(kewday.shim@gmail.com)

비즈니스 전략의 관점에서 사용자 경험 설계를 고려해야 한다고 믿는 UX 전문가.

KAIST 산업디자인학과에서 공학사와 공학석사 학위를 받았다. 첫 직장인 LG전자 단말 연구소에서 리서치부터 모바일 UX 설계, 사용성 테스트에 이르는 폭넓은 경험을 쌓았다. 이후 SK텔레콤에서 다양한 서비스의 웹/애플리케이션 UX 설계를 담당하는 매니저로 일했다. 앞서 모바일 분야에서 쌓은 다년간의 경험을 바탕으로 현대자동차 기술연구소에서 새로운 자동차 인포테인먼트를 연구했다. 이어서 삼성화재에서는 전사 디지털 전환을 제안하고, 온라인 채널의 UX 혁신을 통한 전환율 최적화와 매출 증대를 이끌었다. 신한금융그룹의 디지털혁신연구소를 거쳐 현재는 신한라이프생명에서 디지털 경험 설계를 리딩하고 있다.

활발한 지식 교류를 목표로 다양한 컨퍼런스에서 강연을 맡고 있으며, 에이콘출판사에서 출간한 『UX 리서치』(2021), 『UX 원칙』(2019), 『모바일 UX 디자인』(2018), 『누구나 쉽게 쓰는 앱 디자인의 비결』(2013), 『Designing the iPhone User Experience 한국어판』(2011), 『심리를 꿰뚫는 UX 디자인』(2010)을 번역했다.

옮긴이의 말

시간이 쌓인다고 UX를 다루는 모든 이가 저절로 유능한 UX 리더로 성장하진 않는다. 안타깝지만 이것이 현실이다. 와이어프레임을 누구보다 빨리 작성하고, 프로토타이핑 툴을 자유자재로 다루는 능력도 중요하지만 그것만으로는 충분치 않다. 그저 손이 빠르고 감각 있는 디자이너에 머물지 않고 눈에 띄는 변화를 직접 이끌어내기 위해서는 지금과는 다른 종류의 능력을 쌓아야 한다.

일반적인 직장 생활과 마찬가지로 UX 업무를 매끄럽게 처리하려면 두 가지 종류의 스킬이 필수적이다. 바로 하드hard 스킬과 소프트soft 스킬이다. 많은 사람이 하드 스킬 연마에 집착한다. 프로토타이핑 툴의 단축키를 외우고 코딩 공부에 열을 올린다. 물론 일정 수준 이상의 하드 스킬 보유는 기본 역량에 해당한다. 이 부분이 채워졌다면 본인이 원하는 일을 하고 결과를 내기 위해서 소프트 스킬이 필요하다. 본인의 생각과 산출물을 다른 이에게 효과적으로 커뮤니케이션해서 설득하고, 원하는 합의를 이끌어 내고, 걸림돌을 제거하고, 실질적인 개선과 혁신을 만들어 내는 방법을 익혀야만 한 단계 성장할 수 있다.

어찌 보면 가장 중요한 스킬인데 정작 이를 가르쳐주는 곳은 거의 없다. 학교나 컨퍼런스에서도 이런 주제는 찾아보기 힘들다. 다행스럽게도 이 책은 신뢰받는 UX 리더가 되는 방법, 즉 소프트 스킬을 다룬다. 다른 사람과 어떻게 소통하고 어떻게 협업할 것인지, 좋은 디자인을 방해하는 다양한 걸림돌을 어떻게 극복하고 전진할 것인지를 알려준다. 이는 꼭 관리자로 승진할 욕심을 가진 사람에게만 해당하는 것이 아니다. UX 업무를 본인이 원하는 방향으로 리딩하고자 한다면 직급이나 역할에 상관없이 누구에게나 반드시 필요한 내용이다.

이 책을 읽고 긍정적인 변화를 일으키기 위해 끊임없이 노력할 모든 이에게 응원의 박수를 보낸다.

2023년 8월 서울에서

지은이 소개

로버트 후크만 주니어 Robert Hoekman Jr

UX 전략가이자 작가로서 여러 권의 책과 Fast Company 잡지사의 Co.De sign 블로그를 포함한 다양한 간행물에 수십 개의 글을 저술했다. 유명한 오토바이 문화 및 라이프스타일 잡지인 『Iron & Air』(www.ironandair.com) 의 칼럼니스트이자 객원 에디터이기도 하다. 전 세계 여러 이벤트에서 수 많은 청중을 대상으로 강연을 해왔다.

기존의 통념에 의문을 제기하고 도전하는 로버트의 재능은 디자인, 제품 전략 컨설팅, 프리랜서 집필, 편집 및 공개 연설을 비롯한 수많은 전문 분 야에서 성공을 거뒀다. 웹 업계의 베테랑으로서 UX라는 신생 직업이 대중 화되기 전에 이를 알리고 실천한 몇 안 되는 사람 중 하나였으며, 이를 정 의하는 여러 권의 안내서를 집필한 것으로 유명하다. 자신이 사랑하는 것 을 추구하는 불굴의 추진력, 기회로 이어지는 질문을 던지는 재주, 그리고 이해력과 정확성, 그리고 품질에 대한 끊임없는 헌신을 갖고 있다.

평생 드러머이며 심리학, 금속 세공, 그리고 네덜란드 혈통에서 요구하는 대로 가구 제작에 대한 열정을 지니고 있다. 애리조나 주 피닉스 시내에서 파트너인 조디 Jodi 와 두 마리의 대형견인 맥스, 데이지와 함께 살고 있다.

로버트 후크만 주니어의 다른 책

- 『명확하게 디자인하라』(영진닷컴, 2011)
- 『실전 UX 디자인』(에이콘, 2009)
- 『웹 사이트 해부하기: 실무에 적용하는 인터랙션 디자인 프레임워크』
  (인사이트, 2012)(재러드 스풀과 공저)
- 『누구나 쉽게 쓰는 앱 디자인의 비결』(에이콘, 2013)
- 『The Tao of User Experience』(자가출판, 2013)

감사의 말

울컥해지는 부분입니다. 좋은 책이 나오기까지 수많은 헛소리를 참고 견뎌 준 아래 분들에게 깊은 감사를 전합니다.

나의 괴팍함과 집필을 시작한 지 2주 만에 책의 전체 범위를 바꾸겠다는 갑작스러운 바람에도 불구하고, 이 모든 프로세스를 부지런히 궤도에 올리고 나와 함께해준 개발 에디터 로빈 토마스Robyn Thomas.

나의 이상한 아이디어를 어떻게든 독자들에게 전달하기 위해 검토를 진행해준 영원히 함께 일하고 싶은 원고 검토 에디터 캐린 존슨Karyn Johnson.

흠잡을 데 없이 일하고, 내가 글을 쓰는 속도보다 더 빠르게 수정해준 교열 에디터 스카우트 페스트Scout Fest.

마지막 차수의 편집도 처음처럼 꼼꼼하게 처리해준 교정 담당자 리즈 웰치Liz Welch.

탁월한 터치로 또 하나의 책 디자인을 완성한 미미 헤프트Mimi Heft.

Peachpit의 모든 직원이 이 글을 쓰는 지금까지 거의 10년 동안 나에게 큰 힘이 돼주었습니다. 우리가 이 모든 일을 더 겪는다 하더라도 난 여전히 이들과 함께 일하고 싶습니다. 그만큼 우리는 서로에게, 그리고 이 일에 헌신적입니다.

나를 포함한 주변 모든 이가 꾸준히 존경하고 칭찬하는, 내가 또 다른 책을 쓸 수 있도록 New Riders 출판사 사람들과 더 긴 시간을 보내게 해준 편집장 낸시 데이비스Nancy Davis.

이 업계에서 가장 위대한 사람 중 한 명이며, 내가 언제든 질문을 던져도 받아주는 재러드 스풀Jared Spool.

오랜 친구이자 내가 아는 무척 똑똑한 사람 중 하나인 크리스티나 워드케 Christina Wodtke. 귀찮게 느껴질 정도로 내가 신세를 많이 졌습니다.

자신의 인사이트와 관점으로 기꺼이 도움을 준 또 다른 오랜 친구이자 조언자인 스테파니 트로스Stephanie Troeth.

뛰어난 사람이 되기 위해 필요한 것에 대한 온갖 도발적인 인사이트로 내 머릿속을 채워준 천재 해리 맥스Harry Max.

차례

3장　조정하기　　　　　　　　　　　　　　　　65

4장　이해하기　　　　　　　　　　　　　　　　93

들어가며

당신의 정체성, 그리고 이 책을 읽는 이유

당신은 사용자 경험UX, User Experience 디렉터일 수도 있고, 이미 세상에 존재하는 디자이너 집단에 합류하는 방법을 배우고 있는 학생일 수도 있다. 혹은 지역의 소규모 사업체에 디자인 지원 서비스를 제공하는 프리랜서일 수도 있다. 100여 개의 웹 제품을 개발하고 제품마다 전담팀이 구성된 대기업의 팀원일 수도 있으며, 컨설턴트, 신입, 인턴일 수도 있다. 직위나 직함은 상관없다.

지위나 상황에 관계없이 리드하고, 생각보다 지속적으로 낮은 수준에 정체된 기준을 높이고, 기준 향상의 필요성과 그것을 가능하게 하는 방법을 찾아야 하는 위치에 있다면 이 책이 도움이 될 것이다.

당신이 누구인지, 그리고 이 책을 통해 어떤 이점을 얻을 수 있는지는 다음과 같다.

당신이 디자이너라면

디자이너의 입에서 나오는 무척 흔한 질문 중 하나는 "어떻게 하면 나중에 덧붙이는 대신 UX 작업을 리드하는 방법을 배울 수 있나요?"다. 때로는 이미 UX 작업을 주도하고 있는 사람들마저 이렇게 질문하기도 한다.

컨셉 회의에 참여하는 방법을 알아야 하고, 당신이 옳다는 것을 사람들에게 납득시키는 방법을 알아야 한다. 아이디어를 발전시키는 방법, 책임을 지는 방법, 프로젝트의 이해관계자로부터 완전한 신뢰를 얻을 수 있도록 평판을 구축하고 유지하는 방법, 성장하는 방법, 남의 떡이 더 큰지 궁금해하는 데 전체 경력을 낭비하지 않도록 직장에서 자신의 행복을 유지하는 방법을 알아야 한다. 알아야 할 것이 정말 많다. 이 책은 당신이 아직 갖추지 못한 기술을 다루고 있다.

당신이 학생이라면

당신은 여유로운 속도로 배울 수 있는 대기업에서 난이도가 낮은 디자이너 자리를 구하거나, 매주 업데이트를 통해 최신 제품을 만들어내는 빠르고 똑똑한 디자이너로부터 배울 수 있는 멋진 스타트업에서 일하길 희망할 것이다. 여기서 당신이 알아야 하는 것은 디자인을 잘 하는 방법이 아니다. 당신은 이미 그런 종류의 지식에 파묻혀 있다. 당신이 알아야 할 것은 당신이 의미 있는 방식으로 기여할 수 있다는 것을 사람들에게 보여주는 방법, 더 영향력 있는 위치에 오르는 방법과 시기다. 모르는 것이 무엇인지, 그들이 가르쳐 주지 않는 것이 무엇인지 알아야 한다. 이 책은 사람들에게 당신이 추천하는 내용을 설득하는 방법, 그 추천이 적절한지 아는 방법, 언제 배우고 언제 뛰어넘어야 하는지, 최상의 진로 선택을 하는 방법을 알려준다.

당신이 강사라면

커뮤니티 컬리지, 예술 교육기관 또는 주요 대학에서 디자인 강좌를 진행하고 있거나 대기업이나 스타트업 내부의 디자인 팀을 대상으로 워크샵을 열 수도 있다. 당신의 최대 관심사는 무엇을 가르쳐야 하는지를 아는 것이다. 지금까지 당신은 사용성 테스트, 인터랙션 디자인, 몇 가지 멋진 신규 코드 프레임워크로 프로토타입 구축하기와 같은 어려운 기술에 집중해왔다. 고용주와 클라이언트가 실제로 원하는 것은 유연하고 올바른 디자이너다. 이 책은 당신의 학생들이 인턴이든 직원이든 간에 그들을 첫날부터 더 효과적으로 만들어줄 필수적인 소프트 기술을 알려준다.

당신이 채용 관리자라면

디자인과 관련해 스타트업 사업주의 입에서 나오는 흔한 질문 중 하나는 "누구를 채용해야 하는지 어떻게 알 수 있나요?"다.

당신은 자신의 상점이나 회계 사업 또는 다른 무언가를 위해 빠르고 합리적인 가격의 웹 사이트를 구축해줄 완벽한 프리랜서 웹 디자이너를 찾고 있는 소규모 사업주일 수 있다. 1차로 후보자를 가려내는 일을 하는 대기업의 HR 담당자일 수도 있다. 상황이 어떻든 회사를 정의하는 제품을 만드는 사람이나 팀을 찾고, 인터뷰하고, 선택해야 한다. 팀에 누군가가 추가되면 팀의 에너지, 초점, 능력이 변화한다. 당신은 적절한 기술과 자질을 지닌 사람을 찾아야 한다. 이 책은 훌륭한 디자이너가 어떻게 행동하고 말하고 생각하는지를 보여줌으로써, 당신이 인터뷰에서 적합한 사람들을 찾아내고 그들이 잘 하고 싶어하는 일을 하도록 돕게 한다.

당신이 디자인 디렉터라면

당신은 오랫동안 디자이너로 일해왔다. 디자인에 대한 깊은 이해도를 갖고 있을 수도 있고, 그렇지 않을 수도 있다. 지금 당신이 해야 할 일은 다른 사람이 디자인을 더 잘할 수 있도록 돕는 것이다. 관리하는 것과 이끄는 것의 차이를 알아야 한다. 팀의 다른 모든 사람을 더 뛰어나게 만드는 방법을 알아야 한다. 왜 소규모 그룹이 개인보다 나은지, 그리고 왜 팀의 평판이 당신의 평판보다 기하급수적으로 더 중요할 수 있는지 알아야 한다. 이 책은 무엇이 훌륭한 팀을 만들고 그 팀이 어떻게 큰 변화를 이룰 수 있는지에 대한 모든 측면을 다룬다.

당신이 디자인 이해관계자라면

당신은 디자인에 관해 아무것도 모르지만 어찌된 일인지 디자인이 중요한 프로젝트에 엮여있고, 그 프로젝트를 잘 관리해야 한다. 당신이 알아야 할 것은 이 일을 업으로 하는 사람들이 무엇을 필요로 하는지, 그리고 가장 좋은 상태일 때 그들에게서 무엇을 기대해야 하는지, 그들의 관심사와 그 이유, 최고의 제품을 얻기 위해 취할 수 있는 조치를 학습함으로써 그들을 어떻게 가장 잘 지원할 수 있는가 하는 것이다. 그들이 디자인하는 방법을 정확히 알 필요는 없다. 프로세스의 각 측면이 무엇을 달성하는지, 각 유형의 디자이너가 무엇을 수행하는지, 각 기술이 만들어내는 효과는 무엇인지, 그리고 그것이 왜 중요한지를 알아야 한다. 이 책은 당신에게 필요한 모든 것을 다룬다.

당신의 역할이 무엇인지는 중요치 않다. 뛰어난 디자이너가 어떤 모습인지, 어떻게 그런 디자이너가 될 것인지, 또는 최고의 결과를 얻기 위해 어떻게 디자이너와 함께 일할 것인지를 알고 싶어하는 것이 중요하다.

이 책은 '위대한 디자이너'가 무엇을 의미하는지 보여준다.

내부: 아무도 알려주지 않는 사실

나는 디자인 학교에 다닌 적은 없지만(웹 업계에 발을 들일 당시에는 디자인 학교가 없었다), 디자인 학교 커리큘럼의 초안 개발에는 참여했다. 참여한 이유는 그 당시 다른 모든 디자인 리더와 마찬가지로 지식이 부족한 학생들이 디자인 학교를 졸업하자마자 면접 테이블로 향하는 것이 너무 싫었기 때문이다. 이것은 꼭 학생들의 잘못은 아니었다. 대개 강사진의 잘못이었다. 누군가가 디자인을 그만두고 교육을 시작하면, 때때로 그들의 기술은 뒤처지게 된다. 인터넷의 역할과 끝없는 틈새 시장에 대한 정의와 초점이 너무 빨리 달라지기 때문에 누군가가 손을 떼고 나서 1년만 지나도 그것을 완벽하게 이해하고 있으리라 기대하기는 어렵다. 갓 졸업한 주니어 디자이너들은 서버에 파일을 업로드하는 방법도 모른 채로 사방에 있는 회사 사무실로 걸어 들어가고 있었다. 소위 'UX 디자이너'라고 불리는 이들은 OmniGraffle의 복사본을 가지고 다니면서 그들만큼 풋내기인 기업체를 대상으로 현상 유지 프로세스를 설파하고 있었다. 멈춰야 했다. 그래서 많은 사람이 모여서 디자인 학교에 채택될 온라인 커리큘럼을 개발했다. 가져다 쓰기만 하면 된다. 그들은 그 커리큘럼을 WaSP^{Web Standards Project} InterACT라고 불렀다. (최신 버전은 http://m.interactwithwebstandards.com/curriculum[*]에서 확인할 수 있다.) 이 커리큘럼은 매우 똑똑한 사람들이 작성하고 편집한 좋은 정보로 가득 차 있다.

그런데 말이다.

그 커리큘럼에는 디자이너가 다른 사람에게 자신의 추천을 설득하는 방법, 자신의 디자인을 옹호하는 방법, 디자인을 설명하는 방법, 회사가 디자이너 혹은 디자인 팀에 어떤 기술을 요구하는지 파악하는 방법, 전략으로 시작해서 강박적인 트집 잡기로 끝냈다가 고작 2분 뒤에 다시 시작하는 방법, 개선하는 방법, 다른 사람의 발전을 돕는 방법에 대해서는 하나도 담겨 있지 않다.

내 주장을 뒷받침하기 위해서 이처럼 자주 무시되는 주제에 대한 자신의 생각을 흔쾌히 밝혀준 저명한 디자인 리더 및 연구원들의 인사이트를 담았다.

만약 당신이 뛰어난 디자인을 원하고, 훌륭한 디자이너가 되고 싶고, 팀과 프로젝트를 이끌고 싶고, 회사를 발전시키고 싶다면 디자인 책을 내려놓고, 그래픽 편집기를 닫고, 와이어프레임을 만지작거리는 것을 잠시 멈추고 이 책을 읽어라.

아무도 말해주지 않는 답이 들어있다.

---

* 본문의 링크로 접속되지 않을 경우 https://www.webstandards.org/로 접속 바랍니다. – 편집자주

외부: 디자인 기술 또는 그것에 대한 정의

디자인의 예술과 과학은 복잡한 주제다. 디자인에 관한 책들이 당신의 삶을 바꿀 수 있고 또 바꿀 것이다. 당신이 지금 서점이라면, 이 책의 양쪽에 수십 권의 책이 꽂혀있을 것이다. 각기 다른 시각에서, 각각 다른 목적과 범위를 가지고 있으며 그 모두가 디자이너인 당신에게 어느 정도 가치있을 것이다(당신이 그들의 조언 중 일부에 전적으로 동의하지 않는 경우에도). 좋은 디자인의 특성, 사용성 테스트를 수행하는 적절한 방법 등과 같이 잘 디자인하는 것의 개념과 기술에 대해 배우고 싶다면, 그중 일부를 선택하라.

이 책은 범위를 넓히기 위한 사용자 리서치 수행 방법, 와이어프레임 작성법, 그래픽 디자인 방법, 버튼 레이블 작성법, 양식 오류 처리법 또는 디자인의 다른 기술적인 측면을 수행하는 방법을 알려주지 않는다. (그런데 이런 것들을 다루지 않으려면 엄청난 자제력이 필요하다.)

그러나 이러한 것들이 실제 세계에서 어떻게 작동하는지를 때때로 살펴봐야 한다. 저기에 놓인 정교한 사용성 테스트 방법에 관한 책을 좋아할 수도 있겠지만, 장담하건대 '정교한' 방법은 실제 프로젝트에서 거의 사용되지 않는다. 따라서 나는 실제로 벌어지는 일과 그걸 처리하는 방법에 대해 이야기한다. 당신은 디자인 방법에 대한 여러 권의 책을 읽었을 것이다. 나는 당신이 자신의 디자인을 만드는 방법, 매일같이 좋은 디자인을 방해하는 정치, 평판, 추측을 극복하는 방법에 대해 이야기한다.

내 목표는 당신에게 디자인하는 방법을 가르치는 것이 아니다. 훌륭한 일을 하고 뭔가를 해낼 수 있는 디자이너가 되도록 돕고 직책에 관계없이 리더가 되는 방법, 조직 내에서 변화를 일으키는 방법, 장애물을 처리하는 방법, 침착함을 유지하고 앞으로 나아가는 방법을 당신에게 보여주는 것이 목표다.

물론 당신은 경험했던 것보다 제약이 더 클 때 실제 디자인 작업을 수행하는 방법에 대한 인사이트를 얻을 수 있을 것이다. 이 책에서는 여러 장에 걸쳐 디자이너가 보다 효과적이고, 보다 설득력 있고, 더 적절하고, 더 자주 수행할 수 있는 태스크를 소개한다.

당신은 현재 하고 있지 않은 많은 것을 발견하게 될 것이다. 수백 명의 디자이너, 경영진과 함께 일해 보았기 때문에 이것을 알고 있다. 나는 그들이 하는 일을 지켜봤다. 그들이 어디서 실패하는지 봤고, 그들의 불만과 희망을 들었다. 나는 성공한 사람들에게 많은 관심을 기울였다. 다른 사람들은 하지 않고 성공한 사람들만 하는 일이 무엇인지 연구했다. 그리고 내가 참여한 모든 프로젝트에서 내가 한 것들 중에 효과가 있었던 것과 그렇지 않았던 것을 살펴봤다.

상황을 반전시킬 수 있는 사람들도 연구했다.

디자인 직업의 소프트 스킬은 하드 스킬보다 더 중요하다. 하드 스킬 향상은 어렵지 않다. 많은 자원을 각각의 스킬에 사용할 수 있다.

하지만 당신은 앞을 가로막는 모든 것을 극복하는 방법을 배워야만 위대해질 수 있다. 그리고 훌륭한 팀의 모습과 팀원들을 최대한으로 활용하는 방법을 알아야만 리드할 수 있다.

이 책은 당신을 위한 것이다.

01

소개

▶ 핵심 용어

UX 노하우의 세계에는 어느 정도의 격차가 있다.

큰 격차는 다음과 같다.

아무도 말해주지 않는 몇 가지 기술이 있다. 이 기술은 디자이너의 업무 능력에 절대적으로 중요하다. 이것은 당신에게 성공을 가져다주고, 당신을 리더로 만들어줄 것이다. 어떤 이유에서인지 UX라는 거대한 주제를 구성하는 다양한 기술에 관한 책이나 웹 사이트, 수업에서는 이 기술을 다루지 않는다.

이 격차에는 디자이너가 설득력을 갖추는 방법, 프로세스의 마지막에서 처음으로 이동하는 방법, 어떤 식으로 기술을 조합하는 것이 실무에서 가장 유용한지를 아는 방법, 예산이나 일정이 부족한 프로젝트에서 일할 때 어떤 일이 생기는지 배우는 방법, 디자인이라는 것이 스크린에 픽셀을 우겨넣는 것보다 훨씬 더 복잡한 이유를 사람들에게 이해시키는 방법, 직업 전체에 대한 기대치를 높이기 위해 단일 프로젝트의 문제를 해결하는 방법, 당신이 홀로 일하는 프리랜서, 대규모 팀의 주니어 멤버 혹은 디자인 디렉터이든 간에 UX를 리딩하는 방법, 타당한 논거를 만들고 디자인 결정을 옹호하는 방법, 작업한 것을 발표하는 방법, 지속적으로 개선하는 방법을 배우는 것이 포함된다.

훌륭한 디자인을 다루는 자료는 방대하지만, 뛰어난 디자인 전문가가 되는 방법을 알려주는 것은 거의 없다. 좋은 UX의 구성 요소에 관한 모든 학교, 수업 및 워크샵 중에서 그 목표를 효과적으로 달성하는 방법에 초점을 맞춘 정규 교육은 전혀 없다. 물론 사용자 리서치를 수행하는 방법, 스크린 상에서 픽셀을 이동시켜서 배치하는 방법, 디자인을 테스트하는 방법, 지표를 추적하는 방법, 애자일^{Agile} 환경 및 린^{LEAN} 개발 사이클, 그 외 프로세스 지향적인 복잡한 상황에서 반복적인 디자인을 실시하는 방법은 가르쳐줄 것이다. 하지만 당신이 옳다는 것을 다른 사람들에게 납득시키는 방법, 동료와 상사가 디자인을 마지막이 아니라 처음부터 고려하게 만드는 방법에 관한 수업은 어디에 있는가?

자신감 또는 리더십, 인정받는 UX 전문가가 되는 방법, 주니어에서 시니어로 올라가는 방법을 알려주는 워크샵은 어디에 있는가?

디자인 결과물을 뽑아내는 방법, 뛰어난 디자인 아이디어를 실행 단계로 가져와서 매끄럽게 구현하는 방법에 관한 워크샵은 어디에 있는가?

경영 대학원에서는 이런 내용을 알려주지 않는다. 디자인 학교 역시 절대로 가르쳐주지 않는다.

애석한 일이다.

지식, 견해, 통상적인 의견, 권한을 갖추고도 디자인 프로젝트에 관련된 모든 사람이 진정으로 필요로 하는 것은 위대해질 가능성이다. 그리고 당신을 위대하게 만드는 것은 프로세스가 아니다. 디자인 트렌드나 선호하는 글꼴, 문제 해결의 또 다른 이름도 아니다.

답은 사람이다.

좋은 사람, 좋은 환경, 좋은 리더, 좋은 스킬, 좋은 행동, 좋은 자질이다.

이 책은 이런 내용을 다룬다.

팀의 일원이든, 팀을 리딩하거나 다른 방식으로 진전을 위해 디자인 노력을 기울이든 간에 훌륭한 사람이 되고자 하는 사람을 위한 책이다. 역할에 관계없이 어떤 디자인 프로젝트 상황에서든 자신을 더 발전시키고 싶은 사람을 위한 책이다.

당신의 역할은 상관이 없다는 뜻이다.

누구에게 영향을 미칠 수 있을지에 대한 넓은 시각에서 이 책을 썼다. 디자이너와 디자인 리더가 주된 대상이지만, 학생과 강사에게도 유용할 것이다. 소규모 사업자와 디자인 디렉터도 마찬가지로 책을 읽고 디자이너가 훌륭한 작업을 수행할 수 있게 만드는 자질과 기술, 행동이 무엇인지 알아내고 이를 전파할 수 있다.

당신이 누구든, 조직도에서 어디에 위치하든, 직함이 무엇이든 간에 디자인에 직간접적으로 관여한다면 이 책이 도움이 될 것이다.

그렇지만 이 책은 궁극적으로 디자이너를 위한 것이다. 그래야 디자인을 개선할 수 있고, 그 이상의 것을 만들 수 있다. 더 많은 사람이 디자인을 통해 세상을 개선시킬 더 많은 기회를 가질 수 있다.

핵심 용어

논리학 수업을 들은 적이 있다. 어느 날 교수는 모든 종류의 토론에서 사람들을 화나게 하고 서로에게 소리를 지르게 만드는 주된 문제가 논쟁에서 핵심 용어에 대한 공통된 정의가 부족하기 때문이라고 설명했다. 무엇이 도시를 '대도시'로 만드는지에 대한 동의 없이 대도시에 사는 것의 장단점에 대해 누군가와 논쟁을 벌일 수는 없다. 정의가 약간만 달라도 문제 해결에 온갖 차이를 만들어 낼 수 있다. 소수점은 나라를 무너뜨릴 수 있다. 정확성이 중요하다.

디자이너, 그들의 상사 및 관련된 모든 사람이 상당히 빈번하게 이 부분에 영향을 받는다.

디자이너가 무엇인지는 다들 알고 있고, 그렇게 생각한다. 하지만 디자이너가 하는 일, 프로세스에 투입되는 단계, 필수 기술에 관해 이야기할 때가 되면, 아무도 디자이너가 실제로 무엇인지에 대해 군이 합의하려 하지 않는다. 심지어 물어보지도 않는다.

사실, '디자이너'는 지저분한 직업을 포괄하는 세련된 용어다. 디자이너는 단일한 개념이 아니다. 일종의 묶음으로 일부는 당신이 하는 일이고, 다른 일부는 하지 않는 일이다. 당신이 필요로 하는 것도 있고, 필요하다고 생각만 하는 것도 있다.

이 모든 것을 자세히 다루기에 앞서, 책 전반에 걸쳐 이야기할 작업에 대한 공통 정의가 필요하다. 이러한 구분은 중요하다. 이 책에서 디자인, 디자이너, UX, UX 실무자에 대한 언급을 계속해서 보게 될 것이다. 이러한 용어들이 어떤 의미이고 무엇인지에 대해 합의를 봐야 한다.

디자인

'디자인'은 사람마다 다른 의미를 갖는다. 당신이 디자이너가 아니라면, 아마도 당신이 생각하는 그 의미가 아닐 것이다. (디자이너인 경우에도 종종 그렇다.)

거의 모든 컨텍스트context에서 디자인이라는 말이 사용되는 것을 들을 수 있다. 디자인은 스포츠카의 외관, 빈티지 화장 거울의 장식과 스타일링이다. 복잡한 웹 애플리케이션 뒤에 숨은 아키텍처다. 인터페이스 규약이자 스마트폰의 둥근 모서리다. UX 전문가가 디자인을 이야기할 때에 디자인은 무언가가 작동하는 방식이다. 구조화하는 방식이며, 완벽한 균형으로 비즈니스 요구사항을 만족시키는 동시에 핵심적인 사용자 니즈를 해결하는 방법이다.

사전에는 그렇게 나와있긴 하지만, 전혀 이런 뜻이 아니다. 사전적 정의에 따르면 디자인이란 계획 또는 계획을 문서화한 것이다. 또한, 결정을 내리는 행위거나 결정에 대한 언급이다.

디자인은 목표를 달성하는 것이다.
디자인은 논의 대상이다.
디자인해봅시다.
그렇게 디자인됐다.

디자인은 외관이 아니다. 외관은 계획에 뒤따라오는 것이다. 디자인은 장식이 아니다. 장식은 의도의 뒤를 잇는다. 디자인은 아키텍처가 아니다. 디자인은 아키텍처를 문서화한다.

'디자인'은 가벼운 단어가 아니다. 그 여섯 글자에 많은 역사, 생각, 명상, 천재성이 담겨 있다.

디자인을 더 가볍게 덜어내는 것은 잠재력을 훨씬 더 축소시키는 일이다. 디자인을 전적으로 지원하고 존중하라. 그러면 노력한 것을 얻게 될 것이다.

내가 '디자인'이라고 말할 때, 아주 뛰어나지만 비효율적일 가능성이 높은 것을 뜻한다. 세상을 바꿀 수도 있지만 완전히 하찮은 것일 수도 있다.

내가 '디자인'이라고 말할 때, 내가 매우 존중하고 당신도 존중해야 할 대상과 관련이 있다. 그것은 당신이 전념해온 것이며 조직, 아이디어 또는 대의명분의 성패를 좌우할 수 있기 때문이다.

디자이너

UX 업계에서 본다면 디자이너는 외관, 장식, 아키텍처를 다루는 사람이 아니다. 물건을 예쁘게 만드는 사람도 아니다. 그들은 계획을 세우는 사람이다. 디자인은 선과 색상, 픽셀이 아니다. 디자인이란 의도하는 결과가 있는 계획이다. 디자이너는 생각하는 사람이며, 디자인은 그들의 생각이다.

디자이너의 의미를 이해하고자 하는 이 시점에서 당신이 할 수 있는 가장 중요한 일은 어쩌면 디자인이라는 직업이 엄청나게 복잡하다는 사실을 이해하는 것일지도 모른다.

당신은 포토샵^{Photoshop} 복제본을 갖고 있는 꼬마가 아니다. 선을 그리고 색상을 채우는 것이 당신의 목적이 아니다. 당신은 실제 작품이 입소문을 타야만 큰 돈을 벌 수 있는 그래픽 디자이너가 되기로 계약한 실패한 예술가가 아니다.

디자이너는 막중한 책임을 지닌 사람이다.

당신이 디자이너라면, 당신의 일은 회사의 웹 사이트 또는 웹 제품, 사용자, 이해관계자, 목적, 가능성의 모든 세부 사항을 충분히 고려하는 것이다. 리서치를 수행하고, 이론을 세우고, 아이디어를 개발하고, 아이디어를 점검하고, 다른 이들과 협력해 아이디어를 구현하고, 측정하고, 변경하는 것이다.

현재 디자인 리더거나 언젠가 그렇게 될 거라면, 당신의 책무는 가르치고, 멘토링하고, 큰 그림을 주시하고, 큰 그림을 그리고, 직장의 제약과 양립할 수 있는 방식으로 작업해야 한다.

UX

마찬가지로 'UX'라는 말도 거창한 용어다. 당연히 그렇다. 다음 장에서 볼 수 있듯이 디자이너가 무엇인지에 대한 개념은 지난 10년 또는 20년 동안 많이 달라졌고, 'UX' 역시 바뀌었다. 일반인에게 이는 제품에 대한 경험을 의미하게 됐다. 디자이너는 아니지만 디자이너를 상대하는 대부분의 사람에게 UX는 '디자이너'라는 의미를 지니게 됐다. 그럴 수밖에 없는 것이 그래픽 디자인만 하다가 UX로 옮겨 탄 일부 디자이너에게 UX는 더 많은 돈을 버는 방법을 뜻하게 됐기 때문이다. 이력서나 포트폴리오에 타이틀을 집어넣고, 실제 전문가 여부와 관계없이 더 높은 평가를 받아라. 요즘은 누구나 'UX'를 할 수 있다.

이러한 집단 중에서 일반인만이 정확하다.

UX는 디자인될 수 없다. 당신이 아무리 성취하려는 결과물을 잘 계획한다고 하더라도, 경험은 계획하기에는 너무 복잡하고 미묘하며, 주관적이고 개인적이다. 경험은 다른 사람이 아닌 사용자의 것이다.

UX 종사자가 하는 일은 영향력이다.

계획적인 영향력이다.

디자인의 세부 사항이 심사숙고를 거치지 않았다면, 디자이너는 자신의 영향력을 낭비한 것이다.

그렇다면 'UX'는 무엇을 의미하는가?

   UX는 기술 설계에 심리학을 적용한 것이다.

이는 비즈니스와 사람을 리서치하는 것을 뜻한다. 양쪽의 니즈를 충분히 생각하는 것이며, 전체 제품 또는 개별 태스크의 목적, 비전, 범위, 기능 세트, 디자인 기준 및 성공 지표를 계획하는 것이다. 그리고 모든 이가 원하는 결론인 좋은 경험에 도달하는 최상의 방법을 가려내기 위해서 테스트, 검증, 정리, 협업 및 다양한 활동을 재빨리 살펴보는 것을 의미한다.

분석가, 사상가, 문제 해결사처럼 이 일을 직업으로 하는 사람은 대개 이 모든 일에 열성적이다. UX 전문가를 몰입시키는 것은 버튼의 색상이 아니라 버튼을 두는 이유다. 먼저 버튼이 있는 이유는 무엇인지 그리고 사용자와 비즈니스, 사회에 어떤 도움을 주는지다.

일부 버튼에는 그런 힘이 있다.

UX 종사자는 놀라운 일을 하고 싶어한다. 세상을 더 높은 수준으로 디자인하길 원한다. 풀리지 않는 문제를 풀고, 인터넷을 개선할 무언가를 발명하고, 더 재미있게 만들고, 보다 힘을 북돋아주고, 모든 방법을 동원해서 개선하고 싶어한다.

내가 UX 전문가에 대해 이야기한다면, 내가 말한 그들이 바로 전문가다. UX에 대해 이야기한다면, 바로 이것이 그들이 추구하는 목적이다.

이제 확실하게 정리했다.

02

위대한 디자이너의 모습

디자이너란 무엇인가에 대한 두 가지 인식이 있다. 디자이너의 인식과 다수의 일반인의 인식이다. 비교했을 때 일반인의 인식은 과거에는 대체로 정확했지만, 그들은 상황의 변화를 알아차리지 못한다.

일반인의 입장에서, 요즘 디자이너는 무엇을 하는지 파악하기 힘들다.

'디자이너'는 움직이는 표적이었다.

디자이너의 역사

90년대에는 웹 디자이너라는 개념이 생소했고, 프로그래머와 경영진이 대부분의 결정을 내렸다. 그 후 인터넷이 성장하면서 경영진은 그들이 디자인에 서툴다는 것을 깨닫고는 이를 프로그래머의 판단에 맡겼다. 하지만, 여전히 간간이 끼어들어서는 말이 되든 안 되든 간에 버튼에 뭐라고 적어야 하는지, 그 다음에 어떤 기능이 와야 하는지를 지시했다. 그 다음에 디자이너가 점점 더 많이 등장했고, 악을 쓰고 애를 써서 공학 중심적 프로세스에 디자인을 추가했으며, 그들의 뛰어난 아이디어가 먼저 고려되는 날이 오길 간절히 바라면서 이를 악물고 잘못된 결정에 대해 항의하기 시작했다. 그들 중 UX에 대해 아는 사람은 거의 없었다. UX는 아직 아무것도 아니었다. UX보다 이전 개념인 인터랙션 디자인도 마찬가지였다. 디자이너의 훌륭한 아이디어는 기본적으로 디자인 트렌드 또는 그들이 멋지다고 생각하는 것에 기반한 공상에 불과했지만, 적어도 독창적이었고 그래픽 품질의 기대치를 높일 수 있었다. 그들은 프론트엔드 코드를 작성하고, 힘겹게 자바스크립트JavaScript를 배우고, 포토샵을 붙들고 몇 시간씩 보냈다. 그들은 컨텐트가 전달되기를 하염없이 기다렸다. 컨텐트 없이 개체틀placeholder 텍스트로 채워진 웹 페이지를 디자인했다. (이 페이지는 CSS도 없었으므로 실제 컨텐트가 추가되고 나면 예외 없이 깨졌다.) 사진, 폰트 또는 하이퍼링크(당시에는 그렇게 불렀다)와 같이 프로그래머나 경영진에게 필요한 것은 "디자이너에게 맡겨!"로 시작해서 "왜 아직 안 끝났지?"로 끝났다. 그들은 무엇이든지 해야 하는 디자이너였다. 저평가, 저임금, 과로에 시달리면서도 디자인의 다섯 가지 측면에서 한꺼번에 뛰어난 능력을 보이려고 노력했고, 코드 작성에도 능숙했다. 그리고 디자이너가 열중한 것이 바로 인터넷이었다. 인터넷은 황량한 미국 서부였고, 에버레스트 등정이었다. 그것은 전문 분야, 새로운 종류의 상거래, 새로운 세계를 정의하는 것이었다.

이런 사람은 더 이상 존재하지 않는다. 그러한 직함도 마찬가지다. 그리고 '디자이너'를 재정의하는 과정에서 많은 일이 일어났다.

디자인은 수백 가지의 주제가 됐다.

이 모든 것은 '웹 사이트'가 '웹 애플리케이션'이 돼가고, 정적인 컨텐트에서 태스크 기반의 경험으로 바뀌면서 시작됐다. '디자이너'가 알아야 할 것이 갑작스레 더 많아졌다. 그래서 그들은 하위 그룹으로 나뉘었다.

이름의 문제

이 무렵의 첫 번째 주요 분류는 그래픽 디자인, 웹 디자인, 정보 구조information architecture, 그리고 인터랙션 디자인이라 불리는 것들 사이의 분류다. 그래픽 디자이너가 미학에 중점을 두는 반면 '웹 디자이너'는 프론트엔드 개발에 중점을 두고, 정보 설계자는 컨텐트 및 정보 구성에 집중하며 인터랙션 디자이너IxD, Interaction Designer는 기능에 초점을 맞춘다. 이는 작지 않은 사건이었다. 직업상의 직함에 따라 죽고 사는 세상이기에 우리는 스스로를 이렇게 부르기 시작했다. 많은 사람이 그래픽 디자이너나 웹 디자이너의 길을 갔다. 애초에 상당히 집중했던 정보 설계자들은 대부분 역할을 유지했다. 나를 포함한 몇몇은 인터랙션 디자인에 들어갔다. 회사, 실무자, 세상의 모든 이는 갑자기 이 새로운 직업이 무엇인지, 그 전문가들이 무슨 일을 했는지, 그들의 작업이 일에 어떤 영향을 미쳤는지, 유능한지를 어떻게 알수 있는지, 얼마를 지불해야 하는지, 만찬에서 그들의 역할을 뭐라고 설명해야 하는지를 알아내야 했다.

문제는 그 당시에는 인터랙션 디자인에 대한 명확한 정의가 없었고, 정의를 내놓으려고 애쓰던 사람만 있었다는 점이다. 그 주제에 대한 논의에 참여했으면 당신은 사람들이 일은 하지 않고 논쟁만 하고 있다고 생각했을 것이다.

이런 일이 계속될수록 용기 내어 명확한 정의를 내릴 수 있는 사람은 줄어들고, 고용주들은 자신이 무엇을 필요로 하는지 알고 있더라도 그에 부합하는 기술을 보유한 인터랙션 디자이너를 찾는 데 어려움을 겪는다. 인터랙션 디자이너의 가치에 대해 들어봤을지도 모르지만, 그들이 무엇을 어떻게 하는지 아는 사람은 거의 없었다. 인터랙션 디자이너가 이를 설명할 수 없다면 다른 사람이 어떻게 설명할 수 있겠는가?

그것은 더딘 과정이었다. 일부 사람들은 오늘날까지도 논쟁을 벌이고 있다. 사람들은 자신의 행동과 신념에 따라 세상을 정의하길 원한다. 자신을 인터랙션 디자이너라고 칭하고 싶다면, 인터랙션 디자인을 당신이 원하는 작업의 덩어리로 정의하면 된다. 합의된 것은 없다. (정보 설계자가 인터랙션 디자이너와 거의 동일한 일을 한다는 사실 때문에 상황이 더 악화된다. 직함은 실제로 상당한 양의 정보 디자인을 포함하는 프로젝트를 제외하고는 대부분 호환될 수 있다.)

그래서 계속 그대로다. 수년 동안 사람들은 회사를 다니고 있고, 직무상 유사성이 거의 없는 '인터랙션 디자인'이라는 직함을 달고 있다.

문제는 인터랙션 디자인이 전적으로 예측 불가하다는 것이었다. 누군가는 와이어프레임을 만들었고, 일부는 곧장 코딩을 시작했으며 어떤 이는 리서치를 진행했다. 일부는 사용성 평가를 했고, 일부는 설명하는 데 몇 시간이 걸리는 '퍼소나persona'에 대한 설명과 다른 산출물을 만드는 데 많은 시간을 쏟았다. 일부는 이런저런 일을 했다. 동일한 목록의 디자인 활동을 같은 방식으로 수행한 사람을 찾아보기가 어렵다.

그 결과, 작업 결과물은 사람들이 기대한 것에 비해 불규칙했다.

그리고 더 많은 것이 나타났다

사용성 분석가가 등장했다. 매우 필요로 했던 직종이었으며, 그들은 잠시 동안 어둠 속에 숨어 있었다. 그들이 힘을 받는 순간이었다.

경영진은 디자이너가 결국에는 모든 것을 알진 못한다는 것을 깨달았다. 그리고 그들은 상당히 극단적인 반응을 보였다. 많은 회사가 심리학 석사학위 소지자를 고연봉으로 고용해 양방향 거울, 녹음 장비 및 마이크가 설치된 실험실에서 진행되는 값비싼 사용성 세션을 통해 디자인을 평가하게 했다. 그리고 사람들은 유리 뒤에 숨어서 회사의 수익 증대를 위해 웹 페이지를 어떻게 제작하는지 아는 사람이 거의 없다는 사실에 흡족해했다. 사용성 전문가가 등장할 때까지는 전자 상거래 사이트의 제품 페이지는 잘해야 10~20% 정도만 효과적이었다. 사람들은 구매 결정을 내리기 전에 같은 페이지를 반복해서 방문했고, 오류가 계속해서 발생하면 쇼핑 카트 프로세스를 포기하는 경우가 빈번했다. 운이 좋으면 세션이 만료되기 전에 처음 두 페이지를 통과할 수 있었다.

오 예. 좋은 시절이었다.

사용성 전문가가 이 모든 것을 바꾸는 데 도움을 주었다. 그들은 페이지의 효율성, 사용자의 만족도, 수행의 어려움을 측정하는 방법을 분류하기 시작했다. 카메라를 설치하고 디자인을 테스트해보기 위해 사람들에게 50달러를 지급하고, "가장 어려운 것을 10이라고 할 때, 태스크의 난이도를 1부터 10까지 중 어떻게 평가하시겠습니까?"와 같은 질문을 던졌다. 사람들이 태스크를 전혀 수행하지 못할 때 표식을 남겨뒀고, 이를 '하드 스톱hard stops'이라 불렀다. 이는 반가운 소식이 아니다. (그 이후에 그들은 더 좋고 더 빠른 방법을 찾아냈다. 자세한 내용은 3장에서 설명한다.)

얼마 뒤 사용성 분석가는 자리를 잡았다. 몇몇 뛰어난 사람들이 웹 사용성에 대한 훌륭한 책을 몇 권 써서 힘을 보탰고, 잠시 동안 모든 것이 순조로워 보였다. 그리고 사람들은 디자이너의 역할이 이런 일이 일어나지 않도록 애초에 더 나은 디자인을 하는 것이어야 한다는 것을 깨닫기 시작했다. 모든 분야의 디자이너가 리서치에 덤벼들었다. 말하자면 말하기 전에 생각하는 것이다. 그리고 인터랙션 디자인은 너무 제한적인 용어가 돼 버렸다.

UX 디자이너의 탄생

또 다른 분화가 이뤄졌다.

우리는 단순히 기능만 디자인하는 것이 아니다. 우리는 리서치를 하고 있었다. 사용자와 이야기하고, 경쟁 제품을 리뷰하고, 이해관계자들을 인터뷰하고, 웹 애플리케이션 디자인 전략을 정의했다. 이러한 프로세스에서 모든 지식과 인사이트를 얻어서 애플리케이션의 범위, 기능 세트, 작업 흐름, 레이아웃, 모든 것을 결정하는 데 사용했다. 그런 다음 기능을 설계했다. 사이트나 제품이 작동하는 방식은 그 결과였지만, 기능의 이유와 방법에는 수많은 기술이 투입됐다. 우리는 멋진 것을 디자인하지 않았다. 멋진 것을 디자인하는 이유를 정의했다.

그것은 우리가 말하는 인터랙션 디자인이 아니다. 그건 UX 디자인이다. 우리는 부분이 아니라 전체를 고려했다.

전체를 더 많이 고려할수록, 그들이 얼마나 멀리 갔는지 알아내기 위해 개별 기술에 대해 더 깊이 파고들기 시작했다. 예를 들어 사용자 리서치는 심오한 주제다. 경쟁 분석도 마찬가지다. 그리고 이해관계자들(그들 자신에 관한 주제)? 글쎄, 그들 모두는 무엇이 중요한지, 왜 중요한지에 대해 서로 다른 생각을 가지고 있으며, 웹 애플리케이션에서 경쟁하거나 상충되는 이해관계를 가진 사람들이 사이트에 대한 매우 중요한 비전에 동의하게 만드는 것은 아주 힘든 일이 될 수 있다. 이런 이유로 별도의 직함이 필요했다. 우리는 이러한 보다 완벽한 접근법을 전통적인 인터랙션 디자인 방식과 분리할 수 있는 무언가를 필요로 했다.

UX 디자인으로의 이름 변경은 타당했다. 전체적이고, 모든 것을 아우르며, 장기적인 안목을 가진 것이었다.

문제는 그 끝에 '디자인'을 남겨둔 것이다.

정말 바보같다.

디자인은 금기어다

'디자인'은 시각적인 모든 것, 즉 최종적으로 완성됐을 때의 모습을 떠올리게 한다. 인터랙션 디자이너에게는 결과가 실제로 시각적(그리고 기능적)이었기에 괜찮았다. 현실을 직시하자. 우리가 상상했던 것처럼 프로젝트에서 실제 리서치를 수행할 기회는 거의 없었기 때문에 이를 달성하기 위해 진행했던 활동은 거의 대부분 시각적이었다. 실제 우리가 하는 일은 와이어프레임과 프로토타입을 만들고 이를 인터랙션 디자인이라 부르는 것뿐이었다. 얼마나 더 철저해야 하는지 잘 알고 있었다. 인터랙션 디자이너는 인터랙션 디자인을 할 수 있는 기회를 얻기 위해 대부분의 시간을 보냈다.

처음부터 시작해야 하는 UX 디자이너의 상황은 더 열악했다. 고용주가 이해하고 급료를 지불해야 하는 또 다른 종류의 디자이너였다. 하지만 적어도 '디자인' 작업을 여전히 하고 있었다.

이렇게 한 이유가 있었다.

'디자인'이라는 단어는 사람들이 새로운 틈새 시장을 이해하는 데 도움을 줬다. 이론상으로는 그러했다. 하지만 몇 가지 부정적인 영향도 끼쳤다.

첫째, 사람들을 속여 우리가 실제로 하려 했던 설계와 같은 디자인 유형이 아닌 시각 디자인을 떠올리게 만들었다. 그래서 UX 디자이너들은 자신의 일이 시각 및 인터랙션 디자인보다 훨씬 더 크다는 것을 사람들에게 납득시키기 위해 엄청난 시간을 투자했다. 줄곧 문제의 일부는 바로 UX 디자인이라는 직함에 있었다.

둘째, UX 디자인은 충분한 디자인 기술을 자유롭게 다룰 수 있는지 여부와 관계없이 디자인하는 사람들이 그들 자신을 UX 디자이너라고 부를 수 있거나 그렇게 불러야 한다고 믿게 만들었다.

물론 이렇게 함으로써 큰 이점이 있다. UX 디자이너들이 더 많은 돈을 받게 된다는 것이다.

셋째, UX 디자인과 UI^{User Interface, 사용자 인터페이스} 디자인 사이에 약간의 혼란을 조성했다. 많은 사람들이 주장하듯이 UI 디자인은 업무에 전략적 요소가 배제된 UX 디자인이다. 인터페이스, 실제로는 스크린을 단조롭게 디자인한다. 사람들은 또한 UI가 UX의 하위 집합이라고 주장했다. (그런데 그들의 말이 맞다. UX는 UI, IxD, IA, 시각 디자인, 사용성 테스트 및 UX에 영향을 미치는 다른 모든 것을 감싸는 우산이다.)

그 과정에서 수많은 직함의 분할이 발생했다. 분할된 것들과 그것들의 의미를 모두 다루려면 책의 절반이 필요할 것이다. 나는 그중에서 중요하다고 생각되는 것들만 살펴보려 한다.

그때문에 2010년대 전반기에 많은 UX 디자이너, 특히 새로 뛰어든 젊은 디자이너들은 사용성에 중점을 둔 그래픽 디자이너, 또는 코더coder에 가까웠다.

이는 UX의 전체 개념을 약화시킨다. 그래픽 디자인, 사용성 및 코드는 모두 UX에 막대한 영향을 미치지만, UX 파이의 일부에 불과하다. 사실은 UX 파이가 이런 요소들로 구성돼 있다는 것을 암시할까 봐 파이의 조각이라고 말하고 싶지도 않다. 그런 구성이 아니다. 그것들은 단지 UX 파이의 서빙용 도구일 뿐이다. 그럼에도 불구하고 그것들은 여기에서 폭넓고 깊이 있는 업무의 아주 작은 조각들을 수행하고 있다.

수년간 리서치 및 전략 수립을 경험한 사람들과 그래픽 디자인 외에는 거의 한 것이 없는 사람들도 스스로를 'UX 디자이너'라고 불렀다.

모호한 직함의 부활

이 새로운 직함을 정의하기 위한 모든 노력에도 불구하고, 그 직함이 실제 일상적으로 사용되는 방식이 그 자체의 의미에 영향을 줬다. 우리는 그 직함이 리서치와 전략을 의미하길 바랐지만, 결국은 UI 디자인, 인포메이션 아키텍처, 사용자 리서치, 프론트엔드 코딩 등의 조합을 의미하게 됐다. 누구에게 물어봤는지, 누가 그 직책을 가졌는지에 따라 다르다.

그래서 또 다시 모든 것을 포괄하는 직함을 갖게 됐다. 전능한 '디자이너'로 시작했고, 이제는 만능의 'UX 디자이너'를 얻었다.

하지만 이번에는 아무도 이해 못 할 수많은 기술과 대체 직함이 있다. UX 디자이너는 뭐든지 할 수 있다. 하지만 처음으로 모든 것을 시도하고 있는 회사에서는 그들이 할 수 있는(그리고 해야만 하는) 모든 것을 설명하고, 타당함을 보여주고, 그것을 하기 위한 세력 다툼을 벌이는 데 터무니없이 긴 시간이 걸린다.

기본적으로 우리는 역사를 잊었다. 또 하나의 직함을 붙이고, 그것을 정의하기 시작했고, 그것을 믿을 수 없을 정도로 망쳤고, 그 의미에 대해 온갖 엇갈린 메시지를 보냈고, 본인의 명함에 새로운 자칭 직책을 닥치는 대로 적기 시작했고, 새롭고 훨씬 높아진 급여 덕분에 학회 행사장에서 벗어나 값비싼 저녁 식사를 함께 할 수 있었다.

혼란스럽고 갈피를 못 잡겠다. 가끔은 그것이 임금 인상의 열쇠인 것 같다. 돈을 더 많이 벌고 싶다면 직함을 새로 만들고, 정의를 내리지는 못한 채로 모든 사람이 그것을 놓치고 있다고 설득해라.

간단히 말해서, 'UX 디자인'은 흔한 용어이고, 그 의미를 아무도 알지 못한다. 매우 구체적이거나 매우 일반적인 무언가, 모든 것을 하는 누군가를 의미하게 됐다. 그리고 그 용어는 베테랑들 중에서 신참들을 솎아 내는 데 아무런 도움이 되지 않는다.

디자인 학교는 이제 정기적으로 UX 디자이너를 배출하며, 그들의 대부분은 어느 정도의 디자인 기술 조합과 각각의 기술에서 어느 정도의 역량을 지니고 있다. 그리고 학교에 따라 디자이너들이 상당한 재능을 갖추기도 한다. 심지어 빈 틈이 없는 경우도 있다. 그렇게 오랜 기간 동안 지속된 과도한 전문화hyper-specialization 이후, 이제는 전문가보다 훨씬 더 많은 사람이 접근하고 이해할 수 있는 공유 지식이 충분하다. 여러 가지를 잘하는 것은 훨씬 쉬워졌다. 그리고 지금 잘한다는 것은 90년대에 잘했다는 것보다 훨씬 더 많은 것을 의미한다. 다양한 주제에 대한 기본적인 지식만 있으면 그럭저럭 넘어가기에 충분할 때가 많다. 당신이 그중에 어느 것 하나 뛰어난 게 없다 하더라도 일을 확실하게 해낼 수 있다.

하지만 직책은 여전히 모호하다. UX 디자이너는 거의 모든 것을 의미할 수 있으며, 노트북을 사용하는 사람이라면 누구나 언급할 수 있다. 기업은 적합한 사람을 찾기 위해 고군분투한다. 학생은 적절한 기술을 쌓기 위해 노력한다. 디자이너는 올바른 상황을 찾고 앞서 나가기 위해 애쓴다.

이 용어의 문제는 몇 년간 지속될 것이고, 더 악화될 것이다.

더 잘게 분할해서 하다못해 적절한 직책을 나눠주는 식으로 이 문제를 완전히 없애려는 노력을 기울일 수 있다. 하지만 이건 싸울 가치가 없다. 절대 이길 수 없다. 사람들은 그들이 원하는 대로 부를 것이다. 다른 사람들은 그걸 받아들이거나 받아들이지 않을 것이다.

나에게 'UX 디자인'은 터무니없는 용어다. 하지만 난 지금 여기서 이 싸움을 포기하겠다. 내 자신의 행동과 신념에 따라 세상을 정의했을 수도 있다는 점을 인정한다. 난 포기한다. 그리고 상관하지 않는다. 원하는 대로 불러라. "무슨 일을 하세요?" 질문 다음에는 "그리고 그것이 당신에게 어떤 의미가 있나요?"라고 묻는 것이 낫다. 디자이너를 위대하게 만드는 것이 무엇인지 결정하고 나서 세상과 우리 자신에게 그것을 찾도록 가르치는 것이 좋다.

내가 뭐라 생각하든, 그것은 직업상 갖게 되는 무척 큰 문제 중 하나다. 'UX 디자인'은 시시콜콜한 모든 것을 의미한다. 우린 이걸 설명할 수 없으며, 기업은 이해하지 못한다.

하지만 그들은 자신이 무엇을 원하는지 알고 있다.

회사의 채용 관리자에게 요즘 UX 디자이너에게 필요한 것이 무엇인지 물어보면 다음과 같은 답을 얻을 수 있다.

우리는 유니콘을 원해요.

유니콘: 유니콘의 정의와 유니콘이 돼야 하는 이유

회사는 팔방미인을 원한다.

우리가 그들을 뭐라고 부르든, 디자이너는 더 이상 '디자이너'가 아니다. 그들은 디자인보다 훨씬 더 많은 일을 한다. 꼭 맞는 일을 요구하지도 않는다. 그들은 단일 분야를 벗어나는 많은 일들을 한다.

디자이너는 이제 'UX 디자이너'다. 그것들은 논란의 여지가 있는 의미와 중복되는 책임, 그리고 아무도 이해하지 못하는 것처럼 보이지만 전부 필요한 활동이 포함된 기술 세트와 이상한 직함의 모음집이다. 그리고 그들의 직함이 대부분 디자인의 한 가지 측면을 나타내고 있지만, 그들 중 다수는 다양한 분야에서 어느 정도의 역량을 갖추고 있다. 그리고 프로젝트의 필요에 따라 언제든 다른 분야로 넘어간다.

그들은 제너럴리스트이다. 다시 말해, 그들은 유니콘이다.

유니콘 = 제너럴리스트

신화 속에서나 나올 법하기에 '보라색 다람쥐'라고도 불리는 유니콘은 2장을 시작할 때 내가 설명한 사람과 가장 유사하다. 황량한 서부에서 일하면서 모두를 위해 모든 것을 했던 말도 안 되게 어마어마한 디자이너다. 이런 사람들은 오랫동안 흔치 않은 존재로 여겨졌다. 이제 그들은 여기저기서 등장하고 있다. 그리고 그들이 필요하다. 여기에는 그럴만한 이유가 있다.

회사는 대체로 풀타임^{full-time} 전문가를 필요로 하지 않는다. 풀타임으로 수행할 만큼 충분한 사용성 테스트가 필요한 회사는 드물다. 그리고 누군가 고정적으로 맡을 만큼 충분한 컨텐츠 전략이 필요한 경우도 거의 없다. 대신, 회사는 중복^{overlap}을 원한다. 그들은 다양한 기술을 가진 사람들을 필요로 한다. 사용자 리서치 및 전략 수립을 하고, 인터랙션 디자인과 컨텐트 전략을 실행할 수 있는 사람은 그 과정에서 프로토타입(어떤 형태로든지) 한두 개를 시작하고, 몇 가지 단계에서 사용성 테스트를 수행하며 심지어 시각 디자인에도 도움을 줄 수 있다. 회사는 이 모든 것을 어떻게 하는지 알면서(적어도 어느 정도는) 학교를 졸업하고, 더 잘하고 싶어서 안달이 난 학생들을 원한다. 그들은 즉시 우선 순위를 전환하고, 모든 방향으로 접근하고, 모든 작업을 완료할 수 있는 팀을 원한다.

그들은 디자이너가 어느 순간에는 한계에 다다르게 될 것이기에 제너럴리스트도 필요로 한다. 다른 프로젝트에서 당신의 특정 기술을 필요로 하는데, 당신은 그 프로젝트를 수행할 겨를이 없을 수 있다. 만약 당신의 팀에 있는 다른 3명이 당신과 같은 일을 처리할 수 있다면, 관리자는 다른 프로젝트에 그들을 투입시킬 수 있다.

대체 가능해져라

다음으로 넘어가기 전에 당신의 머릿속에 떠오른 것에 대해 이야기해보자. 팀에 중복이 있다는 것은 당신이 대체 가능하다는 것처럼 들린다.

당신은 대체 가능하며, 그래야 한다.

당신이 얼마나 뛰어나든, 빈틈을 얼마나 잘 메우거나 어떤 상황에서도 얼마나 유용하든 간에 당신은 대체 가능한 존재다.

이 말에서 위안을 얻어야 한다. 당신은 교체될 수 있어야 한다.

당신이 어느 한 가지에 안성맞춤이라면, 다른 것들에는 그보다 덜 적합할 것이다. 딱 맞는 일자리를 찾기가 더 어려울 것이다. 어떤 직장도 구하기 어려울 것이다. 당신이 대체 가능하다는 것은 고용될 수 있다는 말이다. 그리고 당신은 어느 시점에 다른 일로 넘어가길 원한다. 다른 기술을 테스트해라. 새로운 기술을 개발해라. 더 관심이 가는 다른 제품의 일을 해라. 당신이 대체 가능하다면, 회사를 떠날 수 없을 때까지 월급을 올려주면서 당신을 붙잡지 않을 것이다. 모든 직업은 직업 자체가 변하거나 당신이 변해서 결국은 원치 않는 상황으로 흐른다. 웹 산업은 한 가지만 평생 하는 사람을 위해 만들어지지 않았다. 끝없는 모험심을 가진 사람들에게 특화됐다. 다음 프로젝트, 다음 도전과 맞붙으려는 끊임없는 의지. 그런 느낌이 들 때 떠날 수 있어야 한다. 돈에 얽매이지 마라. 당신에게 꼭 맞는 일 때문에 한 곳에서 너무 많은 돈을 벌면, 나가고 싶은 열망이 당신을 미치게 할 것이다.

또한 응급상황이 생길 수 있다. 인간이기에 그중 몇 가지를 겪게 될 것이다. 건강이 위급한 상황, 마감날의 자동차 사고, 아픈 자녀, 그 밖에 무엇이든지. 하루, 1주, 3주 정도 쉴 수 있어야 하고, 그동안 하지 못한 일에 대해 걱정하지 않을 수 있어야 한다. 다른 누군가가 그 일을 하게 돼라. 어떤 UX 프로젝트도 당신의 삶보다 더 중요하진 않을 것이다.

대체 가능해져라.

중복의 장점

이제 당면한 주제로 돌아가자.

회사가 제너럴리스트를 필요로 하는 또 다른 이유는 그들이 서로를 가르칠 수 있기 때문이다. 개인보다 소규모 팀이 더 효과적이라는 말을 우리 모두 들어왔다. 혼자서 모든 것을 생각하고, 모든 것을 하고, 모든 것을 알 수 있는 사람은 없다. 팀은 사람들을 더 뛰어나게 만든다. 팀 사람들이 기술을 공유할 때, 그들은 집단적으로 공통 관심사라는 혜택을 얻는다. 그들은 서로 다른 기사와 책을 읽고, 다른 회의와 지역 행사에 간다. 인사이트를 그룹으로 다시 가져와서 공유한다. 서로에게서 배운다. 서로의 생각을 바꾼다. 당신은 다양한 관점의 이점을 얻게 된다. 토론의 이득을 보게 된다.

이것은 회사에 좋은 일이다. 당신이 작업 중인 제품에 아주 유용하다. 이는 제품을 출시하려는 외골수의 노력이 아니라 더 많은 아이디어를 내고, 더 많은 논쟁에서 허점을 찾고, 더 많은 문제를 예측하고, 더 많은 이슈를 해결하는 한 무리의 사람들이 기울이는 협동적이고, 사려 깊고, 신중한 노력이기 때문에 사용자에게 환상적이다.

그리고 그것이 바로 회사의 세계다.

작은 기업체에는 항상 뛰어난 유니콘 한두 명이 필요하다.

당신이 혼자 일하는 회계사, 생선 가게 주인, 미용사, 식당 주인과 같이 작은 규모의 사업체를 운영한다고 가정해보자. 웹 사이트가 필요하긴 하지만 비용이 적게 들고 복잡하지 않아야 한다. 비즈니스에 관한 몇 개의 페이지와 연락 서식이면 충분하다.

만능 제너럴리스트는 훌륭한 프리랜서로 이어진다. 그리고 그들은 기본적인 서비스를 하나로 묶는 것을 좋아하기도 한다. 그들은 당신이 직접 업데이트할 수 있도록 비교적 유용한 컨텐트 관리 시스템으로 웹 사이트를 구축할 수 있다. 당신을 위해 웹 호스팅을 처리할 수 있다. 그들은 당신이 '테마'(다양한 목적으로 작동하는 10억 개 중에 하나인 미리 준비된 웹 사이트 디자인)를 선택하고, 약간의 변경을 가하고, 모든 호스팅 이슈를 처리하는 것을 도와주고 이 모든 것에 대해 매월 정액 요금을 청구할 수 있다. 이 사람을 다시 귀찮게 해야 하는 유일한 경우는 중대한 변경을 원할 때뿐이다. 그 외에는 앞으로도 한참 동안 잘 굴리가게 내버려둘 수 있다.

지금은 이 사람들을 유니콘이라 부른다. 결국 그건 중단될 것이다.

재러드 스풀Jared Spool과 레슬리 인만Leslie Inman 박사는 그렇게 될 것을 알고 있었다. 그들의 디자인 학교인 Centre Center는 원래 The Unicorn Institute라고 불렸다. 이 용어가 지속 가능하지 않기 때문에 개교에 앞서 이름을 바꿔야만 했다. 제러드는 "[학교 이름]이 지금은 멋지지만 10년 후에는 그렇지 않을 거에요. 우리가 하고 싶은 일을 잘 해낸다면, 우리가 양성하고 있는 인력은 본질적으로 유니콘이 될 수 없을 겁니다."라고 말했다. 하지만 학교의 목표는 변함없다. 학생들이 실제 프로젝트를 진행하면서 실제 결과물을 얻어내는 커리큘럼이 특징이다. 2년 동안 학생들은 다양한 기술을 배우게 되며, 이 모든 기술은 그들이 졸업 후에 회사에서 가치 있는 사람이 되도록 돕는다.

우리는 그들을 뭐라고 부를까? 그들을 다시 '디자이너'라고 부를 것이다. 그리고 운이 좋다면, 그들의 수가 굉장히 많을 것이다. 유니콘은 더 이상

멸종 위기에 처하지 않을 것이다. 모두가 일종의 UX 전문가가 될 것이다. '디자인'은 다시 한번 전체 기술 묶음을 뜻할 것이며, 이러한 기술은 이전 보다 훨씬 더 많은 의미를 가질 것이다. 그리고 회사는 필요한 모든 기술의 중복을 얻게 될 것이다.

존중하라

크리스티나 워드케^{Christina Wodtke}는 모든 사람이 다른 사람의 기술에 대해 어느 정도 알아야 한다는 생각을 지지한다. 가장 중요한 이유는 다음과 같다.

그것은 사람들이 서로를 존중하도록 돕는다.

크리스티나는 MySpace의 Social 총괄, LinkedIn의 수석 프로덕트 매니저, Zynga의 대표이자 존경받는 웹 매거진인 Boxes and Arrows의 발행인을 역임했다. 그녀는 실리콘 밸리의 베테랑으로서 수많은 스타트업에 관여했고, 독창적인 책인 『Information Architecture: Blueprints for the Web, 2nd Edition』(New Riders, 2009)을 담당하기도 했다. 디자이너를 위대하게 만드는 것에 대해 말할 수 있는 사람이 있다면, 바로 크리스티나일 것이다. (참고로 나는 크리스티나의 해당 도서 2판에 자문을 했지만, 로열티를 받지는 않았다.)

그녀는 디자이너가 저지를 수 있는 중대한 실수 중 하나로 존중의 부족을 꼽는다.

> 내가 정말 간절히 원하는 한 가지, 부족하다고 말하기 싫지만 사실은 부족하며 부족하다는 사실이 날 힘들게 하는 것은 다른 분야에 대한 진정한 존중이다.

특히 대기업은 다수의 디자이너를 보유하는 경향이 있고, 그럴 경우 하나로 뭉쳐서 그들이 디자인하고 있는 것의 다른 모든 측면에 깊은 흥미를 갖는 것을 잊어버리는 경향이 있다. 크리스티나는 말을 이어나갔다.

엔지니어가 무엇을 하는지, 프로덕트 매니저가 무엇을 하는지 혹은 총괄 매니저가 무엇을 하는지, 마케팅이 무엇을 하는지를 아예 모르고 신경 쓰지 않는 수많은 디자이너를 만난다. 그리고 그들은 대개 "사람들이 나를 존중하게 하려면 어떻게 해야 하나요?"라고 말한다. 존경을 받으려면 다른 이들을 존중해야 한다. 나는 디자이너들이 호기심을 가졌으면 좋겠다. 다른 사람들이 어떻게 살아가는지 깊이 파헤쳤으면 하지만, 그들은 대체로 디자이너만의 작은 사무실 안에 머무르곤 한다. 그들은 다같이 점심을 먹으러 가고, 같이 앉아있다가 동시에 퇴근한다.

나는 이 의견에 찬성한다. 다른 사람의 작업의 깊이, 즉 그 어려움과 스트레스를 이해하는 것은 당신의 작업 완료 능력에 큰 도움을 줄 수 있다. 항상 그들의 제약 사항을 고려하고, 프로젝트 수행 중에 그들과 협력하고, 그들을 사람으로 알아가고, 정규 근무 시간 이후에 그들과 복도에서 대화를 나누는 것은 프로젝트를 너 좋아지게 만들 수 있다. 케미스트리, 교감, 존중. 이것들이 당신의 인생을 바꿀 것이다.

그리고 주변 사람들을 적극적으로 무시하는 것은 팀 내 다른 사람들과의 관계를 깨뜨릴 수 있다. 절대 다른 사람이 어떤 일을 하고 있는지 알고 있다고 가정하지 마라. 만약 그 사람이 어떤 주제를 잘 알고 있다면, 절대로 당신이 그들보다 더 잘할 수 있다고 생각하지 마라. 얕게 아는 척을 할 뿐 제대로 알고 있지 못할 공산이 크다.

만약 아직 그 점이 충분히 이해되지 않더라도 걱정하지 마라. 이 책에서 다시 언급할 예정이다.

넘어가자.

다양한 상황에서 제너럴리스트는 견고한 작업을 수행하기에 충분한 기술들의 완벽한 조합이다. 당신은 깊이 있는 전문 지식을 필요로 하지 않는다. 능숙한 사람이 필요하다. 대부분의 경우 능숙함으로 충분하다. 재능이 있다면 좋다. 숙련되고 경험이 많다면 환상적이다. 전문성? 항상 필요한 것은 아니다.

당신이 필요로 할 경우에만 전문성이 요구된다.

T-자형 인재: 전문성이 필요한 경우

제너럴리스트에 문제가 있다.

육안으로 보기에는 인터넷이 전문 지식으로 가득 차 있는 것처럼 보인다. 그리고 실제로 그러하다. 리서치를 고려할 만한 모든 세부 주제에 대해, 인터넷에는 그 주제에 관한 글들의 주요 아카이브^{archive}가 있다. 그 글들이 제대로 리서치를 거쳤고 통찰력이 있는지, 혹은 진부하고 뻔한 것들로 이어지는 링크만 가득한 것인지는 다른 이야기지만, 어쨌든 거기 있다는 것은 확실하다. 서식^{form} 레이블에 가장 적합한 정렬은 무엇인가? 사람들은 드래그앤드롭^{drag-and-drop}에 대해 어떻게 생각하는가? 드롭다운^{drop-down} 메뉴는 정말 사용성이 떨어지는가? 사용자 리서치를 진행하는 가장 좋은 방법은 무엇인가? 주제가 무엇이든지 간에, 인터넷에는 당신이 알고자 하는 것에 대해 산더미처럼 많은 컨텐트가 있고 대부분의 컨텐트는 다른 것들로부터 많은 내용을 차용하고 있다.

솔직하게 말해보자. UX에 대한 독창적인 글을 마지막으로 읽은 게 언제인가?

당신의 대답에 단서가 있다. 알아차려야 할 사항이 있다. 모두가 같은 말을 하고 있다면, 그들 모두가 스스로 같은 결론에 도달했기 때문은 아닐 것이다. 디자이너들이 이제는 당연하게 여길 수 있는 UX 노하우를 쌓는 데 많은 시간이 걸렸다. 그 글들은 오랫동안 쌓여왔다. 요즘은 기존 글을 몇 개만 읽어도 자신만의 글을 쓰기 시작할 수 있을 정도다. 웹에서 몇 주만 시간을 보내면 자신을 컨설턴트라고 포장할 수 있을 것이다. (하지만 UX를 전혀 모르는 클라이언트와 일하지 않는 한 금세 비난받을 것이다.)

각각의 하위 주제는 더 진화하고 더 복잡해졌다. 하지만 우리는 디자인, 컨텐트, 리서치, 사용성의 모든 측면에 대해 아주 많이 학습했기 때문에 스윽 훑어보고 적절하게 수행할 수 있다. 이제 이러한 기술들 중 어느 하나에서든 능숙해지는 데 예전보다 훨씬 더 적은 시간이 걸린다. UX 실습의 시작은 앞선 많은 사람들의 어깨 위에 서는 것을 의미한다.

이 모든 것은 어디선가에서 온 것이다.

지난 10, 15, 20년간 업무의 특정 틈새 부분에서 점점 더 나아지기 위해 자신의 경력을 헌신하고, 이어서 컨퍼런스에서 그것에 대해 이야기하고, 글과 책을 쓰고, 클라이언트와 함께 일하고, 리서치하고, 깊이 파고들어가고, 스페셜리스트가 되기 위해 수년의 시간을 보낸 사람들로부터 온 것이다.

여기서 대부분의 지식이 생겨난 것이다. 스페셜리스트는 깊이 파내고 나서 나눠준다.

전문지식은 새의 먹이와 같다. 누군가는 그걸 구하러 가서 다른 이들에게 가져다줘야 한다. 모두가 제너럴리스트라면 전문지식은 쌓이지 않는다.

제너럴리스트는 아무리 능숙하다고 해도 어느 한 분야의 대가가 될 수는 없다. 스페셜리스트는 제너럴리스트가 살아남기 위해 필요한 지식의 폭과 깊이를 만들어내는 사람들이다.

다시 말해서 우리에겐 절대적으로 그들이 필요하다.

깊이 파고들어 훌륭한 인사이트를 끄집어내고, 단순화해서 다른 사람들이 혜택을 볼 수 있게 해줄 사람이 필요하다.

당신도 그런 사람이 돼야 한다.

언젠가, 어떻게든, 당신이 취업 가능하거나 프리랜서로 자신만의 에이전시를 차릴 만한 다양한 기술을 익히고 나면, 전문 분야를 선택하길 바란다.

사실 그것들 중에 몇 가지를 선택했으면 한다. 가능한 많은 주제에 대해 깊이 파고들어서 그런대로 괜찮은 실무자를 넘어서서 업무의 모든 면에서 베테랑이 되길 바란다. 여러 분야의 전문 지식을 갖춘 제너럴리스트가 되는 것은 당신을 그 분야에서 엄청나게 유용하게 만들 것이다.

문제는 그렇게 될 수 없다는 것이다. 한 번에 다 이룰 수는 없다. 경력을 쌓는 과정에서도 할 수 있지만, 당장에는 얼마만큼만 전문적으로 다룰 수 있고 여전히 제너럴리스트의 기술을 유지할 수 있다.

T자형 인재가 되기

그래도 스페셜리스트가 돼 주길 바란다.

전문 분야를 선택하고 그것에 관한 모든 것을 학습하라. T자형 인재가 돼라.

난 T자형 인재를 가장 선호한다.

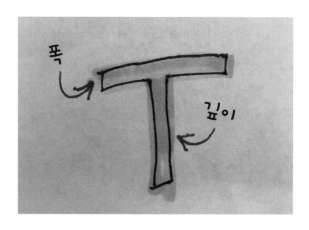

T자형 인재는 말 그대로의 의미다. 수평의 상단 라인은 당신이 괜찮은 수준의 이해와 지식을 갖고 있는 기술의 집합이며, 수직의 센터 라인은 당신이 상당한 깊이를 갖고 있는 단일 기술이다. 예를 들어 당신은 와이어프레임 작성, 코드로 프로토타이핑하기, 리서치, 사용성 테스트를 제법 할 줄

알고 있고, 전략 정의에 있어서는 마스터 수준이다. 그리고 그때문에 당신은 회사에서 매우 소중한 존재다.

아주 많은 사람이 꽤 많은 일을 할 수 있지만, 무언가를 전문적으로 연구하기 전에는 뭐든지 뛰어나게 잘하는 사람은 거의 없다.

한 분야에 새로운 전문 지식을 가져와서 세상과 공유할 수 있는 것 외에도, 최소 한 가지 분야에서의 전문화는 당신의 취업 가능성을 믿을 수 없는 정도로 높여준다.

회사에서 깊이 있는 지식을 필요로 할 때, 이를 가져올 스페셜리스트가 필요하다. 자신의 지식을 증명할 수 있다면, 당신은 그 분야의 대가가 될 수 있다.

게다가 다재다능하다는 것은 위대한 경지에 도달하지 못한다는 것, 당신이 최고가 될 수 없다는 것을 의미한다. 너무도 슬픈 일이다. 물론 뛰어난 제너럴리스트가 될 수 있으며, 분명 그 가치를 인정받을 수 있다. 하지만 한 분야를 깊이 파고드는 것은 타의 추종을 불허하는 경험이다. 그리고 이는 당신이 떠올릴 수 있는 가장 반직관적인 이유 때문이다.

당신이 얼마나 아는 것이 적은지를 마침내 깨달을 수 있다는 뜻이다.

디자이너들은 스펙트럼을 따라 일한다. 처음에는 불평이 많다. 나쁜 디자인이 그들을 괴롭히지만, 그들은 그것을 어떻게 해야 할지 모른다. 곧, 그들은 나쁜 디자인을 상대하기 시작하고 몇 번의 승리를 거둔다. 자신들이 꽤 잘한다고 믿기 시작한다.

아주 좋다.

물론 이 개념을 뒷받침할 증거는 없지만, 그들은 아직 그걸 알지 못한다. 그들은 자신들의 작업을 비교할 만한 다른 증거가 없다. 참조할 만한 프레임이 아직 없다.

시간이 흐르면서 그들은 이전의 작업을 돌아보고, 그것이 끔찍했다는 것을 깨닫는다. 운이 좋다면, 지금 하고 있는 일이 일 년 뒤엔 끔찍할 수도 있다는 사실을 알게 된다.

그들이 현명하다면 뭔가 조치를 취하게 된다. 그들은 다른 사람들이 이 믿을 수 없을 정도로 복잡하고 어려운 일을 하는 방법을 연구하기 시작한다. 새로운 방법을 학습하고, 성장하고, 지식을 넓힌다. 몇 번의 실수를 하고, 몇 번의 성공을 거둔다. 그들이 증명할 수 있는 승리가 계속 쌓여간다.

결국, 그들은 처음에는 볼 수 없었던 것을 보기 시작한다. 그들이 언제 맞고, 언제 틀렸는지를 알게 된다. 이 둘을 구분하는 방법을 배운다. 이전에는 그들이 얼마나 무지했는지를 천천히 깨닫는다. 다음과 같은 중요한 사실을 깨닫는다.

지금도 모르는 것이 얼마나 많은지를 알게 된다.

처음에 그들은 말 그대로 "위험할 만큼 알고 있는" 사람들이었다. 그리고 사람은 늘 정확했다.

이전에 갖고 있던 자아ego는 사라졌다.

이제 그들은 실제로 정말 좋아지는 과정에 있다.

처음에는 모든 것을 당신만 알 수 있다. 배우면 배울수록 그 느낌은 점점 사라진다. 결코 숙달할 수 없는 직업을 선택했다는 것이 얼마나 행운인지 알게 되는 새로운 느낌이 등장한다. 항상 새로운 것을 배울 수 있다니 얼마나 기쁜 일인가. 항상 발전할 기회가 있다.

이 직업은 절대 지루해질 틈이 없을 것이다.

나쁜 것과 좋은 것의 차이를 알고, 알아야 할 것이 얼마나 많은지 알고, 그리고 언제나 놀라면서, 당신이 평범한 사람에 지나지 않는다는 것을 확신할 정도까지 나아갔다면, 그때가 당신이 최고의 상태에 도달했을 때다. 그

때가 가장 좋은 결과를 얻을 때다. 당신은 10,000시간을 투자했고, 모두가 인정하는 마스터가 됐다. 역으로, 그런 것은 없다는 것을 깨닫고 정신을 차린다. 당신은 배움을 멈추지 않기 때문에 마스터인 것이다.

디자인 전문가라면, 이것이 당신이 도달하고자 하는 지점이다.

제너럴리스트인 척하기

'UX'가 내 경력에 한 줄을 채운 이후, 하나 이상의 분야에 깊은 지식을 갖춘 견고한 제너럴리스트가 되려는 이러한 감성을 거스르는 볼썽사나운 트렌드를 목격했다. 그리고 그것은 일종의 잘못된 UX를 초래하고, UX 전문가가 돼야 하는 것과 해야 할 일에 대한 전체적인 개념을 둘러 싼 혼란을 지속시키기 때문에 문제가 된다.

이는 제너럴리스트로 위장한 스페셜리스트다. 자신을 UX 디자이너라고 부르지만, 실제로 그 직함에 부합하는 폭넓은 기술이나 UX에 대한 이해도를 갖추지 못한 전문가이다.

학교가 폭넓은 기술을 가르치는 본연의 임무를 다하지 못했거나, 역량이 뛰어나지 않은 주니어 디자이너들이 야망 또는 잘못된 시각에서 자신의 기술 수준을 넘어서려고 할 때 이런 일이 발생하는 것 같다. 와이어프레임 작업을 시작했고 이걸로 UX 디자이너가 되기 위한 준비는 마쳤다고 생각하는 그래픽 디자이너가 그 예다.

그런 사람을 비난할 수는 없다. 어쨌든 UX는 더 많은 돈을 벌게 해주기 때문이다.

하지만 이건 UX가 아니다. 깊이가 충분치 않다.

UX의 깊이

UX 작업은 계획하는 일이다. 우리는 UX를 디자인하는 것이 아니라 설계하고 있다. 영향을 미치려고 노력하는 것이며, 사람들이 체험할 수 있는 여건을 만들고 있다. 사람들이 가졌으면 하는 특정한 감정, 즉 특정한 경험은 특정한 행동을 수행할 것이며, 이를 통해 우리가 원하는 결과를 얻는 데 도움을 줄 것이다. 즐거움을 주는 것이 목표라면, 그것은 사람들이 즐거워할 수 있는 경험이다. 만약 구체적이고 생산적인 활동을 지원하고 장려하는 것이 목표라면, 그것은 사람들이 주의력을 잃지 않고 적절한 양과 유형의 인지적 저항^{cognitive friction}을 갖고 활동을 완료할 수 있는 종류의 경험이다. 우리는 사람들이 똑똑하고, 생산적이며 존중받는 느낌을 가질 수 있도록 계획하고 있다. 방금 일어난 일을 그들이 이해했다는 확신을 갖게 만들고자 한다.

이 '경험'은 사용자가 그날 어떻게 느끼는지에 초점을 둔다. 그것은 사람들이 5초 전 혹은 10년 전에 들었던 회사에 대해 어떤 감정을 가지는지에 달려있다. 한 차례 겪었던 고객센터와의 통화, 그들이 본 광고, 그 회사 혹은 제품을 좋아하는 지인을 어떻게 생각하는지와 관련이 있다. (제품과의 관계는 제품 자체만큼이나 자기 정체성에 관한 것이기 때문이다.)

한 사람이 사용자의 경험을 디자인할 수 있다는 발상은 일정 부분 제정신이 아니다. UX처럼 광범위한 분야에서 단일 기술로 디자인할 수 있다는 생각은 말할 필요도 없다. 사용자의 경험은 시간의 70%를 그래픽 편집 프로그램에 투입한다고 해서 해결할 수 없다. 오히려, 우리는 시간의 70%를 심리학자의 사무실과 도서관에서 연구와 심리 작용에 몰두해야 하며, 몇 년 후에나 능숙하게 할 수 있다고 믿는 것은 고사하고 UX에 영향을 주는 것을 고려할 수 있다. 우리가 사용자의 경험을 디자인할 수 있다고 상정하는 것만으로도 UX 전문가들이 전념하고 있는 문제가 가진 믿기 힘든 복잡성과 다양성을 욕보이는 것이다.

포토샵에는 '확신', '이해'라는 메뉴 옵션이 없다. 코드 에디터에는 '충성심', '만족'이라는 옵션이 없다. 경험은 그래픽으로 정확하게 구성될 수 없고, HTML로 코딩될 수도 없다. 디자인의 이러한 측면은 사용자가 궁극적으로 갖게 될 경험에 막대한 영향을 미치지만, 우리가 촉진한다고 주장하는 경험의 본질을 만드는 것과는 관련이 없는 것과 마찬가지다.

전혀 관련이 없다.

경험은 회사의 목적과 희망, 어떻게 인식되길 원하는지, 고객의 삶에 어떻게 부합되길 바라는지, 고객이 그 안에서 어떤 가치를 찾아야 하는지, 고객이 어떻게 느끼는지, 얼마나 자주 그리고 어떤 식으로 사용할 것인지, 그리고 그것이 그들에게 얼마나 중요할 것인지 등등을 이해할 때 발생한다. 이러한 이해를 통해서만 UX의 참되고 고귀한 목표를 달성할 수 있다. 우리는 이를 이해해야 하며, 이를 사람들이 (현재와 미래에) 갖기를 바라는 경험의 그림으로 옮기고, 그런 경험의 특성과 이를 달성하기 위해 할 수 있는 일을 파악해야 한다. 그리고 나서, 대부분의 사람들이 그러한 경험을 할 수 있는 환경을 조성하기 위한 조치를 취해야 한다.

UX 작업은 단순히 일을 용이하게 만드는 것이 아니다.

이는 사용자가 자신과 조직 모두에게 유익한 경험을 가질 수 있는 일련의 환경을 제공하기 위한 노력의 일환으로 인간의 심리, 주어진 상황의 요구사항, 다양한 경험(생산적, 몰입적, 오락적, 탐구적 등)의 특성 간에 균형을 이루는 것이다.

UX는 그래픽 디자인보다 심리학에 훨씬 더 뿌리를 두고 있다. 리서치에서 출발해서, 구체화된 비전으로 완성되고 계획으로 끝난다.

UX는 많은 기술과 활동을 다루는데, 그중에 실제로 사용자가 보거나 만질 수 있는 것으로 나오는 것은 거의 없지만, 이것들 모두는 단일 기술을 훨씬 뛰어넘는다. 대부분 UX 결과물은 설명과 요약, 전략 문서, 프로토타입, 다

이어그램 및 목록이다. 그건 리서치와 생각이다. UX 실무자는 전략을 다룬다. 누군가가 복잡한 상황에 대한 큰 그림을 그리는 것보다 그래픽 디자인에 더 많은 시간을 할애한다면, 그들은 UX를 하고 있는 것이 아니다.

디자인은 전략을 적용하는 것이다. 그렇다고 해서 그것이 '쉬운 부분'이라고 말하는 것은 아니다. 확실히 쉽지 않기 때문이다. 그래픽 디자인은 인간의 감정과 행동에 대한 암묵적이고 명시적인 조작에 초점을 맞춘 다른 분야에 못지않게 흥미롭다. (그리고 이것은 솔직히 말해서 조작의 목적이 아무리 고상하다고 해도 모든 디자인의 결과물이다.) 그러나 UX의 단일 측면과 UX 사이에는 엄청난 학문적 차이가 있다. 개별 기술들은 모두 동일한 정글에서 탄생하지만, UX는 정글 그 자체다. 이 모든 기술은 UX의 일부이며, UX에 영향을 미친다.

UX 작업은 전략적인 활동인 반면 디자인은 전략적 압력이 적용되는 방식, 즉 전략이 힘을 써야 하는 지점이다.

의도가 금세 전달되길 기대하면서 아이템을 화면에 배치하고 구조, 레이아웃, 톤, 메시지 등을 숙고하는 것으로는 목표로 삼은 경험을 제대로 개발할 수 없다. 이러한 것들은 의도가 정해진 다음에 이뤄져야 하며, 의도가 정의돼야 한다. 그렇지 않으면 그래픽 디자인은 무의미한 행위다.

이 중 어느 것도 우리가 제너럴리스트로 가장하고 있는 사람들을 비웃어야 한다고 말하는 것은 아니다.

그들은 사실 상당한 가치가 있어서, 그들 없이 이 업계가 발전을 이루거나 지속할 수 있을지 확신할 수 없다. 많은 조직에서 이 작업을 수행하는 데 한 명 이상이라고 해도 매우 적은 수의 인원만이 허용된다. 사용성을 잘 이해하는 그래픽 디자이너는 전혀 관심이 없는 사람보다 훨씬 더 나은 UX 전문가이며, 사용성 관련 사이트와 책을 읽는 데 상당한 관심을 가진 사람은 결과적으로 UX 중심의 사고를 상당 부분 수행할 수 있다. 나는 그들이 진정한 UX라는 높은 이상에 미치지 못한다는 이유로 이들을 쫓아내라고 제안하진 않을 것이다. 이 문제는 의미론적인 순수주의자들에게 맡기겠다.

그와는 정반대로, 우리는 그들이 이러한 유형의 사고를 더 잘 이해하도록 돕고 그들이 계속 학습할 수 있는 올바른 방향을 제시해야 한다. 세상은 더 많은 UX 전문가를 필요로 하며, 그래픽 디자인과 코딩 기술을 갖춘 많은 사람들이 포크와 나이프를 손에 들고 식탁에 앉아서 허기를 채울 수 있을 것처럼 보이는 고기라면 무엇이든 찌를 준비가 돼 있다. 그들의 식사를 막는 것은 심각한 불평등이며 UX 업계에 해를 끼칠 뿐이다.

우리는 그들이 제너럴리스트가 되도록 도울 수 있다. 그들이 전문 분야를 찾는 것을 도와줄 수 있다. 나중에 그들은 모든 디자이너가 진정으로 추구하는 더 나은 세상을 만들도록 모두를 도울 수 있다.

그러는 동안에는,

직함만으로 UX 전문가가 무엇을 하거나 알고 있거나 믿는지를 정확히 알 수 있는 방법은 없다. 'UX 디자이너'는 막연하고 기껏해봤자 무의미할 뿐이다. '인터랙션 디자이너'가 더 나았을 수도 있지만, 그것의 정의는 누가 그 일을 하고 있는지 만큼 누구에게 묻는지에 따라 달라진다.

그것이 교훈이다.

어떤 직함을 선택하든 혹은 우연히 얻게 되든 개인의 실제 기술 세트를 고려해서 자격이 부여돼야 한다. 직함은 별표(*)가 없이는 의미가 없다.

우리가 그들을 뭐라고 부르든, 디자이너가 20년 가까이 일을 했든 디자인 학교를 지금 막 졸업했든 간에 그 사람은 어떤 것에는 꽤나 뛰어나고 어떤 것에는 보통 수준일 가능성이 높다. 디자인 학교에서 모든 것을 다루진 않으며, 전부 경험할 수는 없다. 몇 가지 짚고 넘어가야 할 것들이 있다. 설득력을 갖추는 방법, 올바르게 하고 그걸 증명하는 방법, 더 효율적이고 효과적으로 만드는 방법, 그 외 수많은 방법이 그런 것들이다. 그리고 당신은 이 기술의 일부 혹은 전부에 뛰어날 수 있으며, 그럼에도 불구하고 수사학적 노하우의 부족으로 인해 실패할 수도 있다.

그럼 이제 무엇이 디자이너를 효과적으로 만드는지에 대해 이야기해보자.

03

조정하기

- ▶ 프로세스가 아닌 도구
- ▶ 즉석에서 처리하기
- ▶ 신속하게 작업하기

경직성은 UX 토론의 일반적인 특징이다. 그 반대여야 한다.

이것은 이런 종류의 작업을 인터랙션 디자인이라고 부르던 초기에 시작됐다. 디자이너들은 커뮤니티에 모여서 어떤 것이 최고의 와이어프레임 소프트웨어인지부터 디자이너가 코드(논의 내용을 이해하고 HTML 프로토타입을 개발하는 수준으로)를 작성해야 하는지 여부에 이르는 모든 것을 질문하고 토론했을 것이다. 누군가가 결론을 내리려고 하는 일은 거의 없었다. 문제가 돼 보이는 것은 옳은가였다.

가장 중요한 것은 토론이었다.

토론은 중요하다. 토론은 디자인 세계가 달라지는 데 도움을 준다. 토론에 참여해서 당신의 안건, 이념, 인사이트를 밀어붙일 수도 있고 아니면 가만히 앉아서 어떤 주제에 대해 다른 사람들이 말하는 것을 듣고 그 문제에 대한 당신의 의견을 구성하기 시작할 때까지 몇 가지를 직접 시도할 수도 있다.

물론 쓸모없는 토론도 수두룩하다. 입증 가능한 주제에 대한 토론이 그렇다.

혹은 프로세스에 대한 토론이 그 예다.

디자이너는 프로세스 토론을 좋아한다. 이건 포럼, 블로그, 웹 매거진에서 사실상 가장 인기가 높다. 디자이너가 하나둘씩 인터넷에 갑작스레 등장해서 한 가지 프로세스의 우월성을 잇달아 발표한다. 이들 중 일부는 잘 알려져 있으며 컨퍼런스 강연자, 책 작가, 존경받는 디자인 에이전시의 대표들이다. 다른 이들은 첫 취업 후 6개월이 지난 무명의 디자이너들인데, 이들은 유명해지고 싶어하고 처음으로 시도한 접근법에 의존한다. 그리고 웹상에서는 그들이 원하는 것이 가능하다. 꼭 유명인이 돼야 웹 디자인을 다루는 주요 온라인 매거진에 실릴 기사를 쓸 수 있는 것은 아니다. 좋은 주장을 갖고 있으면 된다. (작가를 골라도 된다. 작가는 가장 긴 기사를 작성하고, 수동태를 많이 사용하며, 당신이 이미 읽은 수십 개의 글을 연결시키는 사람이다. 주제에서 벗어난 얘기지만.) 가끔 누군가는 한 가지에 대한 책을 쓴다. 이러한 글과 책이 설득력이 있을 때, 사람들은 그것에 혹해서 잠시 실행해본 후, 그 아이디어를 훨씬 더 많은 글로 재탕한다. 솔직히 피곤한 일이다. 이제는 어느 날이든 읽을 가치가 있는 글을 작성하는 것보다 UX에 대한 새로운 글 목록을 살펴보는 데 더 많은 시간이 걸린다. (내가 하는 말의 의미를 확인해보고 싶으면 트위터에서 #UX 해시태그를 확인해보라.) 하지만 다시 말하는데 토론은 좋다. 변화를 만드는 데 많은 목소리가 필요하며, 변화가 일어나면 그것은 대단한 일이다. 그건 진전이다.

프로세스에 관한 글이 진전으로 이어지는 경우는 거의 없다.

그 문제는 이미 연구가 됐고, 그 상황을 수많은 디자이너가 앞서 경험했다. 나와 같은 컨설턴트들은 매년 십여 개의 다른 회사들과 일하며 그것을 직접 목격한다.

그것은 입증 가능하다.

당신이 원하는 만큼 그것에 대해 논쟁할 수 있다. 그것이 어떻게 수행돼야 하는지에 대한 근거 없는 지시에 관해 논의하라. 우리 모두가 그러하듯 자신의 세계관에 맞춰 세상을 만들려고 노력하라. 하지만 나중에 그것이 당신의 뒤통수를 칠 것이다. 실제로 그 상황을 연구해보면, 세 가지가 아주 명확해진다.

프로세스는 헛소리다. 임기응변은 필수다. 그리고 전통적이고 형식적인 방법에 집착하는 디자이너는 실무에서 쓸모가 없다.

뛰어난 디자이너, 경험 많은 디자이너, 훌륭한 결과물을 만드는 디자이너는 프로세스에 의존하지 않는다.

프로세스를 조금도 필요로 하지 않는다.

프로세스가 아닌 도구

린. 애자일. 그 전에는 사용자 중심 디자인[UCD, User-Centered Design]이었다. (아직도 그런가? 아무도 UCD가 프로세스인지 철학인지 결론내지 못했다.) 몇 년에 한 번씩 누군가 찾아와서 오래된 물건의 이름을 바꾸고선 더운 날 레모네이드처럼 판다. 갑자기 책과 글, 컨퍼런스가 온통 그것에 집중한다. 예상대로 일이 진행된다. '디자인 씽킹'은 새로운 '인터랙션 디자인'이며, 그 전에는 '문제 해결'의 신조어였다.

그것이 어떻게 정의되고 이름이 붙여지건 간에 그것에 관해 생각하는 것은 큰 가치가 없을 수도 있다.

다시 한번 말하지만, 프로세스는 헛소리다.

모든 회사는 린의 다른 버전을 갖고 있다. 모든 스타트업은 애자일의 새로운 변형을 사용한다. 모든 디자이너는 UCD에 대한 다른 정의를 갖고 있다. 그들이 아이디어를 믿지 않기 때문이 아니다. 엄격하고 융통성이 없는 프로세스 정의에서 시작하는 것들에 대한 진실을 목격했기 때문이다.

정의는 프로세스 고안자가 프로세스를 개발했던 상황처럼 계획된 상황에서만 효과가 있다. 그 외 모든 상황에서는 프로세스를 수정해야 한다. 프로세스를 엄격히 준수하려고 애쓰는 디자이너는 스스로를 힘들게 한다.

그렇다면 왜 디자이너들은 프로세스를 발명하고 고수하는 데 그렇게 혈안이 돼 있는가? 융통성 없는 응답자들은 주된 주장은 대개 한 가지 아이디어로 집중된다.

디자이너가 성공하기 위해선 성공을 반복할 수 있어야 하며, 프로세스는 반복 가능하다.

당연히 말도 안 되는 주장이다. 물론 프로세스는 반복 가능하다. 하지만 프로세스가 성공을 보장한 적이 있었는가?

사실에 주목하라.

프로젝트에 착수하면 어떤 일이 생기는가? 어떤 사람이 프로젝트에 참여할지, 언제까지 프로젝트를 완료해야 할지를 누군가가 계획한다. (최상의 상황에서 이 기한은 스타트업이 어느 정도의 자금을 보유했는지와 같은 현실적인 제약에 기초한다. 하지만 이는 낭신이 생각하는 것보단 딜 빈번하게 일어난다.)

시간과 돈. 항상 시간과 돈이 문제다.

그리고 이 두 가지 변수는 모든 프로젝트에서 변한다. 시간과 돈이라는 가장 기본적인 렌즈로 프로젝트를 검토한다고 해도, 프로세스가 실패하는 것은 당연하다. 규격형 주택 단지를 위한 수납장을 만드는 것이 아니다. 프로젝트는 모두 각기 다르다. 같은 것은 없다. 정사각형 프로세스를 원형 프로젝트에 아무렇게나 밀어 넣을 수 없다. 당신의 애자일 버전에 2주간의 리서치 및 디자인 소요 시간과 2주간의 스프린트sprint가 몇 차례 포함된다면, 3주간의 프로젝트 일정은 당신이 알고 있는 모든 것을 쓸모없게 만든다. 이는 당신을 주당 90시간 동안 일하게 만든다. 이렇게 되면 잠시 동안 쉬면서 생각할 여유가 주어질 경우의 절반 수준으로 제품을 디자인하게 된다.

그리고 이건 많은 디자이너가 하는 일이다. 그들은 침대를 사무실로 옮기고 일을 계속하면서 어떻게 하면 프로젝트가 더 잘 될 수 있을지를 고민하는 데 그들의 남은 여생을 바친다. 모든 상황이 실패라고 말하고 있는데도 불구하고 누군가가 계획을 고수하려고 할 때마다 이런 일이 벌어진다.

마이크 타이슨이 이런 말을 했다. "누구나 그럴싸한 계획을 가지고 있다. 처맞기 전까지는."

그게 프로세스다!

집착하는 것은 너무 슬픈 일이다.

나는 다양한 회사, 다양한 팀 구성, 다양한 제품, 다양한 장소에서 오랫동안 디자이너들과 함께 일하며 그들을 지켜봤다. 그들 모두의 공통점이 무엇인지 아는가? 공통점은 많지 않다. 그들 모두 자신만의 사고방식, 자신만의 기술, 자신만의 역량 수준, 자신만의 상사와 이해관계자, 사용자, 불만을 갖고 있다.

그들은 모두 각자의 제약이 있다.

뒤로 멀찌감치 물러서서 가볍게 훑어보면 모든 프로젝트가 어느 정도는 비슷해 보인다.

가까이서 보면, 모든 프로젝트는 완전히 새로운 정치와 문제다. 디자이너의 일은 디자인 작업을 넘어서 길을 찾는 것이다. 그리고 경직성은 당신에게 도움이 되지 않는다. 디자인이 어떻게 시작되거나 어떻게 진행되는지는 중요치 않다. 어떻게 끝나느냐가 중요하다. (디자인이 정말로 끝나는 것은 아니다.)

몇몇 뛰어난 디자이너, 또는 디자인 팀이 일하는 것을 보게 되면, 무언가를 알아차릴 수 있다. 그들은 프로세스가 없다. 대신 수많은 도구가 있다.

사용자와 이해관계자 대상의 선별 인터뷰, 화이트보드에 스케치하기, 래피드 프로토타이핑rapid prototyping, 게릴라 사용성 테스트, '최소 기능 제품MVP, Minimum Viable Product'에 대한 강한 믿음, 스모크smoke 테스트, 경험, 본능, 데이터 트래킹, 재사용 가능한 코드, 프레임워크, 협업에 대한 애정, 상호 존중, 향후 3주간 사용 가능한 회의실과 같은 것들이 그 예다.

스테파니 트로스^{Stephanie Troeth}는 그녀가 함께 일했던 똑똑하고 흥미로운 사람들로 가득 찬 팀을 내게 소개한 후, 이렇게 말했다.

> 슬프게도 그들 역시 한 가지 큰 실수를 저질렀어. 그들은 정형화된 프로세스를 겹겹이 끼워 넣으려고 했어. 똑똑한 사람이 많을 경우에는 그들이 프로세스를 간소화하고 다른 작업 방식에 도달할 수 있다는 점을 인정해야 해.

(스테파니는 웹 표준 프로젝트에 참여한 경험이 있는 베테랑 UX 전략가이자 디자이너이며, 4년 동안 MailChimp의 국제 디자인 및 사용자 리서치를 주도했다. 그녀는 또한 뛰어난 발표자이자 작가이다.)

그녀가 설명한 상황은 디자이너들이 그들만의 방식으로 진행하는 좋은 예다.

뛰어난 디자이너는 프로세스에 얽매이지 않고 작업에 착수한다.

상황의 제약이 낱낱이 드러나고 억지로 떠맡겨질 때, 제일 먼저 버려야 하는 것은 프로세스다. 그들은 무엇을 어떻게 할지 선택하고 신속하게 수행한다. 그들은 도전하고, 조정한다.

위대한 디자이너는 모든 프로젝트를 잘 드는 칼을 꺼내서 해부용 사체처럼 조각내 처리해야 하는 새로운 모험, 새로운 괴짜 요소처럼 다룬다.

그들은 자신의 도구를 꺼내서 그걸로 정말 멋진 일을 해낸다.

즉석에서 처리하기

난 10대 시절, 해가 뜨기 전에 혼자 또는 친구들과 함께 마을 북쪽에 있는 산에 가곤 했다. 그 산에는 서너 개의 등산로가 있었다. 요일이나 시간대에 따라 다르긴 한데, 등산로는 비어있거나 등산 스틱, 테니스 신발, 헤드폰을 쓴 사람들로 가득 차 있었다. 한 가지는 변하지 않았다. 등산로는 모두 아스팔트로 포장돼 있었다. 이것은 자연스레 나에게 덜 매력적으로 다가왔다. 아마 내가 어렸을 때 했던 캠핑의 영향인 듯했다. 사막이 항상 더 낫다. 흙과 바위. 자신만의 길을 찾고 자신만의 코스를 만드는 것은 골치 아픈 일이다. 그래서 난 산 아래에 서서 더 높은 곳을 손가락으로 가리키며 말했다. "저기, 저기로 가고 싶어." 그리곤 그냥 갔다. 덤불을 지나 바위와 나무 주변을 돌아다니다가 몇 차례 미끄러져 종아리가 긁히고 정강이가 돌에 부딪치고 손바닥 피부가 다 벗겨지기도 했다. 그럴 때마다 그럴만한 가치가 있는 경험이었다. 목표했던 지점에 다다랐을 때, 난 앉아서 도시를 바라봤다. 작은 건물들과 자동차들이 이름 모를 고속도로 위에 점으로 바뀐 365도의 전경이었고, 문제는 눈에 띄지 않았다. 산 정상에서는 문제가 사라진다. 희미해지고 없어져 버린다. 베이고 부딪힌 상처, 피부가 벗겨진 손은 전혀 중요치 않다. 탁 트인 공간과 맑은 하늘이 있고 단 한 시간만이라도 당신의 삶을 되찾을 수 있다.

(내려가는 것이 문제가 되는 경우도 있었다. 하지만 해가 뜨고 난 후에는 확실히 문제가 됐다.)

프로세스 없이 도구에 전적으로 의지하는 열정적인 생활이 마음에 들지 않는다면, 이렇게 생각해보라.

그렇게 하지 않는다면, 이 일은 별로 재미가 없을 것이다.

프로세스를 치워버리고 도구에 의지해서 살다 보면, 능숙한 사람은 많지 않지만 장인들 사이에서 중요한 기술인 무언가를 터득하게 된다. (웹 디자인은 분명 일종의 기술이다.) 다시 말해, 즉석에서 대처하는 능력이 그것이다.

학교에서 가르쳐주지 않는 것이 또 하나 있다. 디자인 학교는 물론 다른 어디에서도 마찬가지다.

너무도 매력적인 것인데 학교에선 배울 수 없다는 점이 이상하다. 자동차의 망가진 변속 기어를 테니스 공으로 대체하는 위트를 갖춘 것이다. 명함을 접어서 흔들리는 테이블에 쐐기로 사용하는 것이다. (그런데 요즘에도 명함 같은 걸 갖고 다니는가?) 흰색 카페트에 쏟은 와인을 이용해서 카페트를 디자인한 것처럼 칠하는 것이다. 이런 행동을 한다면, 주변 사람들은 손에 닿는 무엇이든지 유용하게 만드는 당신의 솜씨에 감탄하며 앉아있을 것이다.

많은 사람에게 이것은 어려운 일이다. 프로젝트가 틀어지면 그들은 꼼짝하지 못한다. 그들은 화를 내고 스트레스를 받는다. 그들은 남이 앞장서 주길 바라며, 실패자처럼 집에 돌아가고 싶어한다.

나는 이들이 바로 프로세스가 반복 가능한 성공의 요건이라 믿는 사람들이라 생각한다. (자신의 행동에 따라 세상을 정의하려는 발상이다.)

그렇지 않다.

반복 가능한 성공은 반복해서 즉석에서 대처할 수 있는 능력에서 나온다.

이건 디자인을 그럭저럭 마치는 것이 아니다. 즉석 대처는 적은 예산에서 더 많은 리소스를 확보할 수 있게 해준다. 즉석 코딩 테스트를 통해 누군가의 추측을 검증할 수 있게 해준다. 냅킨에 화면을 스케치하고 작업 흐름을 밟아보면서 고장 난 노트북으로 사용성 테스트를 진행할 수 있다.

즉석 대처 능력이 당신에게만 도움이 되는 것은 아니다. 관련된 다른 이들이 당신을 신뢰하고, 당신에게 의지하게 해준다. 다음에 무엇을 해야 할지 떠오르지 않을 때 당신을 찾게 만든다.

심리학적 연구에 따르면, 스트레스를 받을 때 좋은 아이디어를 떠올리고 좋은 결정을 내리는 것이 더 어렵다고 한다. 어느 정도 거리를 두는 것은 나쁜 상황에서 좋은 아이디어를 내는 데 필요한 두뇌 공간을 확보해준다. 즉석에서 대처할 수 있다는 것은 프로젝트가 잘못됐을 때 냉철한 머리를 유지하고, 남들에겐 없는 수준의 침착함으로 상황에 접근할 수 있다는 것을 보여준다.

그것은 실제로 그렇지 않다 해도 경험이 많다는 인상을 준다. 정말로 많은 디자이너들이 공황 상태에서 만들어진 솔루션에 성급히 뛰어든다. 노련한 디자이너는 침착함을 유지하고, 잠시 입을 다물고, 다양한 관점에서 생각하고, 제약에 대해 질문하고, 그 순간에 도움이 될만한 것들을 찾아보고, 아무도 떠올리지 못한 무언가를 제시한다.

나는 이런 일을 할 수 있는 프로그래머와 일한 적이 있다.

뛰어난 엔지니어가 되려면 어떤 마음가짐이 필요하다고 늘 생각해왔다. 이 남자는 그런 엔지니어의 전형이었다. 사람들이 곤란한 상황에 빠지면, 그는 그들 옆에 앉아서 몇 분 동안 화면을 응시하고, 몇 가지 질문을 던진 후에 아주 의아하게 들리지만 첫 시도에 한 번에 성공하는 무언가를 해보라고 알려준다. 당신은 5시간 동안 노력했지만, 계속해서 동일한 방식으로 접근했고 당신의 접근법이 아무런 도움이 되지 않았다는 것을 깨닫는다. (물론 난 평범한 프로그래머였다. 내가 5년의 경력을 더 쌓는다 해도, 그런 상황에서 그가 나보다 더 빠를 것이라 확신한다.)

누군가가 이렇게 하는 것을 보는 것은 아주 만족스러웠으며, 지금도 그렇다. 그건 기대앉아서 "어떻게 한 거야?"라고 묻게 만드는 것이다.

몇 년 간의 경험이 쌓이고 나면 사람들이 당신에게 그 질문을 던지기 시작할지도 모른다. 그동안에 당신은 노련한 척을 할 수 있다. 그리고 그런 척을 하는 것은 당신이 방법을 익히는 데 도움이 될 것이다.

즉석 대처는 능숙함, 상황인식, 지능을 보여준다. 다양한 컨셉과 기술을 정확하게 이해하고, 그것들을 마음대로 뽑아내어 재정렬하고 새로운 것으로 만들 수 있다는 것을 보여준다. 이는 당신이 정해진 액션보다 개념을 이해하고, 그것을 대단히 심각하거나 안정적이거나 어떠한 상황에서도 적용할 수 있다는 것을 의미한다. 당신은 테이블을 만드는 방법을 하나만 알고 그게 막히면 바로 홈디포Home Depot로 달려가는 사람이 아니다. 가게로 다시 가서 스크류 드라이버, 자투리 나무 조각, 접착제를 집어 들고 문제를 해결하는 사람이다.

당신은 일을 해내는 사람이다.

이건 기한이 촉박할 때 당신을 특히 유용한 사람으로 만들어준다. 물론 기한에 쫓기는 일이 대부분이다.

신속하게 작업하기

앨런 쿠퍼Alan Cooper는 그의 책인『정신병원에서 뛰쳐나온 디자인』(안그라픽스, 2004)에서 디자이너들에게 수 개월 간의 리서치 및 디자인 시간이 주어져야 한다고 주장한 바 있다. 난 16년 동안 일하면서, 몇 주 이상의 시간이 주어진 프로젝트를 해본 적이 없다. 심지어 그 정도의 시간이 주어진 적도 극히 드물다. (물론 쿠퍼는 언젠가부터 욕먹고 있는 '폭포수waterfall' 프로세스가 만연하던 시절 데스크톱 소프트웨어 작업에 상당한 시간을 보냈다. 웹은 온디맨드on-demand 업데이트라는 본연적 특성 때문에 훨씬 더 빠르다.) 프로그래머에게 디자인을 넘겨주고 나면 다시 볼 수 없는 경우가 아닌 반복적인 디자인 및 배포 사이클로 작업하는 오늘날에도 대부분의 회사에서 사전에 디자인 시간이 확보되는 경우는 전혀 흔한 일이 아니다. 제품의 UX 전략 개발에 3주, 개발 및 QA 테스트에 4개월이 주어지는 경우는 매우 아름다운 사례다.

충분한 시간이 확보될 거라 기대하지 마라.

음, 여러 제품을 만들고 대규모 디자인 팀을 거느린 대기업에서 일한다면, 그런 상황이 그다지 긴급하게 보이지 않을 것이다. 하지만 다른 곳이라면?

대부분의 프로젝트를 시작할 때, 얼마나 빨리 끝내야 하는지에 대한 이야기만 듣게 된다. 클라이언트는 대체로 빠른 완결을 위해 필요한 것을 지불

할 의향이 있지만, 그렇다고 일정이 더 쉬워지는 것은 아니다. 모든 중소기업에서도 동일한 압력을 받는다. 그들은 뛰어난 디자인 작업의 가치를 알아볼 수도 있지만, 품질이 떨어져도 만족하며 절반의 일정으로도 잘 될 거라고 생각한다. (또한 회사 내부팀이 외부 컨설턴트만큼 잘 알지 못하는 것처럼 행동하기도 한다. 나같은 사람에겐 좋은 일이지만, 나의 성공이 회사에서 고용한 사람들에 대한 신뢰를 훼손시키면서 이뤄져야 한다고 생각하지 않는다.) 그래서 운이 좋다면, 리서치는 며칠로 단축된다. 인터랙션 디자인에는 2~3주가 걸리며, 몇 가지 버전의 사용성 테스트가 어딘가에 억지로 구겨 넣어져 있다. 그리고 이 모든 것은 몇몇 개발자 혹은 팀이 아직 범위나 형태조차 갖추지 못한 애플리케이션의 백엔드를 작업하는 동안에 발생한다.

쿠퍼 씨, 미안하지만 당신이 원하는 대로 진행되지 않을 것 같다.

웹 프로젝트는 빠르게 진행된다. 훌륭한 디자인 작업은 시간이 많다고 해서 생기는 것이 아니다. 많은 기술을 보유해야 얻어진다. 그중 가장 중요한 것은 일을 빨리 끝낼 수 있는 당신의 능력이다. 그러려면 당신이 처음부터 리드해야 한다.

다행히도, 그것을 위한 몇 가지 요령이 있다.

전략 문서

아무리 예산이 부족한 프로젝트라 하더라도, 항상 전략 문서부터 시작하라. 금세 할 수 있고, 간단하며, 반나절이며 끝낼 수 있다. (내가 스타트업과 진행한 다수의 프로젝트에서 실제로 그러했다.)

이걸 간과해서는 안 된다.

전략을 문서화하지 않고 진행하는 것에 당신과 관련자들이 동의하는 순간, 거의 모든 작업을 완료하는 데 걸리는 시간이 2배로 늘어난다. 클라이언트에게 이메일을 보내고 전화를 걸어 클라이언트가 방금 제안한 것이 아니라 앞서 정의한 목표에 집중해야 하는 이유를 설명하고 방어하는 데 시간을 보낸다.

급하게 진행되는 프로젝트에서 전략 문서는 항상 시간과 노력의 낭비처럼 들린다. 문서 작성을 건너뛰려고 할 때, 그걸 작성해야 하는 이유를 기억하고 있는 자신을 발견하게 된다.

내가 글과 책, 컨퍼런스 토론에서 끝없이 이야기했던 내용이다. 당신이 이 점을 이해하지 못한다면 이 다음에 이어지는 아무것도 중요치 않으므로 여기서 다시 한번 말하겠다.

전략 문서는 매우 중요하다.

많은 디자이너가 웹 사이트에 몇 장의 페이지가 있는지, 또는 말이 안 되기는 마찬가지인 시간이나 비용이 얼마나 드는지가 적힌 계약서를 들고 프로젝트를 시작한다. 이건 심각한 오류나. 당신은 디자이너다. 클라이언트가 디자인 요청한 사항을 실제로 디자인해보기 전에는 클라이언트와의 전화 한 통으로 무엇을 디자인하고 개발해야 하는지 알 수 없다. 만약 그렇다면, 당장 멈춰라. 만약 클라이언트가 자신이 무엇을 원하는지 알았다면, 그들이 직접 했을 것이다.

UX 전문가로서의 당신의 일은 무엇을 디자인해야 하는지 알아내는 것이다. 제품이 무엇인지, 웹 사이트가 무엇에 관한 것인지, 사용자에게 어떤 의미가 있을지, 모든 측면에서 어떤 도움을 줄지, 어떤 디자인 목표가 제품을 경쟁 제품보다 더 좋게 만들고, 남들은 못하는 독특하고 흥미로운 방식으로 니즈나 욕구를 충족시킬 수 있을지를 파악하는 것이다. 그리고 당신은 이해관계자와 사용자를 인터뷰하고, 경쟁적이고 보완적인 아이디어와 그 외 모든 것을 조사하는 리서치를 통해 이 모든 것을 확인할 수 있다. 이것이 디자인 학교에서 가르치는 것이다. 그러길 바란다.

이것은 결국 전략 문서의 형태로 종결된다.

내 버전은 비전 선언문이 제시되고, 사용자 상황의 누가-무엇을-언제-어디서-왜who-what-when-where-why를 기술하는 섹션으로 이어지며, 다음은 디자인 기준 목록(프로젝트의 모든 디자인 결정을 이끌어줄 구체적이고, 설명적이며, 주석이 달린 원칙의 목록), 마지막으로 성공 지표(나중에 성공을 측정하는 데 사용 가능한 실제 숫자)로 끝난다.

당신의 버전은 다른 형태일 수 있다. 분량이 17페이지에 이를 수도 있다. (내 버전은 절대 2페이지를 넘지 않는다.) 기능 세트가 포함될 수 있다. (내 버전은 상위 레벨의 전략 서술로만 엄격하게 제한된다. 별도 문서에서 기능 범위를 좁힌다.) 예상 일정도 포함될 수 있다. (내 버전에는 없다. 기한은 어떤 프로젝트 관리 애플리케이션을 사용하던 간에 들어간다. 왜 중복으로 적어야 하는가?)

난 내 버전을 간단하게 유지한다. 그래야만 다른 사람들이 그것을 읽어보고 계속해서 참조할 가능성이 극적으로 높아지기 때문이다. 난 전략 문서를 순전히 비전 서술로만 채운다. 따라서 분량을 늘리고 언제든 변경 가능한 난해한 세부 사항들은 별도로 분리된다.

중요한 것은 전략 문서가 제 역할을 한다는 점이다. 그 문서는 팀의 모든 사람에게 그들이 무엇을 해야 하는지, 왜 해야 하는지, 그리고 어떤 점에서는 어떻게 해야 하는지도 알려준다. 비전과 목표를 전달한다.

기한이 촉박하다면, (아주 제한적이라 해도) 오전에 리서치를 하고 오후에 전략 문서를 작성할 수 있다. 일부 더 큰 프로젝트에서는 더 많은 리서치를 위한 2~3주의 시간을 확보하고, 그동안 전략 문서의 일부를 작성하고 계속해서 수정할 수 있다.

가장 중요한 것은 당신이 전략 문서를 작성하는 것이다.

전략 문서는 이정표를 제공한다. 전략 문서는 추후 의견 차이를 막기 위해 사용할 수 있는 공식적인 동의서이며, 논쟁을 매듭짓는다.

누군가가 아이디어를 내면, 전략 문서를 꺼내서 그 아이디어가 비전과 디자인 목표를 뒷받침하는지, 프로젝트의 성공 지표에 도움이 되는지 확인한다. 아이디어가 견고하고 디자인 목표에 부합한다면, 경쟁자가 생긴 셈이다. 도움이 되지 않는다면 아웃이다. 아주 간단하다. 아이디어를 나중에 일괄적으로 검토해볼 순 있지만, 현재로는 합격선을 통과하지 못했다.

이는 거의 대부분의 경우에 효과적이다. 모든 사람이 전략 문서에 어떤 내용이 들어있는지 알고 있고, 내용에 동의했다. 문서는 새로운 정보에 기초한 경우에만 변경된다. 누군가가 새로운 아이디어를 수용하기로 결정한다고 해서 바뀌진 않는다.

보너스. 이렇게 하면 나쁜 아이디어를 찍소리 못하게 하는 일이 전략 문서로 이동하고, 당신에게서 멀어진다.

빈대로 전략 문서는 관련된 모든 사람에게 그들이 결정을 내릴 때 무엇을 생각해야 하는지를 알려준다. 팀의 모든 사람에게 좋은 결정을 위한 가이드북을 제공한다. 잘 작성하고, 효과적으로 커뮤니케이션하고, 수시로 참조하라. 그러면 합리적인지 여부만 확인하면 되는 훌륭한 아이디어를 사람들이 테이블로 가져올 것이다. 나쁜 아이디어를 물리치는 데 시간을 낭비하지 않아도 된다.

버스 운전사

한 가지 더 중요한 것이 있다. 내가 아까 언급한 정말로 중요한 점은 다음과 같다.

전략 문서로 인해 당신은 주도적 입장을 취하게 된다.

당신은 전략을 종합하는 사람이다. 리서치를 수행했고, 처음부터 프로젝트 내내 팀 전체가 그것을 따를 것이라는 점을 분명히 했다. 그리고 이제 전략 문서의 수호자다.

이것은 당신을 앞서서 이끄는 사람으로 만든다. 당신은 사람들에게 전략을 통해 새로운 아이디어를 검증하도록 상기시키는 사람이다. 주변 이해관계자에게 전략을 고수하는 것이 얼마나 중요한지 알려주는 전략적 권한을 가진 사람이다.

여기가 당신이 머물고 싶은 바로 그 위치다. 이제 기한을 맞추는 일만 남았다. 신속한 작업을 통해 이를 수행한다. 그리고 예산이 빠듯하고 기한이 촉박한 경우에도 UX 기술을 모두 적용할 수 있는 방법은 많다.

디자인 시간

더 많은 디자인 시간을 확보하는 것부터 시작하라. 일반적으로는 이러한 옵션은 없기 때문에 프로젝트에 시간을 추가하는 것이 아니라, 명확한 것들을 먼저 정리해야 한다.

2008년 즈음 재러드 스풀과 나는 한 가지 트렌드를 발견했다. 웹 팀은 프로젝트에서 가장 일반적인 요소들의 문제를 해결하는 데 많은 시간을 쏟고 있었다. 문의 양식, 에러 메시지, 회사 소개 섹션, 그리고 웹 사이트 디자인의 다른 여러 지루한 측면들이 귀중한 시간을 잡아먹고 있었다. 그때 팀이 정말로 원했던 것은 당신이 지금 원하는 것과 똑같다. 바로 멋진 일을 하는 것이다. 우리는 웹 팀이 끊임없이 재사용 전략을 체계화해야 한다는 것을 깨달았다. 내가 가진 디자인 경험과 재러드의 회사인 User Interface Engineering에서 수행한 모든 리서치를 살펴보고, 팀을 이뤄서 이 주제에 대한 책을 썼다. 그 책의 제목은 『Web Anatomy』(New Riders, 2009)였다.

기본 아이디어는 다음과 같다. 많은 사람이 디자인 패턴(공통의 디자인 니즈에 대한 평범한 솔루션)에 익숙하지만, 그 이상을 받아들이는 사람은 많지 않다. 디자인 패턴은 한계가 있다. 패턴을 제대로 활용하기 위해서, 패턴을 전체 프레임워크로 결합해 더 복잡한 문제에 대한 솔루션을 만들 수 있다. 디자인 패턴은 검색 결과 페이지의 페이지 매기기^{pagination} 혹은 고급 검색과 같이 매우 작고 구체적인 문제에 적합할 수 있지만, 웹 사이트의 전체 섹션을 해결하기 위해 인터랙션 디자인 프레임워크와 결합하기 전에는 그 가치가 제한적이다. 예를 들어, '회사 소개' 섹션은 이 시점에서 상당히 일반적이다. 모든 웹 사이트 유형에는 그만의 버전이 있지만, 다시 개발할 필요가 있는 것은 없다. 이는 프레임워크가 될 가능성이 아주 높다.

이것이 내가 말한 명확한 것들이다.

모든 프로젝트에서 사용자 프로파일 시스템, 회사 소개와 연락하기와 같은 컨텐트 페이지를 지원하는 프레임워크와 같은 기본 요소에 대한 목록을 먼저 서둘러 작성하고 이들을 처리해 상당한 디자인 시간을 절약할 수 있다. 이와 같은 필수 요소에 대한 목록을 시작도 하기 전에 이미 갖고 있는 경우도 종종 있을 것이다. 그것들을 서둘러 처리하고, 당신이 다른 작업으로 바쁠 동안에 개발자들이 뭔가에 대한 구축을 시작하게 하라.

빙고. 이렇게 하면 더 많은 디자인 시간이 확보된다.

디자인을 시작한 후에는 애플리케이션의 나머지 부분에서 사용될 인터랙션 디자인 언어의 대부분 또는 전부를 규정하는 부분에 집중하라. 이렇게 하면 개발자는 계속해서 진행할 수 있다. 또한 당신이 밝혀내고자 하는 애플리케이션의 나머지 요구사항을 화면 디자인으로 더 빠르게 변환하게 해준다.

프로젝트 전반에 걸쳐 디자인 산출물을 가볍게 유지하라. 가능한 적게 만들어라.

더 빠른 와이어프레임

당신이 잘 모른다면 와이어프레임을 먼저 살펴보자.

와이어프레임은 실행 가능한 화면 디자인의 초기 라인 아트 버전이다. 더 자세하기는 하지만 기본적으로는 냅킨 스케치의 디지털 버전이다. 코드로 작성되지 않는다. 와이어프레임의 목적은 아이디어를 문서화해 몇 가지 아이디어와 직감을 신속한 사용성 테스트로 검증해보고, 대화를 시작하게 하고, 합의를 이끌어내는 것이다. 와이어프레임은 생각 도구이다. 견고하고 세밀한 디자인 산출물이 아니다. 빨리 만들고, 빨리 수정하고, 쉽게 쓰고 버리는 문서다. 와이어프레임은 만드는 사람, 선호하는 소프트웨어, 작업 속도에 따라 로우 피델리티low-fidelity에서 하이 피델리티high-fidelity에 이르기까지 다양하다.

그들의 목적은 로우 파이low-fi에 가장 적합하다. 더 빨리 만들고 수정할수록 더 좋다. 전략과 디자인에는 돈이 들며, 그것들이 기여하는 프로젝트 비용의 극히 일부에 불과하다. 당신은 사용자가 볼 일이 없는 산출물을 만드는 데 많은 비용(작업 시간)을 쓰고 싶지 않다. 고해상도Hi-res 프레임워크는 아직 개발할 준비가 되지 않은 디자인의 고품질 버전을 거물급 상사에게 보여줘야 하는 경우와 같을 때에 나름의 쓰임새가 있다. 하지만 하이 피델리티 와이어프레임에도 단점이 있다. 상사가 고해상도 와이어프레임을 보고는 거의 완성된, 작동하는 화면이라고 생각하면, 당신이 제작했고 지금은 회의실 벽에 투영되고 있는 거대한 환상 뒤에 실제 코드는 없다는 것을 설명해야 하는 경우가 생긴다. 그리고 다른 사람들로부터 피드백을 받기 위해 와이어프레임을 보여줄 때, 모든 이가 갑자기 의견을 내는 것을 꺼리게 된다. 왜냐하면 당신이 와이어프레임 작업에 상당한 시간을 투입한 것처럼 보이고 그들은 당신의 하루를 망치고 싶어하지 않기 때문이다. (실제로 벌어지는 일이다.)

지나치다 싶을 정도로 로우 피델리티 와이어프레임에 비중을 둬라. 그리고 나서 누군가에게 와이어프레임을 보여줄 때, 맥락과 그것이 무엇인지에 대한 적절한 설명을 곁들여라.

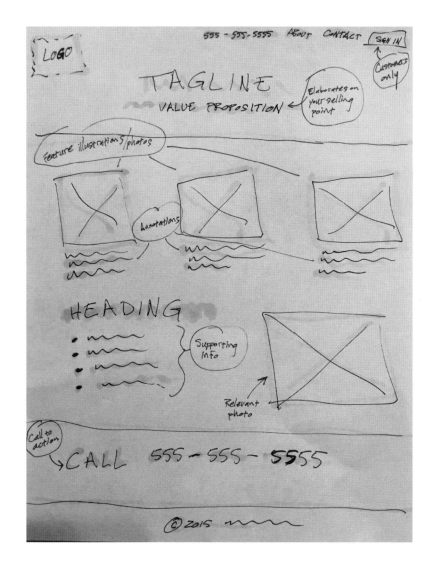

로우 파이는 디자인 시간에 비용 지출을 줄이고, 더 빨리 와이어프레임을 볼 수 있고, 더 좋은 디자인 평가를 받을 수 있다는 것을 의미한다 (이 책의 후반부에 더 자세히 다룬다). 아이디어에 더 많은 시간을 투입할수록 그 아이디어에 더 집착하게 되고, 누군가에게 그 아이디어를 옹호해달라고 요청하고 누군가가 당신의 답변을 좋아하지 않을 때 더 짜증나게 될 것이다. 애착

을 갖지 않는 편이 낫다.

애초에 협력하는 것이 훨씬 더 좋다. 픽셀을 밀어붙이기 전에 디자인의 목적을 말하라. 이해당사자들이 디자인이 해야 할 일, 즉 목표에 먼저 동의한 후에 구현에 초점을 맞추도록 하라.

그럼에도 불구하고, 로우 피델리티와 하이 피델리티 와이어프레임 모두 큰 단점을 지닌다. 와이어프레임은 기능을 보여주기엔 미흡하고, 기능은 의도한 경험을 설명하는 데 가장 핵심적이다. 따라서 프로토타입은 기능에 대한 초기의 대략적인 시뮬레이션이다.

더 빠른 프로토타입

프로토타입은 다양한 수준의 완성도로 제공된다. 프로토타입 또한 빠르고 저렴하게 끝내는게 더 좋다. 예를 들어, 클릭스루click-through 프로토타입은 정말 끝내준다.

이를 만들려면 와이어프레임 세트를 가져와서, 사람들이 화면들을 이동하면서 실제 태스크 흐름을 시뮬레이션할 수 있도록 각 화면의 요소에 클릭 액션을 부여한 다음에 프로토타입을 PDF로 내보낸다. 대다수의 와이어프레임 도구는 이 모든 것을 할 수 있는 방법을 제공하며, 이는 단연코 사람들이 와이어프레임을 이해하고 완성된 제품이 어떻게 작동하는지를 상상할 수 있게 돕는 가장 좋은 방법이다.

빠른 임시 코드를 사용해서 프로토타입을 만들 수도 있다. 장점은 구현 수준의 코드를 작성하지 않고도 데이터베이스에서 가져온 실제 데이터를 사용하고, 보다 정교한 기능과 화면 상태 및 전환을 보여줄 수 있다는 것이다. 하지만 이렇게 하려면 더 많은 시간이 걸린다. 그리고 이것은 거의 예외 없이 의도했던 것보다 더 많은 노력을 기울인 것처럼 보이는데, 이는 피드백을 받을 때 문제를 일으킬 수 있다.

클릭스루 PDF보다 간소하길 원한다면, 종이 프로토타입을 만들 수 있다. 다양한 인터페이스 조각과 상태를 종이나 포스터보드에 스케치한 다음에 팀 미팅이나 사용성 테스트에서 시연하고 싶은 태스크 흐름을 다른 사람에게 차례로 보여주면 된다.

말하자면 프로토타입은 사용성 테스트에 적합하다. 테스트 세션 사이에 지속적인 개선을 위해 수정 가능한 디자인보다 비용이 적게 드는 것은 없다. 특히 종이로 제작했다면 더욱 그러하다. 커피숍에서 진행한다면 커피 값만 내면 끝이다. 그리고 코팅 기계와 화이트보드용 마커도 사용 가능하다(커피가 흘러도 문제없고 재사용이 가능하다). 20달러와 몇 시간이면 당신은 더 좋은 디자인과 여러 사람의 피드백을 얻을 수 있다.

(한 가지 단점이 있다. 태스크를 수행한 사람들은 당신 제품의 잠재적 실사용자이기에 일반적으로 어떻게 되든 크게 신경 쓰지 않는 길거리의 일반인들보다 어려운 태스크를 훨씬 더 기꺼이 인내한다. 가능하다면, 제품에 진심으로 관심이 있는 테스트 참가자를 구하라. 결과가 더 유용할 것이다.)

2009년 토드 자키 와펠Todd Zaki Warfel은 『프로토타이핑 -UX디자이너가 반드시 알아야 할 프로토타이핑 기법』(인사이트, 2011) 이라는 적절한 이름의 책을 냈다. 이 주제에 대해 더 자세히 알고 싶다면, 한 번 읽어보라. (전부 밝히자면 이 책의 몇 페이지를 내가 썼기 때문에 이 책을 특별히 좋아하지만, 판매에 따른 로열티를 받진 않는다.)

더 빠른 사용성 테스트

다시 사용성 테스트에 관해 이야기하겠다.

사용성 테스트도 신속하게 진행할 수 있다.

회사가 전담 사용성 전문가(이 일을 풀타임으로 수행하는 사람으로 최근에는 주로 외부 컨설턴트)에게 연락을 하는 경우, 이는 두 가지 이유 중 하나다.

첫 번째 경우는 책임자가 계속해서 쏟아지는 엄청난 양의 업무를 갖고 있고, 매번 뛰어날 것이라고 전적으로 신뢰하지 않는 디자인 팀에 대한 실패의 위험을 줄이고 싶어한다. 물론 그들은 디자이너들에게 "우리가 개선할 수 있는 모든 기회를 확실히 잡길 원할 뿐입니다."라고 말하며 설득하려 하지만, 그들이 그렇게 말할 때 그것이 어떤 의미인지 모두가 알고 있다.

반면에 그들이 누군가를 프리랜서나 컨설팅으로 채용할 경우, 현재 디자인에 문제가 있다고 의심을 하면서 사용성 전문가가 문제가 무엇인지를 말해줄 것이라 믿기 때문이다. 1/10가량의 책임감을 갖고 사내에서 하는 것보다 더 깊이 있게 하길 바란다.

그럼에도 불구하고, 사용성 테스트는 다음과 같이 진행됐고 지금도 여전하다. 이는 사용성 테스트가 이론적으로만 적용돼야 하는 수업, 책 그리고 다른 장소에서 교육되기 때문이다.

1. 사용성 분석가는 이해관계자에게 특정 디자인의 목표와 이해관계자가 생각하는 우려 요인에 대해 이야기한다.

2. 분석가는 디자인의 어떤 측면을 테스트해야 하는지 그리고 관련된 반응을 얻기 위해 어떻게 시작해야 하는지에 대한 계획을 수립한다.

3. 그들은 어떤 종류의 사람들이 가장 유용한 테스트 참가자가 될 것인지를 결정한다.

참가자들은 제품의 열렬한 팬들, 전혀 들어본 적이 없는 사람들, 대학을 졸업한 30대 또는 다른 누군가가 될 수 있다. 참가자 후보 명단을 갖고 있거나 돈을 주고 사거나, Craigslist[1]나 다른 곳을 이용하지 않고 사람들을 모으기 위해 전화를 돌리거나, 참가자 모집을 위해 사람들에게 전화를 걸고 적합한 사람을 선별하는 전문 업체에 외주를 맡긴다.

---

1   미국의 지역 생활정보 사이트 - 옮긴이

4. 그중 몇 명이 사무실에 방문 가능한 일정을 잡고, "우리가 개선해야 하는 부분을 확인할 수 있도록 디자인에 대한 당신의 생각을 한 시간 동안 말해주세요."라고 한다.

5. 참가자들을 위한 기프트 카드를 구입하고, 문 앞에서 환영하고, 커피와 도넛을 제공하고, 자리에 앉힌 뒤 정성스레 작성한 스크립트를 사용하고, 테스트 대상은 참가자가 아니라 디자인이며 작동 방식은 다음과 같다고 신중하게 설명한다.

6. 사용자에게 웹 사이트나 애플리케이션, 혹은 테스트하는 대상에서 특정 태스크를 수행하고, 사용성 전문가(이 맥락에서는 '테스트 진행자')가 태스크에 대한 보다 주관적인 반응을 기록할 수 있도록 '생각을 크게 소리 내어 말하기think out loud'를 해달라고 요청한다.

   사용자가 무언가를 파악하는 데 5분을 보내고 나서 "난이도는 2점 정도였어요."라고 노골적인 거짓말을 하는 경우가 예외 없이 발생한다. 왜냐하면 그들이 결국 알아내긴 했기 때문이다. 이 과정에서 분석가는 사용자에게 힌트를 줘서 결과를 왜곡시킬 수 있는 표현을 피하도록 주의를 기울인다.

7. 당일 테스트 세션을 마친 후, 사용성 전문가는 모든 숫자를 섞어서 일정 비율로 만들고 연령, 학력, 웹 사용 능숙도 등과 같은 다양한 방식으로 세분화한다. 그리고 모든 데이터를 슬라이드 장표(PowerPoint, Keynote, Google Docs)에 담아서 디자이너와 개발자가 모두 참석한 미팅에서 공유하며, 참석자들은 제품의 성능에 충격을 받고 자리를 뜬다.

8. 누군가 큰 금액의 수표를 건네서 전체 작업에 대한 비용을 지불한다.

이것이 학교에서 가르치는 방식이며, 책에도 이렇게 적혀 있다.

이런 식으로 진행될 것이라고 기대하지 마라. 이처럼 고생스럽고 비용이 많이 드는 프로세스가 사용성 테스트가 보편화되기까지 10년가량 걸린 이유다. 비용만으로는 설명하기 힘들다. 마감일이 촉박한 것도 또 하나의 이유다.

물론 이러한 테스트 랩은 여전히 존재한다. 대기업에 해당 시설이 간혹 있다. 드물긴 하지만 주변에 존재한다. 그리고 이러한 시설을 이용해보는 것은 꽤나 재미있는 경험이다. 많은 장비가 있고 세팅이 끝내준다. 그리고 사용성 전문가는 여전히 이런 식으로 테스트 세션을 진행하고 위와 같은 질문을 던진다.

그래야만 하기 때문이다.

하지만 그들은 테스트에 다른 방법을 병행해서 사용한다. 더 비용이 적게 들고, 더 빨리 진행 가능한 방법들을 적용한다. 학교와 책에서 가르치는 대로 무언가를 실행하는 회사는 거의 없다.

다시 한번 말하지만, 회사는 그렇게 엄청나게 장황한 절차를 거치는 데 필요한 예산, 시간 및 리소스를 갖고 있지 않다. 아이디어를 검증하거나 현재 사이트에 문제가 있음을 상부에 증명해야 할 때마다 끌어다가 쓸 수 있는 테스트 참가자 명단을 갖고 있는 경우는 거의 없다.

회사에서는 테스트에 사용 가능한 약간의 여윳돈을 가지고, 당신이 어떤 식으로든 해낼 거라 기대하고 있을 가능성이 높다. 알다시피 디자인을 좀 더 살펴보라. 물론 당신이 제시한 기준에 따라 사람들을 찾고 선별하는 일을 하는 다양한 서비스 회사에 몇 명의 참가자를 요청할 수 있다. 하지만 이렇게 하면 시간이 걸리며, 단연코 사용성 테스트를 실행하기에 가장 가치 있는 시간은 인터페이스가 여전히 냅킨에 스케치되고 있거나 흥미로운 아이디어에 불과한 디자인 작업의 한가운데이다. 지금은 전통적인 사용성 테스트의 선별 및 구성 프로세스를 겪고 싶어할 때가 아니다. 길 건너 가장 가까운 커피숍으로 달려가서 3시간 만에 당신이 확신하는 디자인 방향성을 갖고 돌아오고 싶을 순간이다.

테스트 랩보다 더 흔한 것은 며칠 간의 시간과 스마트폰이면 충분한 게릴라 테스트의 일부 버전이다. 그건 빠르고, 비용이 적게 들고, 지저분하고, 종종 완전히 엉망진창이다. 그리고 재미있다.

다행히도 몇 년이 지났고 기술의 발전(그리고 기술의 부족) 덕에 사용성 전문가는 단지 디자인을 신속하게 평가할 수 있을 뿐만 아니라 적절한 상태, 적절한 시점에 디자인을 평가하고 실제로 그 과정에서 디자인을 개선할 수 있다. 그리고 이는 회사를 매우 행복하게 해준다. 비용이 적게 들어갈 때 회사는 훨씬 더 기꺼이 테스트 비용을 지불한다.

첫째로 소프트웨어, 노트북 내장 카메라, 고해상도 동영상을 찍을 수 있는 스마트폰 덕분에 사용성 테스트를 커피숍, 푸드 트럭, 뒷마당은 물론 어디서나 진행할 수 있다. Morae(Techsmith에서 나온 사용성 테스트 소프트웨어) 혹은 다른 소프트웨어 한 부를 사거나, 폰을 스탠드에 올려놓고 노트북을 펼쳐라. 양방향 거울과 분리된 큰 방은 필요 없다. Morae를 사용하면 세션을 원격으로 볼 수 있다. 테스트 소프트웨어는 Clearleft의 Silverback처럼 더 저렴하고 보다 민첩한 형태로 나온다. 어떤 소프트웨어를 사용하든 사용자 반응의 하이라이트 비디오를 종합해서, 슬라이드 장표에 동영상을 삽입하고, 사용자 반응의 증거로 재생할 수 있다. 즉시 충격을 주는 것이 목표라면, 아이폰iPhone에는 FaceTime이 있다. 팀에 전화를 걸어서 모두가 회의실에서 지켜보게 하라.

진행 방식의 세부 사항에 당신이 발목 잡히게 하진 않을 것이다. 일하는 방법을 배울 수 있는 리소스는 세상에 가득하다. 여기서 중요한 것은 당신과 당신의 현재 혹은 미래 상사 모두가 사용성 테스트를 저렴하고 신속하게 수행할 수 있다는 것을 이해한다는 것이다. 이런 종류의 신속하고, 때로는 거슬리고, 엄청나게 유용한 정성적인 리서치는 사용성 전문가에게 기대할 수 있는 것이다.

더 많은 것이 있다.

단지 디자인을 테스트하는 것이 아니라 동시에 개선할 수 있다. 난 이것을 '반복적 사용성 테스트'라고 부른다. 다른 사람이 이름을 붙여주진 않았을 것이고, 우리는 그걸 뭐라고 부르긴 해야 한다.

1. 실제 웹 코드로 작성된 정교한 프로토타입 대신 PowerPoint, Keynote, OmniGraffle을 사용해서 클릭스루 PDF를 만들어라. 이것은 완성 제품에서 클릭 가능하다고 계획한 모든 요소에 클릭 액션이 부여된 와이어프레임 세트이며, PDF로 내보낸다.

2. 3~5명의 참가자 일정을 잡을 때, 각 세션 사이에 여유를 둬라. 처음 3개 세션 사이에는 30분 정도, 나머지 세션 사이에는 15~20분 정도 간격을 두라.

3. PDF를 컴퓨터 화면에 띄우고 첫 번째 참가자에게 당신이 관심있는 태스크를 완료하도록 하라.

4. 세션이 끝나면 참가자의 피드백을 반영해서 디자이너가 클릭스루 프로토타입을 수정하게 하라. 그리고나서 다음 참가자를 위해 새로운 PDF 버전을 컴퓨터에 띄운다. 모든 참가자는 온종일 새로운 버전의 디자인을 마주하게 된다.

참가자가 지적하는 사소한 사항들을 모두 고치지는 마라. 그건 말이 안 된다. 그들이 실수하게 만드는 것들 중 일부는 당신이 이미 수정이 필요한 것을 알고 있거나 아직 반영이 안 된 것들이다. 작은 것이라도 당신은 나머지 참가자들이 동일하게 어려움을 겪는지, 혹은 요행이었는지 지켜보길 원할 것이다. 영리하게 처리하라. 정말로 바꿔야 한다고 생각하는 것만 수정하라.

이는 정신없는 하루로 이어져, 당신을 지치게 만들 것이다. 하지만 이것을 잘 한다면 마지막 참가자는 거의 아무런 문제가 없을 것이다. 하루가 끝날 때쯤이면 더 좋은 디자인을 갖게 될 것이다.

사용성 테스트를 반복하는 방법을 클라이언트 측의 디자이너에게 알려주고 나서 1주일 후, 디자이너는 그것이 "짜릿하다"라고 말했다. 디자인이 눈에 띄게 개선됐고, 전혀 시간이 들지 않았다고 말했다.

한 가지 주의해야 할 점이 있다.

온라인 상의 몇몇 글들은 당신이 '신속한 반복 테스트' 혹은 그와 같이 화려한 무언가에 빠져들게 만들 수 있다. 이는 기본적으로 내가 앞서 말한 '반복적 사용성 테스트'와 동일하지만, 한 가지 큰 차이점은 그것이 더 오래 걸린다는 점이다. 개별 테스트 간에 디자인을 수정하는 대신, 그 날의 테스트를 모두 끝낸 후에 수정한다. 첫 번째 날, 모든 참가자는 동일한 버전의 디자인을 사용한다. 그런 다음 둘째 날의 테스트 세션을 보류하고 수정을 진행한다. 한 달 넘게 테스트를 여러 차례 실시하는 것보다는 확실히 빠르긴 하지만, 하루 동안 테스트를 반복하는 것만큼 빠르지 않다.

컨설턴트에게는 더 많은 돈을 벌 수 있는 좋은 방법이다. 반드시 더 좋은 결과를 가져오진 않는다.

또한 어떤 버전이 다른 버전보다 더 효과적이라는 것을 확실히 증명할 수 없다. 사용성 테스트는 암기 과정이 아니다. 진행 방법을 표준화하고자 하는 실무자의 노력에도 불구하고, 모든 사람이 조금씩 다르게 하고 있다. 사람마다 각기 다른 결과를 얻는다. 누군가의 버그는 다른 사람에게는 문제가 되지 않는다. 그렇다고 사용성 전문가를 고용하지 말라는 뜻은 아니다. 현실적인 기대만 하면 된다. 디자인에 문제가 있다면(문제를 마주하자, 그렇게 될 것이다), 끄집어내서 박살내는 것이 언제나 좋은 아이디어다. 한 차례 훑어보는 것이 프로세스의 끝이 아니라는 것만 알아둬라. 항상 더 많은 이슈가 발견되길 기다리고 있다. 언제나 더 많은 문제가 당신의 잠재력을 방해하기 위해 어둠 속에서 기다린다.

느리고 비용이 많이 드는 프로세스를 계속해서 요구하면, 테스트 시간이 전혀 확보되지 않을 수 있다. 당신이 해야 할 더 좋은 일이 있다.

결과를 분석하고, 경험을 통해 배우는 것이다.

그리고 조정하는 것이다.

이해하기

웹 업계에서 어느 정도 시간이 지나면 동료 혹은 상사, 클라이언트가 사용자를 "멍청하다"고 말하는 것을 듣게 될 것이다. 그들은 애플리케이션 인터페이스를 '단순화'하고, '최소 공통분모'를 설계하며, 애플리케이션을 '쓰기 쉽게' 만드는 방법에 대해 이야기한다. 아주 드물게, 엄마들이 애플리케이션을 사용할 수 있다면 누구나 할 수 있다는 확신을 갖고 '엄마 테스트'를 해보라고 말하는 사람이 있다.

때로는 디자이너들이 직접 그 말을 한다. 정말 형편없는 디자이너들이 이 말을 반복적으로 한다.

"글쎄, 당신은 그들의 손만 꼭 잡을 수 있을 것이다."

중요한 건 사실이 아니라는 거다. 엄마들은 온라인 백치 테스트의 리트머스 시험지로 사용될 만큼 멍청하지 않다. 다른 사람도 마찬가지다. 멍청한 사용자의 과대 광고에 빠지는 것도 좋은 생각은 아니다.

많은 디자이너가 그들이 존경하고, 사랑하고, 높이 평가하는 사람들조차 웹 브라우저를 여는 순간 정말 바보로 변한다는 것을 일하는 동안 다양한 측면에서 확신하게 된다. 그리고 디자이너들은 그들이 아는 가장 똑똑한 사람들조차도 기술 사용에 있어서는 다른 사람보다 낮지 않다는 사실을 잊는다.

이와 관련해 잘못 알고 있는 것들이 굉장히 많다.

첫째, 당신 주변의 사람들이 훌륭한 디자인을 달성하는 것과 관련된 심리학을 무시했다는 것을 의미한다. 그들 모두는 사람의 심리가 사용자가 내리는 모든 결정의 핵심이고, 그것을 피할 수 없으며, 그 심리를 파악하고 디자인 작업에 적용하는 것이 말 그대로 회사가 제품에서 기대하는 것을 얻기 위해 할 수 있는 가장 중요한 것이라는 것을 전혀 인지하지 못한 채 서성이고 있다.

둘째, 당신도 똑같았다는 것을 의미한다. 당신은 이 진실을 말해주지 않았다. 어쩌면 당신이 그걸 모르기 때문이다. 어떻게 소통하는 것이 디자이너로서 출세하는 데 도움이 될지 몰랐기 때문일 수도 있다. 커뮤니케이션을 제대로 못해서였을 수도 있다.

셋째, 정말 끝내주는 것을 디자인하기가 얼마나 복잡한 일인지 다른 이해관계자들은 절대 이해하지 못한다는 것을 의미한다

마지막으로 우리가 디자이너로서 이러한 사용자 심리를 이해하고 적용하고 지원하지 못한다면, 다른 사람들에게 UX 업무를 상품화하는 것을 장려한다. 당신에게 이만큼 지불하겠으니 그 대가로 당신이 내게 이 많은 와이어프레임을 제공해주면 좋겠다. 당신이 그 일에 능숙하고 뛰어난 평판을 지녔더라도, 어떠한 프로젝트에서든 UX에 익숙하지 않은 이해관계자들은 당신을 와이어프레임만 그려대는 꼬마로 볼 위험성이 높다.

하지만 디자이너로서 우리가 이 잔인한 진실을 이해하고, 우리가 하는 모든 일에 이를 적용하고, 관련된 모든 사람에게 전파하지 않는 한 아마도 우리는 위대한 것을 디자인하지 못할 것이다.

책임은 우리에게 있다. 이해관계자들이 우리의 작업을 상품화하고자 한다면, 그렇게 하지 않을 이유가 없다. 그들은 계속해서 UX 전문가를 와이어프레임을 만들고, 와이어프레임이 좋은 아이디어라는 것을 모든 사람에게 어떻게든 납득시키는 사람으로 볼 것이다. 그리고 이것은 계속해서 되살아나서 우리를 놀라게 만들 것이다. 사용자에게 혜택을 주기 위해 기술을 설

계하는 일의 복잡성에 대해 주변 사람들을 교육하는 대신, 나쁜 아이디어와 싸우고 그걸 제대로 하는 것이 얼마나 어려운지 아무도 모른다는 것에 대해 불평하는 데 시간을 쏟을 것이다.

아니면 우리가 상황을 바꿀 수 있다.

나는 그 방향에 찬성한다.

그것을 해내기 위해서는 세 가지 요소가 필요하다. 심리를 알아야 하고, 이를 업무에 적용해야 하고, 그것에 관해 이야기를 많이 해야 한다. 이 세 가지를 수행하면 당신은 UX 전문가로서 리드할 수 있는 훨씬 더 강력한 포지션에 서게 될 것이다.

심리학 알기

우선, 심리학 그 자체다.

당신의 웹 사이트와 애플리케이션을 사용하는 사람들에 대해 당신이 알아둬야 할 몇 가지 주요 사항들이 있다. 일부는 명확할 수 있고, 일부는 예상 밖일 수도 있다. 그럼에도 불구하고, 이 주요 사항들을 다음부터 사이트를 디자인할 때 유념해야 할 체크리스트로 사용해야 한다.

그것들을 사용해서 기능 추가, 텍스트 블록 작성 또는 오류 메시지 표시 여부를 결정하라. 그걸 이용해서 당신의 컴퓨터 화면 반대편에 놓인 사람들에 대한 공감 능력을 개발하고 유지하라. 그것들을 사용해서 논쟁을 해결하고, 주변 사람들에게 고객을 더 잘 살펴야 함을 상기시켜라. 당신 자신에게도 동일하게 상기시켜라.

무엇을 하든지 그것을 사용하라. (그런데 여기서 논의된 요점은 사람들이 기술을 어떻게 사용하는지에 대해 당신이 알아야 할 모든 심리학을 충분히 다루지 않는다. 그렇지만 이것은 필요한 시작점 중 일부다.)

그들은 생각보다 똑똑하다

나는 개인적으로 수백 번의 사용성 테스트에 관여했다. 대부분의 경우, 참가자들은 많은 디자이너가 평가하는 것보다 훨씬 더 똑똑했다. 그들은 대학교를 졸업했고, 교수였고, 작은 사업체를 운영했고, 대기업의 마케팅 팀장이었고, 은퇴한 회계사였고, 선생님이었다. 많은 똑똑한 사람이 온갖 영리한 일을 해낸다.

그들은 단지 당신의 시스템을 배우는 데 신경을 쓰지 않을 뿐이다. 그건 그들에게 중요치 않다. 그들에게 중요한 것은 그들이 하는 다른 일이다. 학위를 받은 일, 돈을 내는 일, 집에 가서 가족과 삶 그리고 그들의 문제로 돌아가기 전에 주당 40시간을 보내는 일이 그들에겐 중요하다.

기술 산업에서 일하지 않는 사람 중에 우리처럼 소비자 기술에 의존하는 사람은 거의 없다는 점을 잊기 쉽다. 요즘 아이폰에 페이스북이 없다면, 기본적으로 따돌림 받는 사람과 다름없다. 그러나 이러한 사고방식은 기술 산업의 폐해다. 우리는 거품 속에서 살아간다. 우리는 이 모든 것 없이 사는 것이 얼마나 쉬운지를 잊는다. 그리고 이는 쉬운 일이다. 인류는 기술 없이도 엄청나게 오랜 시간 살아남았다. 우리는 갑작스레 그것에 의존하지 않을 것이다. 진화는 그렇게 빨리 이뤄지지 않는다. 밥벌이를 하고, 가족을 부양하고, 일하러 가고, 저녁 식사를 준비하는 것의 어느 정도는 기술이 없다면 매끄럽게 넘기기가 힘들다. 이 모든 것에 기술이 필수적이지 않다면, 사람들은 그것 없이도 그럭저럭 살아갈 수 있다. 기술이 업무에 필수적이라 하더라도, 꼭 필요한 부분만 학습함으로써 용케 해낼 수 있다. 정말로 그렇게 한다.

그들은 다른 할 일이 있다

많은 스타트업은 차기 페이스북과 같은 사용자의 주요한 다음 행선지를 디자인하고 싶어하는 것처럼 보인다. 이는 매일같이 쓰는 6개의 사이트 혹은 애플리케이션 중 하나다.

따라서 이에 근접한 일을 해낼 회사는 극소수일 것이다.

회사가 더 실리적이고, 사용자가 아주 잠깐만 머무르는 다른 모든 사이트보다 더 매력적인 무언가를 하고자 할 때에도 이를 실현시키기 위해서는 많은 것들이 함께 진행돼야 한다. 기업들이 믿고 싶은 것과 반대로, 대다수 사용자의 목표는 웹 사이트에서 거의 모든 시간을 보내는 것이 아니라 웹 사이트를 벗어나는 것이다.

좋은 회사는 이 사실을 알고, 제품에 녹여낸다.

구글처럼 말이다.

만약 구글이 당신을 검색 사이트에 계속해서 머무르게 설계했다면, 아무도 그걸 사용하지 않을 것이다. 다른 모든 검색 엔진이 더 빠르고 덜 거슬릴 것이다.

대부분의 경우 당신의 사이트나 애플리케이션을 가장 덜 시간 소모적이고, 가장 편리하고, 가장 가치가 높은 것으로 만드는 방법에 집중해야 한다. 그래야만 사용자의 삶을 장악하려고 시도하는 대신에 그들의 삶을 영위해 나갈 수 있도록 돕기 때문이다.

그들에겐 '작업 모드'가 있다

사람들이 사용자가 애플리케이션을 쓰는 중에는 읽으려 하지 않는다고 생각하는 걸 아는가? 그럴 만한 이유가 있다. 그들은 읽기 모드가 아니라 작업 모드다. 우리 모두 알고 있다. 태스크 완수를 위해 계속해서 미션을 수행하고, 이를 끝마치는 데 도움이 될만한 것을 보지 못한다.

입력 서식 필드 옆에 있는 설명 텍스트가 그 예다. 그 라인은 전화번호 입력 포맷을 보여준다. 우리는 그걸 넘겨버리고 맘대로 입력할 것이다. (물론 그 서식은 모든 버전을 수용하거나, 우리가 입력한 버전을 서식에서 요구하는 버전으로 자동 변환해야 한다. 그렇지만 이건 디자이너의 잘못이다.)

다른 사례로 페이지 상단에 위치한 광고가 있다. 비록 광고가 아주 흥미롭고 우리가 필요로 하거나 원하는 것과 완벽하게 관련이 있다 해도, 무슨 수를 써서라도 그것을 무시한다. 왜냐하면 지금 성취하고자 하는 것과 전혀 관계가 없기 때문이다. 이것이 광고 클릭스루 비율이 그토록 형편없고, 애써 무시하고 싶은 광고로 당신을 귀찮게 할 새로운 방법을 마케터들이 고안하고, 우리가 그런 마케터의 노력을 싫어하는 부분적인 이유다.

혹은 태스크를 완료하려고 할 때 표시되는 작은 팁과 같은 것도 있다. 그것들은 보통 우리가 쳐다보고 있는 것 바로 옆에 위치하는데, 우린 그걸 인지조차 하지 못한다. (디자이너로서 이는 다음을 의미한다. 당신은 유익한 팁이 따로 필요 없게 디자인해야 한다.)

'작업 모드'에는 엄청난 이점이 있다. 그것은 당신이 원하는 곳에 도달하는 것을 막는 방해 요소와 장애물을 무시하도록 돕는다. 주의를 산만하게 하는 것들을 무시하지 못할 때의 운전이 어떨지 상상해보라. 끊임없이 광고판을 훑어보고, 상점 앞 창문을 살펴보고, 교차로에 세워진 표지판을 힐끗 쳐다보게 될 것이다. 살아서 집에 돌아갈 수 없을 것이다.

사람들이 작업 모드에서 더 적게 읽는 것은 흠이 아니다. 그건 생존 기술이다.

단 한 가지 작은 단점이 있다. 그것은 사람들이 종종 당신의 설명 문구를 쉽게 지나칠 것이라는 것을 의미한다. 그 말은 유용한 디자인 요소로서의 설명 문구에 의존할 수 없으며, 보다 더 스스로 깨닫는self-teaching 디자인을 찾아내야 한다는 뜻이다.

그들은 '적당한 선에서 만족한다'

다른 할 일이 있다는 것의 또 다른 효과는 태스크를 딱 필요한 만큼만 잘 완수하는 것이다.

대다수의 사람은 대부분의 경우에 특정 소프트웨어, 웹 사이트, 혹은 애플리케이션을 능숙하게 다룰 필요가 없다. 그들이 사용하는 기본 태스크를 완료하는 데 충분한 기술만 있으면 된다. 포토샵을 매일같이 사용하는 그래픽 디자이너조차 종종 모든 기능이 무엇인지 전혀 모르거나 심지어 그런 기능이 있는지도 모른다. 사람들이 적당하고, 빈번하게 사용하는 마스터 레벨의 전문가가 되는 때는 아주 잠시 동안이다. 자주 있는 일이 아니다.

대부분의 경우, 사람들은 그럭저럭 해 나갈 수 있을 만큼만 필요로 한다. 그래서 그만큼만 배운다. 그들이 잘못된 방법으로 무언가를 하는 법을 익힐 수도 있다. 그들이 필요로 하는 것을 끝마칠 수 있는 한 그건 문제가 되지 않는다.

이것을 만족화satisficing라고 부른다. 이는 웹 사용성에 관한 세 가지 버전의 획기적인 책인 『사용자를 생각하게 하지 마!』(인사이트, 2014)를 저술한 스티브 크룩Steve Krug이 주장한 용어다. (초판은 90년대로 거슬러 올라간다.) 이것이 아마도 사용성 분석가가 존재하는 이유의 절반가량에 해당하며, 결과적으로 UX가 전문적인 직업이 될 수 있었던 이유의 큰 부분을 차지한다. (애초에 제품을 더 잘 디자인할 사람이 필요했다.)

만족화는 정확히 말 그대로다. 그것은 "만족하다satisfy"와 "희생하다sacrifice"의 합성어다. 이것 역시 생존 기술이다. 하루 또는 인생에서 우리가 접하는 모든 것을 마스터하기에는 시간이 충분치 않다. 대부분의 경우 우리는 그럭저럭 버틸 수 있을 만큼만 배우면 된다.

그들은 당신의 의도대로 소프트웨어를 사용하지 않는다

그런 일이 벌어지는 것은 놀라운 일이다. 그건 교육적이고, 이해를 도와주며, 특이하고, 화나게 한다. 웹 사이트와 애플리케이션이 시간이 지남에 따라 아무도 예상치 못한 것으로 바뀌는 큰 이유다.

당신이 아무리 공을 들이더라도, 어느 정도의 복잡성을 가진 애플리케이션을 출시했을 때 사람들이 가장 먼저 하는 일은 당신이 예상하지 못한 방식으로 애플리케이션을 쓰기 시작하는 것이다. 필드 레이블은 잘못 해석되고, 입력 양식은 잘못 사용된다. 누군가는 애플리케이션이 지원하지 않는 것을 하기 위해서 애플리케이션을 필요로 하기 때문에 제작 의도와 다르게 쓰는 것에 적당히 만족한다.

때로는 그것이 주요 방해 요소가 되기도 한다. 사용자가 실제로 비즈니스에 해가 될 수 있는 일을 하고 있음을 의미한다. 그들은 원하는 것을 얻지 못하며, 당신도 원하는 것을 얻지 못한다는 뜻이다. (이것이 디자인의 초기 버전에서 사용성 테스트를 하는 것이 매우 유익한 이유다. 표준이 아니거나 새로운 것은 세세한 부분까지 확정하지 않으면 사용자에게 혼동을 줄 위험이 높다. 테스트를 통해 그렇게 할 수 있다.)

하지만 때로는 이것이 기회로 이어지기도 한다.

초기 트위터 사용자들은 다른 사람을 언급하고 싶을 때 @ 기호를 상대방의 이름 앞에 붙였다. 개인의 타임라인에서 벗어나는 특정 주제를 언급하고 싶을 때는 해시태그를 사용했다. 트위터는 두 가지 모두 의도하지 않았지만, 사용자들은 그들이 원하는 것을 하기 시작했다. 후속 작업으로 트위터에서는 두 가지 기능을 지원하기 위한 개발을 진행했다. 어느 순간, 온 세상 사람들이 서로 이야기하고 이전에는 고민하지 않았을 모든 종류의 주제를 발견하고 있다.

이와 관련해 유일하게 슬픈 점은 디자이너가 그것을 개인적으로 받아들일 때다. 그들은 사용자가 멍청하거나 디자인이 어떤 이유에선지 실패했기 때문이라고 생각하지만, 둘 다 틀렸다.

있는 그대로 받아들여라. 다른 사람의 눈을 통해 디자인을 볼 수 있는 기회다. 다른 사람들이 웹 디자인을 모를 때 디자인 요소를 어떻게 해석하는지 배울 수 있는 기회다. 그렇게 받아들이면 당신은 그 안에서 놀라움을 찾을 수 있다.

그러니까, 누군가가 당신의 디자인을 원래 의도와 다르게 해석하는 것을 지켜보는 일보다 즐거운 것은 거의 없다. 그들이 무엇을 하든 당신은 잊지 못할 교훈을 얻게 되기 때문이다. 당신을 더 좋은 디자이너로 만들어 줄 교훈이다.

이런 일이 계속해서 일어나는 것을 지켜보면서 손쉽게 챙길 수 있는 궁극적인 교훈은 다음과 같다.

결과가 어떻든지 당신은 해냈다.

사용자가 예상치 못한 일을 하는 것은 당신이 어떤 식으로든 디자인에서 허용했기 때문이다. 당신이 부추겼을 수도 있다. 어떻게 그랬는지 모를 뿐이다.

하지만 나쁜 건 아니다. 당신에게 권한이 있다는 뜻이다. 사용자의 예상치 못한 행동을 보고 나면, 디자인을 되돌아보고 이해할 수 있다. 시간이 지나면서 이 과정은 당신을 더 낫게 만든다. 사용자의 반응을 예측할 수 있게 만든다.

이에 대해서는 6장에서 자세히 다룰 예정이다.

그들은 패턴에 의존한다

패턴은 인간의 주요 자산이다. 패턴을 발견하고 이해할 수 있는 것은 운전하고, 일하고, 배우고, 그 외 많은 것들을 하는 데 도움이 된다. 한 번도 본 적 없는 것을 응시하고 있을 때도 우리는 이전에 학습한 패턴을 사용해서 그것들을 우리의 세계관에 흡수시킨다. 새로운 것을 오래된 것과 연관시켜서 이해한다.

사람들이 기술을 사용할 때 이런 일이 많이 일어난다.

정말 자주 벌어진다.

패턴은 사람들이 새로운 애플리케이션이나 사이트로 작업하는 방법, 설정하는 방법, 소요되는 시간을 학습하는 데 도움을 준다. 백화점 웹 사이트에서 물건을 구매하면, 다른 대부분의 것들이 어떻게 작동하는지 알 수 있다. 패턴이 그 상황에 적절하고, 사람들이 기대치를 형성하고 프로세스를 진행하는 데 도움을 주기 때문에 대다수의 상거래 사이트에서의 경험은 정확히 똑같진 않지만 유사하다. 당신의 비즈니스가 상품 판매에 의존한다면, 쇼핑 태스크 흐름이 다른 곳과 완전히 달라서 사용자가 당신의 사이트에서 실제로 무언가를 하기에 앞서 사용법을 배워야 하는 것을 가장 피하고 싶을 것이다. 이러한 구성은 디자인을 이상하게 만들고 사용자에게 구매를 강요함으로써 다른 사이트로 옮겨가게 만든다.

이것이 디자인 패턴 및 구성 요소(항상 동일한 방식으로 보이고 작동하는 디자인 요소에 대한 코드화된 표준), 그리고 인터랙션 디자인 프레임워크가 중요한 이유다. (이전 장에서 언급했듯이 인터랙션 디자인 프레임워크는 회사 소개 섹션처럼 웹디자인의 더 크고 더 천편일률적인 측면을 처리하기 위해 결합시키는 패턴의 집합이다.)

패턴을 찾아 사용하는 능력은 디자인에서 눈에 띄는 요소를 위한 자리를 마련해준다. 가입, 전송, 저장 또는 게시 방법을 알려주는 버튼 등이 중요 요소다. 수많은 경우 이러한 액션을 촉발시키는 버튼은 나머지 버튼들과 다른 색이나 모양으로 표시된다.

패턴을 볼 수 있을 때, 이러한 패턴을 깨는 것이 무엇인지 이해할 수 있다.

수많은 것들이 관심을 끌기 위해 경쟁한다

지금은 많은 것이 당신의 관심을 끌기 위해 경쟁하고 있을 것이다. 앞서 중요한 이메일을 마무리 지으려고 할 때 3명의 사람들이 당신의 책상에 멈춰서서 5개의 다른 프로젝트에 관해 물어보려고 하는 경우와 마찬가지로 말이다.

사용자가 무엇을 달성하고자 하는지를 완벽하게 파악하는 것은 디자인에서 매우 중요하다.

명확하고, 신중하며, 한 번에 한 단계씩 진행하는 프로세스는 작업 흐름에서 필수적이다. (멀티태스크의 반대 개념으로) 직렬화를 사람들에게 강요하는 것은 애플리케이션의 생산성 측면에서 큰 도움이 될 수 있다. 사용자가 다른 애플리케이션으로 옮겨가고, 태스크 완료를 위해 사용자 프로필에서 무언가를 확인하게 만드는 것을 막을 수 있다면, 그렇게 해야 한다. 사용자가 앞으로 더 나아갈 수 있을수록 더 좋다. 이는 사용자가 다른 것을 하기 위해 벗어나지 않고 태스크를 마칠 수 있는 확률을 높인다.

그들은 뭐가 있는지 본다

이것은 중요하다. 전적으로 커뮤니케이션 이슈이며, 커뮤니케이션은 어렵기 때문이다. (커뮤니케이션에 대해서는 6장을 참조하라.)

기본적으로 당신이 화면에 올려놨다고 생각하는 것과 사용자가 이해하는 것 사이에는 큰 차이가 있다. 그리고 당신과 사용자 사이에서 두 가지 인식 중에 하나만 중요하다.

그 결과는 커뮤니케이션 단절이다. 당신은 이것this을 의미했지만 사용자는 당신이 저것that을 의도했다고 생각했다. 왜냐하면 당신이 실제로 화면에 넣은 것은 저것that이기 때문이다.

그것은 대표적인 문제다. 웹에 대해 많이 알고 웹을 디자인할 때, 웹에 대한 수많은 정보를 프로젝트로 가져온다. 그래서 당신은 사용자의 지식이 아니라 상황에 대한 당신의 지식에 기초해 몇 가지 결정을 내리게 된다.

그렇게 행동하기 쉽다. 누구에게나 생기는 일이다. 디자인 프로세스에 관여하게 되면서 당신이 당연하게 여기는 것에 대해 다른 사람들의 이해도가 얼마나 낮은지를 잊어버린다. 당신은 버튼의 기능, 사이트 체계에서 페이지의 위치, 이 구성 요소의 의미와 기능, 존재 이유를 알고 있다. 당신은 일전에 팀의 다른 누군가에게 이 부분을 설명했다.

사용자만 이 요소가 왜 존재하는지, 혹은 어떤 기능을 하는지 알지 못한다. 그리고 사용자는 당신이 옆에서 지켜보면서 그걸 설명해주는 이점을 누릴 수 없다.

당신은 일몰이 얼마나 불의 흔적과 닮았고 오렌지, 빨강, 보라색이 어떻게 나무 사이로 번졌으며, 당신의 도시적 고향인 마천루 숲에 반사되는지에 대해 쓰고 싶었다. 당신이 실제로 쓴 글은, "정말 놀라웠다!"였다.

자체로 설명 가능한 인터페이스를 디자인해야 했다. 성가신 일을 처리하고 이번 주 할 일 목록에서 제거함으로써 하루를 더 좋게 만들 수 있는 방법을 사용자에게 알려주는 인터페이스를 말이다. 당신이 실제로 한 일은 그에게 가치를 설명하지 않고 가입을 요청한 것이다.

당신이 의도한 바를 당신은 안다. 그들은 당신이 한 일만 알고 있다. 우리 모두 그렇다. 자신의 작업 품질에 대해 객관적이지 못한 것은 지극히 정상이다.

그 부분에 정신을 빼앗겨서는 안 된다. 그렇게 배우는 것이다. 다음 번에는 꼭 기억해둬라.

사용자는 당신이 거기에 있다고 생각하는 것이 아니라 실제로 거기에 있는 것을 본다.

그들은 거짓말을 한다

이건 내가 사람들에 대해 알고 있는 재미있는 사실 중 하나다. 아무것도 설명하지 않고도 너무 많은 것을 설명해주기 때문이다.

대개 누군가에게 주어진 상황에서 어떻게 말하거나 행동할 것인지 물으면, 그 사람은 대답을 생각해 낼 것이다. "잘 모르겠네요." 라고 시작할 수도 있다. 하지만 잠깐의 시간을 주면, "알다시피, 제 생각에는 제가…"라는 답을 얻을 것이다.

가상의 질문을 받았음에도 사람들은 자신에 대해 꽤나 잘 아는 것 같다.

그러나 실제로 그 상황에 처하면, 완전히 다른 행동을 할 것이다.

그들이 당신에게 거짓말을 하려는 것이 아니다. 그들은 단지 자신의 행동을 제어할 수 없을 뿐이다. 주어진 상황에서 실제로 어떻게 행동할지 알기 위해서는 상당한 자각이 필요한데, 이를 갖춘 사람은 거의 없다.

이것은 그들이 거짓말을 하는 방법 중 하나일 뿐이다. 다른 몇 가지는 다음과 같다.

- 앞서 언급한 것처럼 사용성 테스트에서 테스트 참가자는 태스크를 이해하는 데 5분을 소비하고도 태스크를 매우 쉽다고 평가할 것이다.

- 설문조사에서 그들은 무언가를 사용하지 않을 것이지만 사용하겠다고 말할 것이다. (새로운 기능을 손에 넣기 전까지는 그것을 알 수 없을 것이다.)

- 그들은 자신이 "웹에 능숙하다"라고 말하고 나서, 당신이 대수롭지 않게 여기는 것들을 하기 위해 컴퓨터 화면을 몇 분 동안 계속해서 더듬거릴 것이다. 타이핑은 느릴 것이고, 타이핑 시작을 위해 이미 선택된 입력 양식 필드를 클릭할 것이다.

- 그리고 나서 그들이 고생한 이슈를 해결하는 방법을 알고 있다고 말할 것이다.

목록은 계속해서 늘어날 것이다. 이것들은 당신의 디자인 작업에 관련이 있을지도 모르는 사항의 극히 일부에 불과하다.

그들은 무엇이 가능한지 모른다

기술 사용자이면서 동시에 디자이너인 사람은 거의 없다. 대부분의 경우, 제품을 사용하는 사람들은 제품을 개선할 때 무엇이 가능한지 전혀 모른다. 잘못된 디자인 결정으로 인해 실수를 하게 되면, 그들도 똑같이 형편없는 미봉책을 생각해낸다. 그것은 문제를 해결하는 것처럼 보일 수도 있지만 실제로는 다른 문제를 일으킬 뿐이다. 어떻게 작동하기를 원하는지 말할 때, 그것은 대개 그들의 세계관에 따라 이뤄진다. 문제를 덜 짜증나게 만드는 해결책이지만, 문제의 원인을 근본적으로 제거하는 것은 아니다.

디자이너가 다른 사람들보다 더 능숙하다는 말이 아니다. 말하자면 디자이너는 어떤 요소가 게임을 완전히 바꿀 수 있는지에 대해서 더 많이 아는 경향이 있다. 디자이너는 애플리케이션을 볼 때, 기술 및 디자인 지식의 세계를 사용한다. 사용자가 애플리케이션을 볼 때에는 애플리케이션 사용법과 관련해서 적당히 좁은 관점에서 보게 된다. 따라서 그들은 문제를 해결하기 위해 애플리케이션이 무엇을 해주길 원하는지를 명확히 설명하는 데 어려움을 겪는다. 그들은 문제 해결법을 모른다. 문제가 해결되길 바란다는 것만 알고 있다. 그래서 그들은 생각을 말한다.

당신의 일은 이를 가감해서 듣는 것이다. 행간을 읽어라. 무엇이 실제로 이슈를 유발하는지 살펴라.

그들의 삶을 향상시킨다면, 그들은 당신을 사랑할 것이다

새로운 기술이나 프로세스가 삶을 확실하게 개선할 때 사람들은 그것들로 옮겨간다. "전환 비용"은 명백하게 노력할 가치가 있어야 한다. 그렇지 않을 경우 자발적인 전환은 없을 것이다. 물론, 어떤 사람들은 변화를 따를 수 있겠지만, 대부분의 사람은 새로운 방식이 어떻게 더 좋은지를 보고 싶어한다. 그들의 태스크 완료 방식을 바꾸는 노력이 타당함을 어떻게 증명하는지 확인하고 싶어한다. 그러나 대부분의 경우, 애플리케이션이나 웹 사이트의 업데이트는 사용자들이 모두 적응해야 하는 필수 수정사항일 뿐이다. 이러한 업데이트가 이뤄지지 않았다면 아무도 눈치채지 못했을 것이다.

하지만 실제 문제를 해결하거나 기존에 존재하지 않던 실제 이득을 창출하고 이를 입증할 수 있다면, 사용자의 사랑을 받을 것이다. 사용자들은 그 프로세스에 포함돼 있고, 존중받는다고 느낄 것이다. 그들은 문제에 대한 당신의 새로운 접근 방식을 즐길 것이다.

당신이 그들의 삶을 더 좋게 만들고 있다는 것을 증명하기만 한다면 말이다.

가장 좋은 경우, 이점은 그 자체로 입증된다. 새로운 디자인이 경험을 어떻게 더 좋게 변화시키는지는 명확하다. 경우에 따라서는, 사용자들을 설득하기 위해 변경 사항에 대한 다른 사람의 호평이나 변경 사항을 설명하는 짧은 동영상 혹은 이메일 뉴스레터가 필요할 수 있다.

만약 이점이 실제로 이점이 아니라면, 아무도 당신의 근거가 무엇이었는지 신경 쓰지 않을 것이다. 그들은 그저 예전으로 돌아가고 싶어할 것이다. 당신은 자신의 결정을 적극적으로 옹호하고 있을 뿐일지도 모른다.

질문이 함께 따라온다

사용자가 뉴스 사이트와 같은 컨텐츠 사이트가 아니라 태스크 기반의 웹 애플리케이션과 같은 새로운 웹 애플리케이션을 접하게 되면, 즉시 답을 들어야 하는 일련의 질문을 갖게 된다. 이러한 질문이 해소되지 않는다면, 그들이 애플리케이션을 떠날 이유는 확실해진다. 이것은 직접 확인하고자 하는 인간의 욕구 때문이다.

그들은 페이지를 둘러보면서 무엇이 있는지 확인하는 것으로 시작한다. 그들은 로고, 내비게이션, 페이지에 있는 가장 큰 것들을 보게 될 것이다. 그들은 애플리케이션의 기능, 목적, 가능성을 이해하려고 노력할 것이다. 그 질문에 답하는 일종의 가치 제안 서술로 이 문제를 즉시 해결할 수 있다.

"안녕이라고 말하는 것처럼 간단하게 당신의 하루 계획을 세워드립니다."

이 문장은 애플리케이션의 주요 목적을 설명한다. 또한 사용자의 두 번째 질문인 "그 애플리케이션이 나에게 어떤 도움을 주나요?"에 대한 답변을 시작한다.

더 자세히 답하기 위해 사용자가 휴대폰에 대고 말하는 것을 통해 태스크를 생성하고, 편집하고, 완료로 표시하는 방법을 설명하는 소량의 그래픽으로 애플리케이션의 몇 가지 핵심 이점을 보여줄 수 있다.

다음으로 사용자는 이 애플리케이션의 설정과 학습이 얼마나 어려운지 알고 싶어한다. 애플리케이션이 끔찍하다면 결국 아무도 그것을 확인하는 데 많은 시간을 두사하고 싶어하지 않는다. 간단한 가입 양식, 스마트폰에 대고 말하는 막대 그림, 완성된 할일 목록을 보여주는 많지 않은 그래픽과 얼마나 간단한지를 설명하는 몇 개의 단어로 이 문제를 해결할 수 있다.

예를 들면 다음과 같다.

"애플리케이션을 설치하고 30초 내로 가입하세요."

"당신의 목소리를 학습시키세요(5분간)."

"시작하세요."

모든 이점이 매력적으로 보이기 시작하면, 사용자는 비용이 얼마인지 알고 싶어한다. 요금제나 구독 가격, 일부 자격이 필요한 기타 항목이 있는 경우 가격 정보 페이지에 이를 올릴 수 있다. 빠르고 쉬운 답이라면, 가치 제안 바로 옆에 놓을 수 있다.

"매달 $2.99 입니다."

그런 다음, 시작하는 방법을 알려주면 된다.

"지금 가입하세요."

그들은 질문을 갖고 온다. 당신이 할 일은 그들을 고객으로 만드는 답변을 제공하는 것이다. 그들이 어떤 질문을 할 수 있을지 생각해봐야 한다.

이에 관해서는 6장에서 더 자세히 다룰 예정이다.

그들은 실수를 하면 당신을 비난해야 함에도 자신을 탓한다

프로젝트에 참여한 모든 이가 성공이라고 말할 수 있는 그런대로 괜찮은 UX가 있다. 불만이 없다는 것은 대체로 좋다는 것을 의미한다. 이는 사용자가 대부분의 경우에 애플리케이션을 충분히 잘 사용할 수 있을 때 발생한다. 채택률과 사용률이 충분히 괜찮은 경우다.

디자인을 개선할 수 있는 많은 기회가 여전히 존재하지만, 사용자가 불평하지 않기 때문에 아무도 그걸 알 수 없을 때 일어난다.

사람들이 당신의 사이트나 애플리케이션을 쓰는 것을 지켜보고 그들이 소리 내어 하는 말을 들으면서 세심한 주의를 기울일 때에만 끔찍하게 바뀌는 경험이다. 사람들이 불평하지 않는 이유를 당신이 알게 됐기 때문이다.

디자이너는 인터페이스에 어려움을 겪으면, 그걸 디자인한 사람을 탓한다. 사람들은 문제가 생기면 자책한다. 그들은 자신이 애플리케이션을 사용할 만큼 똑똑하지 않다고 생각한다. 숙면을 취하지 못해서 애플리케이션을 이해하지 못한다고 말한다. 그들에게 그건 너무 고차원적이라고 말한다.

이것이 좋은 UX인가? 아니다. 어려움을 겪은 모든 사용자가 엉뚱한 사람을 탓하고 있다는 사실에 숨겨진 나쁜 UX이다.

불만이 없다고 해서 정말 없는 것은 아니다. 당신이 듣지 못했을 수도 있다는 뜻이다.

그들의 '경험'은 당신의 웹 사이트보다
훨씬 더 많은 것을 기반으로 한다

아무리 철저하게 리서치를 하고 제품을 디자인한다 해도, 누군가의 삶을 바꿀 만한 일을 할 가능성은 거의 없다. 누군가의 하루도 개선할 수 없다.

UX란 웹 사이트, 디지털 제품 혹은 서비스에 사람이 갖는 모든 인터랙션, 인상 및 느낌의 총합이다. 디자인에 대한 그들의 인상은 당신의 디자인뿐만 아니라 훨씬 더 많은 것에 영향을 받는다. 들어본 적이 있다면 회사의 평판에 영향을 받는다. 그들은 다른 사람들이 회사나 제품에 대해 부정적이거나 긍정적, 혹은 우유부단하게 말하는 것에 영향을 받는다. 그들은 그것이 어떻게 생겼는지, 그리고 그것과 비슷하게 보이는 다른 것들에 대해 과거에 어떻게 느꼈는지에 영향을 받는다. 그날 그들이 어떻게 느끼는지, 그리고 그들이 이 신제품을 접하는 순간에 얼마나 개방적인지에 영향을 받는다. 그들은 그것을 얼마나 잘 배울 수 있는지, 무엇을 얻을 수 있는지, 약속한 것을 이행하지 못한 다른 제품들에 얼마나 좌절했는지에 영향을 받는다. 그 밖에도 무엇이든지 UX에 영향을 미친다.

심리학 적용하기

엄청난 양의 아이디어가 디자이너인 당신에게 협조하기도 하고 대항하기도 한다.

이 사실은 왜 첫 번째 시도에서 디자인을 확정하지 못하는지, 그리고 왜 실제로 '완료'되지 않는지를 다른 사람들이 항상 이해하기 힘들어하는 이유를 설명해줄 것이다. 그것은 왜 당신이 디자인을 확정하려는 시도에서 그런 어려움을 겪는지도 설명해줄 것이다.

좋다.

내가 이걸 짚고 넘어갔다면, 난 내 주장을 밝힌 것이다. 더 많은 디자이너가 심리학을 깊이 파고들어서 이를 디자인 작업에 적용해야 할 때다.

시간이 흐르면서, 사용자의 모든 결정에 심리학이 얼마나 큰 영향을 미치는지가 점점 더 분명해졌다. 사용자가 사이트에 접근하거나, 사이트를 이해하려고 노력하거나, 사이트가 자신에게 가치가 있는지 없는지를 결정하거나, 그것을 사용하려고 할 때 얼마나 많은 영향을 미치는가? 당신이 원하는 모든 사용자 리서치를 수행하라. 심리학이 UX와 디자인에 미치는 영향을 받아들이기 전까지는 당신은 아무것도 얻지 못할 것이다.

그리고 다시 한번 말하지만, 디자인 관련 글과 책, 강의는 이 부분을 외면한다. 심리학과 디자인 모범 사례를 연결지은 사례는 매우 드물다.

그래서 내가 나서려고 한다.

계약 업무 담당자들이 송장을 작성하고 관리하는 것을 돕는 웹 애플리케이션을 디자인한다고 가정해보자. 기본적으로 사이트는 태스크 기반이며, 사용자는 자신의 홈페이지에 접속하기 위해서는 가입을 해야 한다. 사이트에서는 송장을 신규로 생성하고, 송장을 송부하고, 미결제 송장의 지불 상태를 확인하고, 송장을 관리(삭제, 재전송, 편집, 주석 달기, 알림 보내기 등)하는 방법을 제공한다. 당신은 어떻게 해서든 동일 기능을 제공하는 다른 사이트들과 차별화하고 더 좋게 만들고 싶어한다. 차별점이 곧 제품의 장점이다. 일대일로 경쟁하는 대신에 두각을 나타내는 것으로 경쟁한다는 의미다. 비즈니스의 기본이다. 남들과 달라야 이긴다.

프로젝트 관리 사이트, 할일 목록 사이트, 회계 사이트 등 구조가 유사한 몇 개의 사이트를 둘러보면 몇 가지 공통점을 발견할 것이다. '질문이 함께 따라온다' 절에서 언급했듯이 각각의 사이트는 홈페이지에서 우수성을 선전할 것이다. 각각은 강력한 행동 유도 문구가 적힌 커다란 버튼을 통해 가입하는 방법을 제공할 것이다. 다른 애플리케이션에 비해 이 애플리케이션을 사용할 때의 이점을 설명하려 할 것이다. 요금제에 대해서도 알려줄 것이다. 몇 개의 사이트를 둘러보는 것만으로도 이러한 것들이 모범 사례로 간주되는 것처럼 보이며 아마 당신도 그렇게 해야 한다는 것을 알 수 있다. 수년간의 사용성 테스트를 통해 디자이너들은 이러한 요소들이 사용자가 가입하도록 설득하는 데 효과적이라는 것을 알게 됐다.

이유를 설명하는 사람은 아무도 없었다. 웹 애플리케이션 구독에 효과적인 홈페이지를 만드는 요소에 대한 글은 백만 개를 찾을 수 있지만, 결정의 근거를 설명하는 글을 본 적이 있는가?

홈페이지 디자인은 완전히 불규칙하고 무의미하곤 했다. 나쁜 페이지가 좋은 페이지보다 훨씬 많았다. 시간이 흐르면서 좋은 페이지가 승리했다. 최근 송장 발행 애플리케이션과 같은 구독 사이트의 경우, 홈페이지에 내가 방금 설명한 모든 요소가 포함되고, 동일한 방식으로 사용되며, 흔히 동일한 순서로 배치되는 것이 매우 일반적이다.

모두가 심리학에 대해 고려하고 동일한 결론에 도달하기 때문인가?

그렇지 않다. 대부분 그저 서로 베끼고 있을 뿐이다. 난 무언가의 원인으로 심리학을 지목하는 디자이너를 만나본 적이 거의 없다. 대부분 글을 읽고 그 내용을 문자 그대로 따랐을 뿐이다. 다른 사이트를 복사했고, 똑같은 일을 했다. 차별화에 대해서는 그쯤 해두자.

그런데 말이다.

디자인 이면의 심리학을 이해하는 것만이 다른 사람들과 다르게 디자인할 수 있는 유일한 방법이다.

당신은 이러한 요소들이 효과적인 이유를 알고 있다. 남들이 다 하는 일이 아니기 때문이다. 사람들이 의문을 갖고 웹 사이트를 방문하며, 이러한 요소들이 그 질문에 답하기 때문이다.

그 요소들이 질문에 답할 수 있는 유일한 방법인가? 아니, 전혀 그렇지 않다.

여기 당연스레 받아들여지는 애플의 사례가 있다.

Apple이 아이폰을 출시했을 때를 기억하는가? TV 광고를 기억하는가? 그건 라이프스타일에 관한 것이 아니었다. 그들은 산을 오르고, 클럽에서 춤을 추며, 수영장에서 시간을 보내고, 일상에 매끄럽게 녹아든 휴대폰의 즉각적인 연결을 즐기는 멋진 20대들의 몽타주를 보여주지 않았다. 첫 번째 광고는 아이폰을 들고 있는 손을 보여줬다. 엄지손가락을 화면 너머로 뻗어서 무언가를 두드리고, 화면을 두드리면 화면이 반응했다. 엄지로 지도를 잡아당기고, 사진을 찍고, 사진을 보냈다.

30초간의 탁월한 TV 광고 속에서 Apple은 사람들에게 휴대폰 사용법을 가르치고 있었다. 그리고 그 과정 속에서 모든 질문에 답을 했다.

이것을 어떻게 사용하나요? 어떤 기능을 하나요? 사진을 찍을 수 있나요? 사진을 찍고 나면 무엇을 할 수 있나요? 오, 지도 애플리케이션이 있나요? 내가 지금 쓰는 폰처럼 쓰다 보면 목에 통증이 생기나요?

Apple은 아이폰이 당신을 다시 젊어지게 만들어준다고 말하진 않았다. 당신을 더 뛰어난 테니스 선수로 만들어준다거나, 요리법을 가르쳐주지 않았다. 혜택 목록을 보여주지 않았다. 여러 가지 용도를 보여주었고, 모든 곳에 당신의 이점을 집어넣을 수 있다는 것을 보여주었다. 폰에서 웹 사용이 아주 간편하다면, 즉석에서 내기를 거는 데 사용할 수도 있을 것이다.

Apple은 잠재 사용자의 질문에 다른 사람들과 동일한 방식으로 답하지 않았다. 심리학을 파고들어서 새로운 방법을 찾아냈다. 사람들이 손에 쥘 수 있는 실제 물건이 되기도 전부터 달랐다. Apple은 심지어 당신이 제품을 구입하기 전부터 상당한 경쟁을 유발했다.

주요 보너스로 이 광고는 구매자들이 첫날부터 폰 사용법을 확실히 이해하게 했다. 이것은 인류 역사상 최초의 터치스크린 폰이었지만 대부분의 사람들은 이를 손에 들고 단번에 사용할 수 있었다. Apple은 학습 곡선을 완전히 무효화했다.

당신의 송장 애플리케이션에 동일한 접근 방식을 사용한다고 상상해보자. 이전과 같은 수법을 쓰지 않고 질문에 답하는 것이다. 반대로 하기보다는 다른 회사들이 경쟁할 수 있을 만큼 충분히 다르고 뛰어난 것을 내놓는 것이다.

심리학이 성공의 비결이다.

사용자의 질문에 답변하는 방법은 하나만 있는 것이 아니다. 사람들은 주의를 뺏는 다른 것들로 인해 산만해지기 때문에 작업 흐름을 명확하게 만드는 방법은 한 가지가 아니다. 사람들이 당신의 애플리케이션에 열광하고 즐겁게 사용하도록 돕는 방법은 한 가지가 아니다.

당신이 생각해내는 방법은 전적으로 당신의 상황, 애플리케이션, 사용자, 목표에 달려있다. 하지만 어떤 접근법을 택하든 최고의 도구는 심리학이다. 당신이 심리학을 더 많이 이해할수록, 진정으로 독특하고, 뛰어나고, 흥미로운 일을 하는 데 심리학을 더 잘 적용할 수 있을 것이다.

난 이런 말을 몇 년 동안 해왔다. 지난 10년간 내가 작업한 모든 프로젝트에서 심리학과 사례 연구, 개인 연구를 예로 들었다. 그럼에도 불구하고 이 주제를 충분히 진지하게 받아들이는 디자이너는 극소수다.

그들 중 한 명이 돼라. 그것이 당신에게 제공할 인사이트 외에도 다른 방법으로는 결코 얻을 수 없는 전략적인 능력, 심리학적 이해에 대한 지속적인 추구는 당신을 수많은 디자이너들 사이에서 돋보이게 할 것이다. 그 집단에서 사용자의 행동을 설명하고, 그것을 통해 배우고, 교훈을 적용해 뛰어난 디자인 작업을 할 수 있는 유일한 디자이너가 될 것이다.

심리학에 대해 논의하기

잠시 정리해보자.

디자인의 뿌리는 심리학이다. 예술, 장식 등은 곁가지다. 디자인은 계획이며, 계획에는 의도된 결과가 필요하다. 디자인이 성공하려면, 그중심에 인간 심리학이 있어야 한다. 사용자가 어떻게 제품에 접근하고, 사용하고, 나중에 이야기할 것인지를 고려하지 않는다면 제품에 대해 그들이 가졌으면 하고 당신이 기대하는 느낌을 아무도 가질 수 없다. 일부 요소는 사용자에게 제품의 가치를 수긍시키기 위해 사용될 것이다. 다른 요소들은 사용자가 특정 액션을 취하도록 장려할 것이다. 그들을 놀라게 하고, 달래고, 웃게 하고, 귀찮게 할 것이다. 의도가 무엇이든 이 접근법은 당신이 내리는 모든 디자인 결정에 적용돼야 한다.

이 정도는 당신도 알고 있을 것이다.

하지만 4장과 이전 장들을 읽기 전에 당신이 다 알고 있었다고 해도, 다른 사람들은 이것에 대해 당신이 하는 것처럼 고려하지 않는다는 사실을 잊기 쉽다. 그들은 디자인의 뿌리가 심리학이라는 것을 모른다.

그러니 그들에게 말하라.

제발, 제발 그들에게 말하라.

그들에게 말해야 할 이유가 너무 많다. 디자인 결정 이면에 있는 심리학을 알리는 것은 디자이너로서 리드하는 역량에 몇 가지 매우 중요한 영향을 미친다.

첫째, 다른 이해관계자들에게 디자인 결정에 대한 타당한 이유를 설명함으로써 그들이 당신을 신뢰하도록 돕는다. 그들에게 인간 행동의 복잡성과 인사이트가 아닌 의견에 기초한 디자인으로 그것에 반하는 것이 아니라 어떻게 디자인이 행동의 복잡성을 함께 고려해야 하는지를 보여준다. 또한 그들이 가져온 문제를 해결하기 위해 당신이 사려 깊고, 통찰력 있는 접근 방식을 취했음을 그들에게 알려준다.

둘째, 당신이 결정을 내리는 데 사용한 것과 같은 지식의 무기를 그들이 부분적으로나마 사용해 결정에 의문을 제기할 수 있게 한다. 이건 정말 중요하다. 항상 훌륭한 결정을 내릴 수 있는 디자이너는 없다. 디자이너에게는 피드백이 필요하다. 그들은 자신의 질문에 대답을 해야 하는 만큼 질문을 받을 필요가 있다. 다른 사람들이 하는 질문은 당신의 생각에서 잠재적인 이슈를 식별하는 데 도움을 줄 수 있다. 생각하지 않았던 관점을 고려하라. 새로운 아이디어를 개발하라. 이미 갖고 있던 아이디어는 개선하라. 다른 사람들도 디자인의 심리학을 알게 되면, 당신이 아직 대답하지 않았던 질문을 당신에게 던질 수 있다.

디자인과 관련된 심리학을 이야기하는 것은 당신의 결정을 직접 철저히 따져보도록 돕기도 한다. 마음의 침묵 속에서 자기 자신을 설득하는 것은 쉽다. 큰 소리로 말하면 이전에 없던 설명들이 생겨난다. 큰 소리로 말하고, 햇살을 쐬면 당신의 명분은 다른 무언가로 변한다. 그것은 수사학으로 바뀐다. 그리고 수사학은 양방향이라는 장점이 있다. 논쟁은 그것이 고려되고, 달라지고, 더 좋은 것으로 변화될 수 있는 곳에서 큰 소리로 이뤄질 필요가 있다.

다른 팀원들에게 당신의 권고 사항을 전달할 때에는 그러한 결정이 어떻게 이뤄졌는지를 설명하는 시간을 보내라. 절대로 설명 없이 와이어프레임 세트나 프로토타입을 건네지 말라는 뜻이다. 당신이 디자인한 가상 인터페이스를 사용하는 방법을 설명하지 마라. 부정 행위가 될 수 있다. 차라리 이 버전이 다루는 심리학을 설명하라. 작업 흐름에서 단계 수를 늘리는 것이 유익할 수 있는 이유를 설명하라. (힌트: 사용자가 일반적이지 않은 정보를 신중하게 입력해야 하는 경우, 속도를 낮추는 것이 그렇게 하는 데 도움이 될 수 있다.) 몇 개의 일반적인 정보만 묻는 간단한 입력 양식을 4개의 화면으로 분할해서는 안 되는 이유를 설명하라. (힌트: 이 경우, 더 신속한 입력 양식이 더 높은 비율로 전환되는 경향이 있기 때문이다.) 클라이언트의 회사에서 제공하는 가정용 서비스에 대한 페이지가 '서비스 예약'과 같은 행동 유도^{call-to-action} 버튼으로 끝나야 하는 이유를 설명하라. (힌트: 그게 없으면 페이지는 막다른 골목이며, 막다른 골목은 좋지 않기 때문이다.)

한번은 보험사의 여성 영업사원을 몇 차례 인터뷰해야 하는 프로젝트를 진행한 적이 있다. 우리는 그녀가 잠재 고객을 조사하는 방법, 즉 그녀가 어떻게 그들의 니즈와 예산을 알아내고 이러한 요소의 균형을 맞춰 효과적이고 가입 가능성이 더 높은 솔루션으로 고객을 인도하는지에 대해 많은 이야기를 나눴다. 그런 통화 중 한 번이 끝날 무렵, 우리가 개정 작업 중인 보험 가입신청서에 대한 몇 가지 권고 사항과 각 단계가 왜 그렇게 처리돼야 하는지에 대해 설명하고 있었다. 몇 분 후, 그녀는 마치 몰두해서 듣고 있었던 것처럼 크게 숨을 들이쉬며 "심리학이 아주 많이 연관돼 있네요!"라고 말했다. 그래서 내가 대답했다. "당신은 영업 사원이에요. 디자인은 바로 그런 겁니다."

영업사원이 하듯이 고객을 움직이게 만드는 것이 무엇인지 당신은 파악하는 중이다. 파악이 어렵다면, 배울만한 영업 사원을 찾아보라. 가서 심리학자를 찾아보라. 의사 결정과 설득, 욕망의 본질, 구매자의 후회와 본질적인 동기, 그리고 그 밖에 사람들이 생각하는 방식에 대해 파헤칠 수 있는 것에 관한 책을 찾아보라. 그 모든 것이 사람들이 왜 그런 행동을 하는지를 이해하는 데 도움을 줄 것이다. 블로그를 찾고, 컨퍼런스를 찾아라. (여기서 당신에게 많은 것을 처방하진 않겠다. 왜냐하면 솔직히 말해서 이러한 것들을 찾는 것이 교훈을 더 잘 간직하게 해주며, 내가 참조할 수 있는 자료는 당신이 이 책을 읽을 때쯤이면 사라질 가능성이 높기 때문이다. 인터넷 검색을 시작하라. 인생이 바뀔 것이다.)

UX는 체크박스와 라디오 버튼보다 훨씬 뛰어넘는 것이다. UX는 디자인에 적용된 심리학이다. 여러 가지 이유로 다른 사람들도 그 사실을 알 때가 됐다.

05

질문하기

난 목에 문신이 있다. 언뜻 보면 대부분의 사람은 그것이 불사조 모양이라
고 생각한다. 거기에 새겨진 곡선의 검은색 모양, 확연히 드러나는 영역에
만 초점을 맞추면 그렇게 보일 것이다. 모든 것이 그걸 가리키고 있으므로
그렇게 볼 수밖에 없는 이미지다.

그 다음으로 배경 영역이 있다.

마음 속으로 바깥쪽 원을 그리고 나서 배경 영역에 집중하면, 다른 것이 보인다.

보이는가?

자, 도대체 내가 왜 목에 물음표를 새겼을까? 특히나 저런 모양을?

질문이 내 인생의 기본 신조이기 때문이다. 질문은 내가 살면서 한 거의 모든 말과 행동의 배후에 있는 원동력이다. 내가 가르쳐야 하는 것 중 가장 중요하며, 당신이 배울 수 있는 것 중에서도 가장 중요하다. 그리고 특히 내 문신의 디자인은 사람들이 그것을 다르게 보도록 만든다.

질문은 당신에게 새로운 관점을 주고, 명백한 것 너머를 보게 해준다. 거짓된 진실과 거짓된 복음서, 거짓된 우상 너머를 보게 해준다.

디자이너가 훌륭한 작업을 할 수 있는 것은 그들이 명백한 것 너머를 보는 데 능숙하기 때문이다. 그들은 주변에서 보는 것에 도전한다. 그들은 질문을 한다. 지금의 반대편에서 더 나은 것을 찾기 위해 노력한다.

질문하기는 제약 조건의 희생양이 되는 대신 디자인 활동을 주도하기 위해 취할 수 있는 매우 효과적인 조치 중 하나다. 당신은 큰 그림을 그리기 위해 질문을 할 수 있다. 클라이언트가 프로젝트 개요에서 누락한 상세 정보를 확인하기 위해서 질문을 할 수 있다. 사용자가 정말로 필요로 하는 것이 무엇인지 알아보기 위해 질문을 던질 수도 있다. 이해관계자가 가져온 문제 너머의 당신이 해결하고자 하는 진짜 문제를 파헤치기 위해 의문을 제기할 수 있다.

당신은 사람들이 그들의 계획 속에 있는 이슈를 깨닫는 것을 돕기 위해 질문을 할 수 있다. 표준과 '모범 사례'에 의문을 제기할 수 있다. 몰랐던 것을 밝혀내고, 결과적으로 배울 수 있다.

질문이 얼마나 더 깊숙이 들어갈 수 있는지를 사람들이 깨닫게 할 수 있다.

모든 것에 질문을 던지기

수년간 일부 똑똑한 사람들은 디자이너인 우리의 가정에 의문을 제기했고, 우리가 어떤 진실들을 당연하게 받아들였을지도 모른다는 것을 발견했다. 두 가지 좋은 예가 있다. 단순함이 좋은 디자인의 목표이고, 사용성 테스트가 기존 디자인의 문제에 우선 순위를 정해주는 효과적인 방법이라는 믿음이다.

사람들은 수년간 이러한 생각이 사실이라고 우리에게 말해왔다. 전문가는 그것을 옹호했고, 모든 곳의 디자이너는 그것을 체득해서 클라이언트와 동료들에게 전달했다. 많은 사람들이 이러한 생각을 전파하면서 많은 돈을 벌었다.

우리에게 이런 말을 한 사람들이 맞다면, 그들은 옳았는가? 그들이 옳았다면, 옳은 것에 대한 생각은 한 가지뿐인가? 그들이 보는 진실은 온전한 진실인가?

아니다.

무엇이든 진실로 받아들이면 온전한 진실을 찾을 수 없다. 이건 당신이 더 잘하는 데 도움이 되지 않는다. 당신이 더 잘하는 것을 막는다. 왜냐하면 이것은 전통적인 사고이며, 전통적 사고는 진보를 방해하기 때문이다. 표준은 최상의 솔루션을 찾는 데 방해가 된다. 사실은 진실을 가로막는다. 그리고 당신이 보는 진실은 종종 불완전하다. 당신이 진실로 받아들이는 것의 대부분은 실제로는 진실을 가로막는 장애물이다.

전통적인 사고가 발목을 잡는다. 당신이 더 좋은 디자이너가 되는 것을 방해한다. 사용자를 위해 할 수 있는 최선을 다하지 못하게 만든다. 당신의 직업을 발전시키는 것을 막는다.

알고 있는 것에 의문을 제기하는 것은 더 나은 대답을 찾는 데 도움을 준다. 그리고 질문을 하기에 가장 결정적인 시기는 당신이 이미 답을 알고 있다고 생각할 때이다.

이를 증명하기 위해, 내가 방금 제기한 사례들을 생각해보라.

아이디어에 질문을 던지기

『디자인과 인간 심리』(학지사, 2016)를 비롯한 다수의 책을 집필한 돈 노먼Don Norman은 세상의 모든 것이 '매우 단순'해야 한다는 생각에 회의적이었다. 그는 강연에서 "명백한 것에 의문을 제기하는 것"을 좋아하며, 단순함은 분명 명백한 디자인의 목표라고 말했다. 그리고 그가 깨달은 것은 많은 이들을 놀라게 했다.

그는 우리가 단순하다고 생각하는 많은 것들이 사실 그렇게 단순하지 않다는 것을 알았다. Apple 홈페이지는 역사적으로 이에 대한 좋은 예다. 몇 년 동안, 이 페이지는 다음 버전의 운영 체계나 새로운 아이폰, 아이패드iPad, Apple Watch 등을 홍보하는 커다란 이미지와 같은 몇 개의 거대한 진입 지점만 제공했다.

하지만 이 홈페이지는 보이는 것처럼 간단했던 적이 없다. 사실, Apple 웹사이트의 수십 개의 다른 부분들의 진입점 역할을 해왔다. 이 글을 쓰는 시점 기준으로 Apple 홈페이지에는 25개의 링크가 있다. 다양한 섹션으로의 링크, 고객 서비스 및 리셀러 정보, 보도 자료 외 많은 것으로의 링크를 제공한다. 25개나 된다! 하지만 어느 날이든 Apple은 당신이 딱 하나만 생각하길 진심으로 원한다. 대부분의 사람들이 가장 알고 싶어 한다고 Apple이 믿는 한 가지다. 그래서 그것을 페이지의 주요 기능으로 만든다.

돈 노먼은 다른 것보다 단순하지만 더 많은 제어 장치가 있는 세탁기를 예로 든다. 사람들은 종종 단순해 보이는 것은 기능이 부족할 것이라고 생각해서 구입하지 않는 것으로 드러났다. 사람들은 부분적으로는 기능 목록을 기반으로 구매 결정을 내린다. 그들은 더 많은 기능을 가진 제품을 구입한다. 우리 모두가 그러하다. 돈 노먼이 말했듯이, "기능에는 더 많은 복잡함이 수반된다는 점을 사람들이 깨닫더라도, 기능은 단순함을 이긴다."

디자인 목표로서 단순함의 개념에 의문을 제기함으로써 돈 노먼은 우리가 잘못된 목표에 집중하고 있다는 것을 보여준다.

Apple은 페이지를 단순하게 만들지 않았다. 그들은 명확하게 만들었다. 그 세탁기는 기능이 적은 것이 디자인이 더 뛰어났다. 제품을 극도로 단순하게 만들어야 한다는 온갖 광고에도 불구하고, 단순함이 아니라 명확성이 목표다.

표준에 질문을 던지기

90년대 후반, 롤프 모리치Rolf Molich(제이콥 닐슨Jakob Nielsen과 함께 휴리스틱 평가법을 공동 개발함)는 사용성 테스트의 모범 사례를 확립하기 위해 상대적 사용성 평가CUE, Comparative Usability Evaluation 시리즈를 시작했다. 수차례에 걸쳐, 그는 여러 팀을 고용해서 한 가지 디자인을 평가하고 결과를 보고하게 했다. 그리고 그가 발견한 것 또한 놀라웠다.

여러 팀이 동일한 디자인을 살펴볼 때, 그들 각각의 관점은 매우 다르다. 9개의 사용성 팀이 Hotmail.com을 평가했을 때, 그들이 찾은 수백 개의 문제 중 절반 이상의 팀이 공통으로 지적한 문제의 비율은 매우 적었다. 더군다나 '심각한' 혹은 '중대한' 문제의 대부분이 한 차례씩만 보고됐다.

17개 팀을 선정해서 호텔 예약 시스템을 평가했을 때에도 결과는 비슷했다.

사용성 테스트는 여러 측면에서 유용하다. 새로운 디자인 아이디어를 검증하고, 직관을 기르기에 좋다. 사람들이 작업하는 방식을 학습하는 데 그들이 작업하는 것을 보는 것보다 더 좋은 방법은 없다. 이는 화면 너머에 있는 사람들을 이해하는 데 큰 도움이 된다.

적합하지 않은 경우는 무엇인가? 무엇을 고쳐야 할지 결정하기 위해 기존 디자인에서 문제를 찾는 것에는 적합치 않다. 그건 끔찍하다. 어느 한 팀도 다른 팀과 동일한 이슈를 찾을 수 없기 때문이다.

그렇다면 테스트가 형편없이 진행됐는가?

사용성 테스트가 기존 디자인의 문제점을 찾는 데 적합하지 않다는 주장을 앞서 제기했기 때문에 예전 사용성 테스트가 제대로 진행되지 않아서 이런 일이 생겼다고 말하는 사람도 있을 것이다. 하지만 정말로 그러한가? 호텔 예약 시스템을 테스트한 17개 팀 전부가 테스트를 잘못 수행했는가? 롤프 모리치는 더 뛰어난 팀을 찾지 못한 것인가? 테스트 방법은 그 당시와 마찬가지로 지금도 일관성이 없다. 그것은 모두 사람이 좋은 테스트 계획을 세우고, 세션을 잘 진행하고, 적절한 환경과 테스트 조건을 만드는 데 달려 있다. 동일한 디자인을 테스트하더라도 일관성을 유지하는 것은 간단치 않다.

기존 디자인의 문제점을 찾기 위해 사용성 테스트를 사용하는 경우, 한 명의 검토자가 테스트를 진행하게 함으로써 시간과 비용을 크게 아낄 수 있다. 왜냐하면 한 명의 검토자가 찾아내는 것이 고가의 사용성 테스트를 여러 차례 진행해서 얻는 것과 다를 바 없기 때문이다. 그러나 이것은 중요치 않다. 이런 목적으로 테스트를 할 때, 대개 당신의 목표는 정확히 무엇이 잘못됐는지를 증명하는 것이 아니라 무언가 잘못됐으며 따라서 새로운 디자인 활동이 필요함을 이해관계자에게 주장하는 것이다. 디자인의 문제점을 정확히 알아야 할 때는 개발하기 전이다. 그때가 문제를 바로잡을 첫 번째 기회이며, 그렇게 한다면 테스트를 생략해서 나중에 발생할 큰 문제를 겪지 않게 될 것이다.

따라서 사용성 테스트를 이용해서 오래된 아이디어가 아닌 새로운 아이디어를 테스트하라. 이를 이용해서 전형적이지 않은 아이디어를 검증하라. 당신이 생각해낸 새로운 위젯은 전에 없던 것이다. 애플리케이션 개발에 모든 돈을 쏟아붓기 전에 사용성 테스트를 통해 애플리케이션의 핵심 작업 흐름을 확인하라.

롤프 모리치는 사용성 테스트가 수행되는 방식에 의문을 제기함으로써 당신이 이 귀중한 도구를 언제 그리고 어떻게 최대한으로 활용할 수 있는지를 보여줬다.

사람에게 질문을 던지기

관습에 이의를 제기하는 것에 관해서라면, 사람은 가장 넘어서기 힘든 벽 중에 하나다. 표준이나 모범 사례에는 의문을 제기하기 쉬운데, 그 이유는 그 뒤에 아무도 없기 때문이다. 표준과 모범 사례는 한동안 존재해왔으며, 더 이상 특정 사람에게 고정될 수 없다. 질문을 받아야 할 사람과 회의실에서 얼굴을 맞대고 앉는 것은 완전히 다른 이야기다. 그리고 이건 모든 디자이너가 여러 차례 마주하게 될 상황이다.

몇 년 전, 난 모든 사람이 들어본 적이 있고, 모든 이가 그 회사의 제품을 사용하는 굉장히 큰 회사 중 한 곳을 위한 몇 가지 프로젝트에서 컨설팅을 했다. 그 당시 미국 정부는 수백만 명의 사람들에게 영향을 미칠 법을 제정하려고 하고 있었다. 이 회사(Big Fish라고 부르겠다)는 새로운 법이 비즈니스에 어떤 영향을 미칠지 걱정하면서, 수십만 명의 사용자들이 경쟁사로 옮겨가게 될 것으로 추측했다. 왜냐하면 Big Fish의 경쟁사 중 몇 곳은 사람들이 새로운 법의 영향을 해결하는 것을 도와주는 제품을 개발하고 있었기 때문이다. 즉, Big Fish는 훨씬 뒤처져 있었다.

그래서 그들은 행동에 들어갔다. 팀을 구성했고, 존경받던 은퇴한 전임 CEO가 프로세스를 조언하기 위해 몇 주 동안 일을 거들기로 했다. 그들은 아이디어를 스케치하기 시작했다.

그 계획에는 몇 가지 문제가 있었다. 우선 그 팀은 중간 관리자, 제품 관리자, 또 관리자로 구성됐다. 그리고 이 프로젝트와 다른 프로젝트에 시간을 쪼개 쓰고 있는 한 명의 그래픽 디자이너가 포함됐다. 팀의 프로세스는 모두가 함께 계획을 세우고 한 몸처럼 움직일 수 있는 킥오프 미팅 없이 시작됐다. 전임 CEO가 다음 주에 처음으로 방문할 예정이었고, 대부분의 관리자들은 그를 본 적이 없고 그에게 경외감을 갖고 있었기에 잘 보이고 싶어했다. 따라서 당장 보여줄 만한 것이 준비되길 원했다. 물론 처음에는 3주라는 기한이 있었지만, 전임 CEO가 들어오기도 전에 빨리 일을 처리해서 큰 틀을 만들려고 했다.

CEO는 화요일에 나타났다. 관리자 무리는 정리를 위해 45분 일찍 프로젝트 진행실에 집결하기 시작했다.

그들은 고해상도 디자인 작업 출력본을 폴더에서 꺼내고 테이프를 잘게 뜯어서 복도를 포함한 방의 모든 벽에 단계별 화면 디자인의 흔적을 남기기 시작했다. 이 작업은 약간의 노력이 필요했다. 대부분 화이트보드 페인트로 칠해진 벽은 포스트잇, 화이트보드용 마커로 작성된 포스트잇, 화살표, 박스, 글머리 기호 목록, 느낌표로 이미 도배돼 있었다. 그중 다수는 Adobe 포토샵에서 후원하는 Trail of Comps[1]를 위한 공간 마련을 위해 이동 및 재배열돼야 했다. (그런 것이 실제로 존재하지는 않는다.)

나는 주위를 둘러보고, 내 소개를 하고, 포스트잇에 담긴 계획을 따라잡기 위해 15분 일찍 들어갔다. 한쪽 벽에는 커다란 방습지가 걸려있는데, 그 종이에는 이렇게 적혀 있었다. '비전: 업계에서 가장 빠르고 명확한 최고의 고객 경험 제공하기'.

알다시피 어디든 적용 가능한 문장이다.

비서가 와서 전임 CEO는 몇 분 안에 도착할 거라고 말했다. 그 관리자 집단은 걱정스럽게 준비 사항을 재확인하는 데 남은 시간의 대부분을 보냈다. CEO가 방에 들어서자 그들은 모두 재빨리 자리에 앉았다.

---

1   기업 비교 분석 추이 – 옮긴이

침묵.

돌아가며 자기 소개를 하고, CEO 입에서 나오는 우스갯소리에도 가벼운 웃음소리가 나오고, 마지막으로 방 안을 돌아보는 투어가 이어진다.

그 아이디어는 Big Fish가 새로운 국내법에 대해 일반인이 필요로 하는 모든 답을 얻을 수 있는 방법을 제공한다는 것이었다. 환영 화면으로 시작한다. 개괄적인 정보를 살펴본 후 점차 더 구체적인 내용을 확인할 수 있다. 마법사 유형으로 몇 차례 클릭을 하면 끝이다. 이제 계정에 로그인을 하면 더 비싼 요금제로 상향하고 계정을 최대한 활용할 수 있다.

전임 CEO는 마지막 부분에 먼저 반응을 보였다. "이걸 광고 기회로 사용하지 않는 게 중요하다고 생각합니다. 이타적이 됩시다. 가치는 전달하되 대가로 아무것도 요구하지 맙시다."

그 말은 충분히 고결했다. 방 안의 모든 이가 고개를 끄덕였다. 아무도 반론을 제기하지 않았다.

이어서 전임 CEO는 선반에서 화이트보드용 마커를 꺼내어 뚜껑을 열고, 보스처럼 질문을 시작했다.

우리의 목표는 무엇입니까? 이 법이 사용자에게 영향을 미치는 것에 대해 그들이 알아야 하는 것은 무엇입니까? 그들의 가장 큰 걱정거리는 무엇입니까? 어떻게 하면 큰 가치를 갖고 그들을 만날 수 있을까요?

Trail of Comps를 따라 표시된 이미지를 뒷받침하기 위한 답변들이 설득력 없이 방 안을 맴돌았다. 달리 말하면, 관리자 무리는 질문에 답하기보다는 그들의 완성된 작업을 옹호했다. 그리고 전임 CEO는 본인이 출근하기에 앞서 그들이 내린 결정에 대한 자신감을 서서히 깎아내렸다. 근본적으로 그들은 왜 그렇게 했는지에 대한 그럴듯한 답을 갖고 있지 않았다. 이 때가 전임 CEO가 그들의 목을 베던 때였다.

"이게 정말로 사람들이 원하는 건가요?"

나는 자기 소개 외에는 아직 말을 하지 않았다. 하지만 전임 CEO가 방을 돌아다니면서 잘못된 논리를 차례로 뒤집는 내내 내가 미소를 짓고 있지 않았다고 한다면 거짓말일 것이다. 그리고 그때쯤이면 그 질문에 끼어들 수 있는 단어는 하나뿐이었다.

"아닙니다."

그는 화이트보드용 마커로 나를 가리키며 더 이야기를 하길 재촉했다.

"이것은 거대한 법입니다."라고 나는 말했다. "미국의 모든 성인이 그것에 대해 알고 있습니다. 다들 궁금해하며, 모든 뉴스와 곳곳에서 다뤄질 것입니다. 질문에 대한 답은 허핑턴 포스트Huffington Post, CNN, 뉴욕타임스New York Times, 저녁 뉴스, 지역 뉴스 등 여기저기에 실릴 것입니다. 이러한 질문에 답하기 위해 이 웹 사이트를 방문할 필요가 있는 사람은 거의 없을 것입니다. 왜냐하면 이 회사는 다른 걸로 유명하기 때문에 아무도 여길 찾아올 생각을 하지 않을 겁니다."

그 회사가 큰 물고기였을지도 모르지만, 이미 다른 큰 물고기들로 가득 찬 거대한 연못으로 뛰어들고 있었다. 이 모든 접근 방식은 아무 생각없이 진행된 어이없는 것이었다.

이 활동은 질문에서 출발하지 않았다. 그동안 아무도 묻지 않았다. 관리자 무리가 그저 뭔가를 하려고 했을 뿐이다. 전임 CEO에게 깊은 인상을 남기고, 그 일에 몰입하고, 자기 몫을 하고, 책임을 지고 이끌고, 스마트한 작업을 빨리 진행할 수 있다는 것을 보여주려 했다. 다만 좋지 않았을 뿐이고 현명하지 못했다.

스마트한 작업은 스마트한 질문에서 출발한다.

그리고 질문을 한 사람은 전임 CEO뿐이었다. 그는 자신을 증명하는 것보다 제대로 된 일에 관심이 있는 유일한 사람이었다. 그는 증명할 것이 없었다. 2년 전에 은퇴한 부유하고 존경받는 사람이기 때문이다.

질문하는 방법을 그가 알고 있었기 때문이다.

Big Fish의 이야기에는 한 가지 문제가 있다. 나는 회의 다음날 그걸 알게 됐다. 난 그걸 잊지 않고 있다. 같은 운명을 겪지 않도록 당신도 알아둬야 할 것이다.

내가 프로젝트에 초대되기 약 1주일 전에 누군가가 그 관리자 팀을 구성했다. 그리고 한 명을 팀의 책임자로 지정했다. 그를 스튜^{Stew}라고 부르자. 그는 이 프로젝트를 좋은 인상을 남길 기회로 보았다. 중간 관리자들과 자신을 차별화시키고, 존경받는 전임 CEO에게 인상적으로 보일만한 일을 하는 것이다. 자랑거리를 추가할 수 있는 기회였다.

스튜는 돌진했다. 그는 팀을 빠르고 확고한 방향으로 이끌었다. 벽 전체에 테이프로 붙인 디자인들이 단 며칠 만에 완성됐다. 이대로 가면 힘든 상황을 단시간에 제어할 수 있는 사람으로 비춰질 것이다. 진정한 리더가 됐을 거다.

전임 CEO가 화이트보드용 마커를 들고 들어왔을 때, 스튜의 허파에 든 바람은 곧장 회의실 밖으로 빠져나갔다. 그의 작업은 파쇄됐다. 구운 닭의 관절에 붙은 이상한 고기처럼 잘게 쪼개졌다. 회의가 끝날 때쯤에는 그에게 남겨진 것이 별로 없었다.

당시 그에게는 몇 가지 선택지가 있었다. 그는 심호흡을 하고, 자신이 어디에서 잘못됐는지 깨닫고, 새로운 전략을 세우고, 리더십에 대한 두 번째 기회를 더 훌륭하고 현명해지는 기회로 바꿀 수 있었다. 다른 선택은 누군가를 비난하는 것이었다.

그는 후자를 택했다.

그러나 그는 전임 CEO를 비난할 수 없었다. 모두가 CEO를 사랑했고, CEO는 일을 처리하는 방법을 알고 있었다. CEO를 비난하는 것은 그에게 아무런 도움이 되지 않았을 것이다.

하지만 스튜는 주변 사람을 탓할 수는 있었다. 다시 말해, 회의실에 걸어 들어와서 스튜의 아이디어와 방향성에 대해 '아닙니다'라는 한 마디로 이의를 제기한 새로운 사람이다.

중간 관리자이자 이 프로젝트의 책임자인 스튜는 본인의 프로젝트에 나를 다시는 부르지 않기로 즉시 결정했다. 난 그 프로젝트에서 빠졌다. 그는 다른 중간 관리자들과 친밀했기 때문에 그 회사의 다른 프로젝트에서 나를 고용하는 것에 대한 동의를 얻기가 앞으로는 어려울 것이다.

나는 이미 깊이 관여하고 있던 프로젝트에서 빠져서, 노트북을 챙기고, 집으로 돌아가서 Big Fish에서의 2일 간의 여행을 멈췄다. 난 그 이후로 그들과 일하지 않았다.

스튜의 리더십 수준이나 자존심, 자신보다 남을 비닌하는 태도에 대해 내가 어떻게 생각하든 간에 난 그를 회상하는 과정에서 뭔가를 잊어버렸다. 그는 그 프로젝트에 공을 들였다. 형편없었지만 일을 한 것이었다. 시간, 에너지, 밤 시간, 그리고 아마도 주말을 투자했다. 누군가가 회의실을 서성이다가 작업 결과물을 찢어버렸을 때 그는 그걸 우아하게 처리하려 하지 않았다. 실제로 그가 비난한 사람이 아니었어도 말이다.

내가 실제로 한 일은 옳다고 생각한 전임 CEO를 지지한 것뿐이다. 하지만 CEO는 교묘하게 분쇄했다. 반면 난 커다란 드릴을 사용했다.

바로 이것이 여기서 배워야 할 교훈이다.

사람에게 의문을 제기하지 말라는 것이 아니다. 그것을 잘하기 위해서는 상당한 기술이 필요하다는 것이다. 그리고 그 기술을 포기하면 결과에 기여할 기회가 아예 사라질 수 있다.

이것은 나의 평소 전술이 아니었다. UX 전략 컨설턴트로서 난 화이트보드용 마커를 들고 서성이면서 전략을 정리하는 사람이다. 특히 무언가가 옳거나 그르다고 생각할 때, 많은 질문을 던지면서 그렇게 한다. 질문은 집단이나 개인이 스스로 결론을 내릴 수 있도록 도와준다. 그리고 내가 모르는 정보가 있다면, 누군가가 틀렸다는 생각에 빠지기 전에 질문을 통해 알아낼 수 있다.

어째서인지 난 이 회의실, 이 분위기에서 기교를 포기했다. 그리고 항상 이 말을 기억해야 했다.

분위기를 파악하라.

누가 누구인지, 누가 책임자인지, 누가 무엇을 했고, 누가 어떤 결정을 내렸는지 알아봐라. 그들의 이름을 알아라. 그들의 반응, 노력, 신념에 대해 마음에 새겨두라. 그들을 이해하라.

사람들에게 질문을 하려면 무엇이 효과가 있는지 미리 알아야 한다. 당신은 그들이 틀렸고, 엉망이라고 생각할 수 있다. 그들을 당신이 만난 최고의 디자이너라고 생각할 수도 있다. 그들에게 질문을 던지려면 양쪽 모두에게 최상의 결과를 얻을 수 있는 방법을 고려해야 한다. 누군가에게 질문을 한다면 아마도 당신과 같은 프로젝트를 하는 사람일 것이고, 좋든 싫든 간에 함께 가야 하기 때문이다.

발가락과 자아는 섬세하다. 그냥 밟고 다녀서는 안 된다.

공간의 분위기를 읽는 법을 배워라. 의자에서 불편하게 자세를 바꾸는 사람들을 보면, 가볍게 발걸음을 떼라. 지금이 지옥이 무너지기 전에 추진 방향을 바꿀 수 있는 유일한 기회라 하더라도, 회의 테이블에 있는 다른 사람들을 배려하는 안목을 갖고 행동해야 한다.

인내가 필요하고, 공감이 필요하다. 이해심이 필요하다. 대부분 사람들은 좋은 일을 하고 싶어한다. 그렇지 않은 경우, 대개 노력이 부족해서가 아니다. 모든 것을 바꿀 수 있는 핵심 정보를 그들이 놓쳤기 때문이다. 패닉에 빠져서 달려들었기 때문이며, 누군가에게 깊은 인상을 주고 싶은 마음이 컸고 불안했기 때문이다. 머릿속에 온통 그 생각뿐이었기 때문이다.

나쁜 일의 모든 원인에는 좋은 의도가 숨어있다. 누군가의 작업에 의문을 제기하기 전에 그것이 어떤 목적의 결과인지 질문하라.

시간이 없고, 예산도 없고, 잘못된 결정에 대한 인내심도 부족할 때 심호흡을 하고 모두가 최선을 다할 수 있는 방향으로 나아갈 방법을 고려하는 것은 불가능한 일로 느껴질 수 있다. 하지만 이건 아무리 강조해도 지나치지 않다. 숨을 고르는 것만이 나쁜 상황에서 훌륭한 일을 할 수 있는 유일한 방법이다.

UX 리더가 되는 것은 시간제 업무가 아니다. 리더는 항상 이끌어야 한다. 그렇게 하지 않으면 불안정하고 신뢰할 수 없는 존재로 간주된다. 위대한 일을 이루고 싶다면, 지금이 가장 좋은 기회다.

이것은 내가 즐겁게 배운 교훈이 아니지만, 배울 수 있는 기회가 생겨서 기쁘다.

자신의 작업에 질문을 던지기

배우기 힘든 교훈이 또 하나 있다(누군가 나처럼 이에 대해서 말하지 않는 한). 자신의 작업에 의문을 갖는 방법이다.

디자이너로서 우리 모두는 항상 좋은 아이디어와 좋은 취향을 갖고 있고, 좋은 결정을 내린다고 믿고 싶어한다. 하지만 누구든 다른 사람과 마찬가지로 일을 망치는 경향이 있다. 우리 중 가장 노련한 사람에게도 사각지대가 있다. (얼마 전 난 문장에 실질적인 의미를 부여하지 않는 '저기there'라는 단어로 문장을 시작하는 경향이 있다는 것을 알게 됐다. 그리고 어쨌든 난 10년 넘게 전문 작가로 활동해왔다.)

이와 관련해 몇 가지 방법이 있다. (내가 무엇을 했는지 봤지 않은가?)

새로 만든 디자인에 대한 사용성 테스트를 하고 있다고 가정해보자. 전에도 이와 같은 테스트를 했었다. 당신은 어떤 순서로 진행하고 어떻게 하는지 알고 있다. 너무 빠져들기 전에 스스로에게 물어보라. 사용성 테스트의 제물이 내 디자인일 때 내가 객관적일 수 있다고 정말 생각하는가?

그럴 수 있다고 믿기 쉽지만, 그러지 못할 확률이 매우 높다.

접근법을 바꿔라. 30분 동안 팀의 다른 사람에게 디자인의 목표가 무엇인지, 우려되는 점은 무엇인지, 이 기능이나 작업 흐름을 접했을 때 어떤 상황이 사실일지 설명하고, 그 사람이 테스트를 진행하게 하라. 기본적으로 자신의 디자인을 테스트하지 마라. 사용자를 올바른 결론으로 유도하는 질문을 너무 쉽게 하게 될 것이다. 당신이 무엇을 했는지가 아니라 당신이 무엇을 의도했는지를 설명할 가능성이 매우 높다.

디자인 작업의 실제 사용자는 당신이 그들 옆에서 지켜보는 이점을 얻지 못할 것이다. 디자인은 자체적으로 작동해야 한다. 그것이 얼마나 잘 할 수 있는지 알아보려면 당신보다 더 객관적인 사람이 테스트해야 한다.

다른 방법은 데이터다.

당신의 디자인이 출시되고 그걸 좋아하는 사람들이 그걸 사용하고 나면, 당신은 수치를 확인할 수 있다. 어떻게 작동하는지 볼 수 있도록 시장에 출시하는 모든 것에 추적 코드를 심어라. 사람들이 그 작업 흐름을 잘 완수하는지 확인하라. 그들이 가입을 마치고, 제품을 구입하고, 쇼핑 카트를 통과하는 비율을 알아보라. 그들이 어디에서 막히는지, 어디에서 잘못된 정보를 제출하는지, 무엇을 공유하는지 찾아라. 모든 것을 추적하라. 데이터는 당신의 신념, 의도 및 기술과 무관하게 제 역할을 한다. 자산의 작업에 의문을 제기하고 싶다면, 그 수치를 따르라.

유념할 것이 하나 있다. 난 이걸 이야기로 설명하겠다.

내가 책을 출간한 첫 출판사에서 처음으로 편집자에게 원고를 건넸을 때의 일이다. 난 그전까지 내가 제법 괜찮은 작가라고 늘 생각했었다. 결국

나도 내 글의 교정을 보기 위해 학교를 다닌 셈이었다. 편집자로부터 원고를 돌려받았을 때, (디지털) 빨간 잉크가 뚝뚝 떨어지고 있었다. 거의 모든 줄이 이런저런 식으로 수정됐고, 문장이 재배열됐다. 나의 의도를 묻거나 내가 어떻게 주제를 시작했다가 접었는지를 지적하는 댓글이 추가됐다. 단어는 대체됐다.

난 몹시 화가 났다. 몇 시간 동안, 내가 생각하거나 이야기할 수 있는 것은 내 글에 많은 수정이 필요하다고 편집자가 생각하는 것이 얼마나 속상했는지 뿐이었다. 몇 시간 뒤에는 불안감이 가라앉았다. 불안은 그런 식이다. 항상 사그라든다. 사그라들고 나면 당신은 다른 시각에서 볼 수 있다.

나는 원고를 다시 한번 훑어봤다. 문장 부호, 맞춤법과 같이 내가 발견하지 못했던 몇 가지 수정 사항을 받아들였다. 그래, 편집자 말이 맞았다.

그런 다음, 편집자가 추가한 댓글을 확인하고 답을 달았다. 어, 잠깐만 무슨 뜻으로 적었는지 알겠네요. 음, 사실 그 부분이 혼란스러울 수도 있겠군요. 흥미로운 질문이네요. 좋은 지적입니다.

흠.

다음날 정오까지 그는 나를 붙잡았다. 그 전까진 한 번도 이번처럼 제대로 편집을 받은 적이 없다는 생각이 들었다. 사람들이 서가에서 골라서, 금액을 지불하고, 집에 가져가서 읽는 책에 걸맞는 수준의 편집을 앞서 경험하지 못했다. 이건 정말 색다른 경험이었다.

나는 그 편집자에게 많은 것을 배우기로 작정했다.

그리고 많은 걸 배웠다.

그 후로 또 다른 편집자를 만났을 때 더 많은 것을 배웠다. 그리고 그것은 오랫동안 계속됐고, 지금도 여전히 이어지고 있다. 이제는 좋은 편집이 간절하다. 좋은 편집은 날 발전시킨다.

자신의 디자인 작업에 대한 수치를 본 적이 없다면, 한동안 그걸 탐탁지 않아할 것이다. 사람들이 어떻게 당신의 디자인을 극도로 잘못 해석할 수 있는지 궁금할 것이다. 당신이 디자인 작업을 처음 하는 경우에 특히 그럴 것이다.

시간을 두고 봐라. 신경이 안정되고 그것에 대해 숙고하고 나면, 당신은 그 데이터의 가치를 알게 될 것이다.

데이터가 당신에게 질문을 던지게 하라. 당신을 더 나은 디자이너로 만들어줄 것이다.

전문 분야를 진전시키기

이런 이야기와 방법들이 더해져 중요한 무언가를 이룬다.

이는 우리 모두가 알고 있다고 생각하는 것과 결국에는 우릴 걷어차고 웃으며 도망갈 것을 배우고 발견하고 다시 생각하고 재정의할 기회가 항상 있다는 것을 보여준다. 배운 것을 고의적으로 잊고, 세상의 가르침을 다시 받을 기회가 언제나 있다.

그걸 놓치지 말아야 한다.

모든 것에 의문을 가지면서 세상과 맞붙는 것은 허드렛일이 아니다. 지금 해야 할 일이 늘어난 게 아니다. 그것은 특권이며, 끝없이 값진 것이다. 우리가 달 위를 걷고, 안전하게 집으로 돌아갈 수 있는 방법이다. 어디든 가고, 발전하기 위해서는 우리의 추측을 버리고 더 견고한 지식을 찾아내야 한다.

사회적 통념을 거부하고, 그것을 상투적인 것으로 인식해야 한다. 오래되고, 지루하고, 정체된 것으로 판단해야 한다.

절대적인 것을 뒤집기

롤프 모리치, 돈 노먼, 스테파니 트로스, 크리스티나 워드케, 재러드 스풀과 같은 우리 업계의 유명인들은 디자이너들이 이전에 사실로 받아들였던 것에 의문을 제기해왔고, 흔히 사실이라고 일컬어지는 것에는 눈에 보이는 것보다 더 많은 것이 있음을 발견했다. 그들은 이 분야의 절대적인 것에 다가가서 그걸 뒤집어엎었다.

이것은 우리를 더 좋은 디자이너로 만드는 생각이다. 사용자의 삶을 향상시키며, 우리의 전문 분야를 발전시키는 생각이다.

결국 어떻게 하면 더 나은 디자이너가 될 수 있는지, UX 전문가가 된다는 것이 실제로 무엇을 의미하는지, 혹은 어떤 기술을 사용해야 하고 어떤 기술을 사용하지 말아야 하는지에 대해 누군가가 말하는 것은 중요치 않다. 스스로에게 그런 질문을 던지고, 할 수 있다고 생각했던 것 이상으로 당신이 하는 일을 계속 밀어붙이는 것이 중요하다.

뛰어난 인사이트는 전통적인 사고의 결과가 아니다. 놀라운 작업은 표준화되고 기계적인 프로세스의 결과가 아니다. 남들이 하고 있는 것을 똑같이 하는 것으로는 인생 최고의 작업을 결코 할 수 없을 것이다.

무엇이 당신을 더 뛰어나게 만들어줄 것인가? 롤프, 돈, 스테파니, 크리스티나, 재러드 및 다수의 사람들을 더 뛰어나게 만든 것은 바로,

질문이다.

당신이 알고 있는 것을 받아들이는 것이 아니라 당신이 아는 것에 질문을 던짐으로써 당신 자신, 당신의 일, 당신의 클라이언트, 직업을 향상시켜라.

우리가 주어진 답에 의문을 가질 때, 갖지 못했던 답을 발견하게 된다.

질문하기

당신의 직업, 작업, 클라이언트, 그리고 무엇보다 사용자들의 이익을 위해 다음을 수행하라.

- 왜인지 물어보라. 설명과 정당한 이유를 요구하라. 알아낼 대답이 남아 있지 않을 때까지 이것을 반복해서 물어보라.

- 증거를 요구하라.

- 더 좋은 방법이 있는지 물어보라.

회의장 단상에 오르는 사람에게 질문하라. 그들에게 본인의 아이디어가 훌륭하다는 것을 입증하기 위해 그들이 한 말을 해명하도록 요청하라. 그들이 실패하길 바라면서 이렇게 하진 마라. 그들이 성공하길 원해서 이걸 해야 한다.

직장에서 당신의 디자인에 의문을 제기하라. 이전에 내린 결정, 지금 내리는 결정에 질문을 던져라. 어떤 것이 표준으로 여겨질 때, 그것이 정말 최고의 해결책인지 물어보라. 더 좋은 방법이 있는지 확인하라. 디자인이 더 낫다고 해서 표준이 되는 것은 아니다. 많은 것들이 가장 눈에 띈다는 이유로 표준이 된다. 클라이언트가 기능을 추가해야 한다고 말하면, 방법이 아니라 이유를 물어라. 다음에 누군가가 당신의 일을 하는 가장 좋은 방법을 알려주면, 더 좋은 방법이 있는지 물어보라.

지금은 절대적인 것의 시각을 들여다보고 어떤 역할을 하고 있는지 물어보기에 좋은 시간이다. 절대적인 것을 찾아서 뒤집어 엎어라.

항상 질문하라

이 모든 것 외에도 질문을 해야 하는 또 다른 강력한 이유가 있다.

몇 년 동안 내가 가장 많이 받은 질문 중 하나는 책과 글을 쓰고 컨퍼런스 등에서 강연할 수 있는 위치에 오른 방법이다. 대답을 하는 와중에 난 많은 이야기를 했다. 모든 이야기는 같은 주제를 가진 듯했다. 결국 난 그것이 뭔지 깨달았다.

항상 질문하라.

몇 년 전에 토론 사이트에서 알게 된 사람에게 어떻게 기술 서적을 쓰게 됐는지 물었다. 그가 응답했다. 또 한번은 온라인 잡지 편집자에게 웹 디자인의 새로운 콘텐츠를 다루는 주간 기사 묶음에 내가 어떻게 기여할 수 있을지 물었다. 그녀가 응답했다. 곧이어 컨퍼런스 주최측에 연사가 될 수 있는 방법을 문의했다. 담당자가 응답했다.

나는 계속했고, 효과가 있는 것 같았다. 더 많이 물어볼수록 더 쉬워졌다. 더 많이 물어볼수록 더 많은 사람들이 동의했다. 더 많이 물어볼수록 이 모든 것에는 미스터리가 없다는 것을 깨달았다. 사람들이 불가능하다고 생각하는 모든 것은? 아니면 결정적인 변화 때문에 벌어진 일인가? 혹은 저기 저 사람이 정말 운이 좋아서? 다 헛소리다. 당신은 질문만 하면 된다.

사람들이 당신에게 좋아하는 주제에 대해 물었을 때 드는 느낌을 아는가? 그들이 몸을 기대고 집중해서 대화를 나눌 때 드는 느낌? 그들이 당신만큼 그 주제에 흥미로워할 때 드는 느낌?

그래, 그게 전부다. 다른 사람들도 당신만큼 그것을 좋아한다.

다른 사람이 관심을 갖고 있는 것에 당신이 진지한 관심을 표명하면, 그 사람은 대개 태도를 바꿔서 그것에 대해 당신에게 이야기할 것이다. 당신이 참여하고 싶다고 말하면 그 사람은 당신을 참여시킬 것이다. 그들이 관심을 갖고 있는 것에 당신이 가치를 더한다면, 그 사람은 당신을 끌어들이고 절대 놓지 않을 것이다.

첫 번째 간단한 질문을 던진 덕분에 책을 낼 수 있었다. (사실 둘 중에 하나를 선택해야 했다.) 그리고 내가 좋아하는 주제에 대한 수많은 기사를 쓸 수 있는 기회, 더 나은 직업, 더 좋은 프로젝트, 더 높은 소득을 얻을 수 있었다. 그리고 멋지고 흥미롭고 재미있어 보인다는 이유로 '웹 디자인'이라 불리는 재미있는 일에 뛰어들었을 때 내가 기대했던 것보다 더 나은 삶을 얻었다.

그게 내 요점이다.

질문은 도전적인 아이디어만을 위한 것이 아니다. 이득을 얻기 위해서다. 궁금하면 물어보라. 확실하지 않으면 질문을 던져라. 더 알고 싶으면 물어보라. 참여하고 싶다면 물어보라.

물어보라.

질문의 결과로 당신이 발견하고, 얻고, 할 수 있는 것에는 끝이 없다. 답을 들었다고 생각되면 더 물어보라.

현재의 상황에 의문을 제기하라. 기준, 함께 일하는 사람들, 자신만의 디자인, 클라이언트의 동기, 시작하는 방법, 도움을 줄 방법, 결정, 규칙에 질문을 던져라. 질문을 하고, 대답을 의심하라. 모든 것에 의문을 가져라.

항상 질문하라.

난 이 아이디어를 매우 소중히 여겨서, 목에 문신으로 남겼다.

06

커뮤니케이션하기

난 나이가 40이 넘었고 아주 괴팍한 상태였기 때문에, 최근 며칠 동안 날 짜증나게 만든 지붕에 앉아있는 비둘기들을 쫓아내기 위해 거실 창문의 유리판을 두드렸다. 백 년쯤 된 홑창이 있는 유서 깊은 집에 살고 있기 때문에 내 손은 곧바로 유리판을 관통했다.

이런다고 비둘기들이 더 사랑스러워지진 않았다. 큰 문제는 아니었다. 골 판지와 테이프만 있으면 된다. 적어도 가려지긴 했다.

구글에서 찾은 첫 번째 창문 수리업체에 전화를 걸었다. 업체의 웹 사이트에 있는 양식을 사용해서 내가 필요로 하는 것을 정확히 말했다.

> "유리창 하나를 교체해야 해요. 사이즈는 9인치 x 8.5인치이고, 나무로 만든 창틀에 들어가는 유리 한 장이에요. 창문은 거실에 있고 차도를 마주하고 있어요. 1층짜리 오래된 집이에요. 비용이 얼마 정도인지, 그리고 언제 방문해서 교체해주실 수 있는지 알려주세요."

살면서 이런 일을 해온 지가 꽤 됐고, 배운 것이 있다. 질문에서 세부 사항을 빠트리면 완전한 답을 얻는 데 오랜 시간이 걸린다는 것이다. 난 설명을 적으면서, 관련이 있을 수 있는 모든 세부 사항을 예측했다.

유리창 업체 직원인 에드^{Ed}가 대답했다.

"9피트 x 8.5피트 창문이라면, $342.54입니다. 1층에 있나요? 사다리가 필요할까요?"

문제가 너무 많았다.

그건 9피트 x 8.5피트 창문의 가격이다. 내가 물어본 9인치 x 8.5인치 창문의 가격이 아니다. 그는 방문 가능 일정을 말해주지 않았다. 그리고 1층짜리 집인데 2층에 거실 창문이 있는지 알고 싶어했다.

물어봐줘서 고맙지만, 그럴 리 없다.

커뮤니케이션 이슈에 관한 많은 이야기를 들려줄 수 있다. 이 이야기를 고른 이유는 모든 핵심을 찌르기 때문이다. 이것은 명확한 생각, 완전하고 정확한 글을 보여준다. 에드의 질문에 대한 예상도 보여준다. 그리고 그 모든 것에도 불구하고 완벽하게 실패했다.

커뮤니케이션 요소들을 분류하는 방법과 그것이 중요한 이유를 살펴보자.

명확한 사고에 관해

디자인의 결과물은 커뮤니케이션이다.

물론 생산성, 즐거움, 만족, 편안함, 친근함 등과 같은 다른 결과물도 있지만, 커뮤니케이션의 명확성이 없다면 나머지 역시 성취할 수 없다. 다른 결과물들은 각기 커뮤니케이션하는 내용의 결과다.

커뮤니케이션은 당신이 좋아하든 싫어하든, 의도했든 그렇지 않았든 간에 일어난다. 애플리케이션의 배경으로 연한 파란색의 색조를 선택했다면, 사용자에게 무언가를 전달하고 있는 것이다. 당신도 그것을 알고 있다. 그리고 좋은 디자이너가 된다는 것은 당신이 의도적으로 전달할 대상과 방법을 선택한다는 것을 의미함을 알고 있다.

당신은 그 사실을 안다.

사실 당신은 그것에 대한 열정이 있다. 훌륭하고 '깔끔한' 디자인을 보면, 당신과 커뮤니케이션할 수 있는 디자인의 멋진 능력 때문에 기뻐서 환해진다. 이는 누군가가 디자인에서 소음과 산만함, 과잉을 제거하고 가능한 가장 효율적이고 효과적이며 아름다운 방법으로 당신에게 직접 말할 수 있도록 하기 위해 세심한 주의를 기울였을 때 일어나는 아름다운 일이다. 당신을 들뜨게 만드는 일이다.

이해가 된다. 나도 그런 적이 있다. 나도 당신처럼 너무 순수하고 명확해서 사용할 때마다 미소를 짓게 만드는 디자인을 정말 좋아한다. 디자이너가 되는 것의 즐거움 중 하나는 다른 사람들에게 영향을 주고, 그만큼 커뮤니케이션이 잘 되는 무언가를 만드는 것을 추구하는 점이다.

그럼에도 불구하고, 여기서 디자이너의 커뮤니케이션에 대한 열정이 멈추는 경향이 있다. 다른 형태의 커뮤니케이션으로 확장되지 않는다. 시각과 기능을 통해 커뮤니케이션하는 디자이너의 능력이 다른 표현 수단으로 옮겨가지 않는다.

이건 끔찍한 일이다. 디자이너는 정해진 일정에 다른 많은 방법으로 커뮤니케이션해야 한다. 너무 많은 기회가 사라졌다.

쓰고 말하기

나는 당신이 디자인 작업을 하는 것보다 하루에 더 많은 글을 쓸 수 있다고 장담할 수 있다. 당신은 더 많이 말하고, 더 많이 설득하고, 동료들과 함께 궁금한 것에 대해 소리 높이고, 더 많이 추측하고, 더 많이 옹호하고 설득할 수 있다. 내 경험상 이러한 순간들 중에 당신이 디자인으로 표현한 깔끔한 커뮤니케이션만큼의 활력이 느껴지는 경우는 거의 없다. 따라서 목적에 맞게 계획되고, 효과성이 고려되며, 결과에 따라 평가되는 경우는 아주 적다.

솔직하게 말해야겠다. 대부분의 디자이너는 그들이 선호하는 디자인 소프트웨어 외에는 커뮤니케이션에 서투르다. (물론 늘 그렇지는 않다. 일부 디자이너는 다양한 매체에서 효과적으로 커뮤니케이션하기도 하지만, 여기서 언급할 만큼 충분히 일반적이다.)

그리고 그 점이 그들의 지도력에 영향을 미친다는 것을 아는 사람은 극히 드물다.

이것은 좋은 커뮤니케이션의 핵심인 명확한 사고 때문에 발생한다. 우리는 명확한 사고에 충분한 시간을 투자하지 않는다. 물론 쉬운 일은 아니지만, 시도하지 못한 것에 대해 변명할 수는 없다.

전 세계의 디자이너들은 책상을 깨끗하게 유지하고 파일을 정리하기 위해 많은 노력을 기울인다. 그들은 어떤 종류의 케이블도 없이 연출된 가구 현장의 사무용 책상 사진을 탐내는 눈치로 바라본다. 그들은 그러한 아름다움이 실현될 수 있도록 궁극의 무선 전력을 믿는다. 깨끗한 공간은 깨끗한 마음이다.

그리고는 그들은 사람들로 가득 찬 방 앞에 서서 "음"과 "어"라 말하면서 디자인 발표 내내 허둥댄다. 질문을 받으면 더듬거리며 모호한 대답을 한다. 왜 이렇게 했는지, 그리고 사용자에게 어떻게 이득이 될 것인지에 대한 일관된 주장을 하기 위해 고군분투한다. 그들은 불완전한 생각, 생략 부분, 문법 및 구두점 오류, 반쪽짜리 답변으로 가득 찬 이메일을 작성한다. 그들은 이미 답변을 받은 질문을 한다.

엉망진창이다.

어느 모로 보나 디자인 프리젠테이션, 클라이언트 대상의 제안 설명회, 전화 통화를 할 때보다 디자인 작업을 할 때 명확하게 생각하는 것이 훨씬 쉽다. 결국 사람들은 시각적이며, 대화는 쳐다볼 것이 없고 누군가에게 보여주는 버전이 좋은 버전이 되도록 재평가하고 수정할 여지도 없다. 구두로 한 말은 사전에 연습하지 않는 한 초안이다. 어수선하고 무질서할 수밖에 없다.

이는 일상적인 대화에서는 괜찮다. 그러나 누군가에게 당신의 아이디어를 설득시키거나, 디자인을 옹호하거나, 결정이 좋거나 나쁜 이유를 설명하고 싶을 때에는 초안에 적어도 구조가 있어야 한다. 그리고 당신은 즉석에서 하나를 만들어낼 수 있어야 한다. 무슨 말을 쏟아낼지 일일이 알 필요는 없지만, 어디로 향하는지는 확실히 알아야 한다.

이것이 유리창 업체 직원인 에드에게 보낸 이메일에서 내가 시도한 첫번째 일이다.

내가 유리창을 깨뜨렸다는 걸 알았을 때, 처음 떠오른 더 명확한 질문은 그걸 고치는 데 비용이 얼마나 들 것인지였다. 그 다음으로 이렇게 사소한 일도 처리하는 회사를 찾을 수 있을까였다. 이메일에 대한 나의 마음 속 초안은 다음과 같았다. "유리창 교체가 필요합니다. 이런 일도 처리하시나요? 비용은 얼마나 들까요?"

그것은 효과가 없을 것이다. 실제로 일어나길 바랐던 것의 작은 부분일 뿐이다. 궁극적으로는 업체가 방문해서 유리를 교체해주길 원했다. 그래서 업체가 답변에 필요한 모든 정보를 얻을 수 있도록 더 구체적으로 알려줘야 한다고 생각했다. 그들이 그런 종류의 일을 맡지 않는다면, 난 언제라도 다른 업체의 웹 사이트 양식에 설명을 복사해서 붙여 넣을 수 있었다.

마음 속 초안 두 번째: "9인치 x 8.5인치 크기의 유리 한 장을 교체해야 합니다. 오래된 집의 거실 창문에 끼워야 하고, 창틀은 나무로 돼 있습니다. 비용이 얼마나 들까요? 언제 방문 가능한가요?"

더 좋아졌지만, 난 계속해서 파고들었다. 전문 사용자와 함께 일하면서 난 중요한 사실을 오래전부터 학습했다. 사람들은 자신들이 실제보다 더 많이 커뮤니케이션한다고 생각한다. 세부 사항은 빼먹고 반쪽짜리 질문을 한다.

난 그러고 싶지 않았다. 난 에드에게 내가 가진 모든 정보를 주고 싶었다.

내가 보낸 버전에 이르렀다. 완벽하게 느껴졌고, 에드와 관련이 있을법한 모든 사실을 포함하고 있었다.

명확한 사고는 명확한 커뮤니케이션으로 이어진다.

난 에드에게 연락하기에 앞서 그 주제의 모든 의미를 고려하고, 모든 사실을 되짚어보고, 무엇이 유용한 정보가 될 수 있을지에 대한 의견을 떠올림으로써 명확하게 생각을 정리했다. 그래서 난 특정 순서로 일련의 요점을 보낼 수 있었고, 필요한 것을 말하고 명확성을 찾은 것처럼 느낄 수 있었다.

이것은 디자인을 통한 커뮤니케이션에 대한 나의 시도였다.

당신이 디자인 프로젝트에 적용하는 기술은 다른 커뮤니케이션에 적용 가능하며, 적용해야 한다. 그렇게 하면 리더십 역량이 획기적으로 향상된다.

어떻게 달성하는지, 그리고 어떤 도움이 되는지는 다음과 같다.

프레임워크로 생각하기

거의 모든 것에 대한 반응으로 당신은 횡설수설할 조짐을 보이고, 들어줄 사람을 혼란스럽게 만들 산발적인 생각을 잔뜩 갖게 될 것이다. 이것들은 당신이 밖으로 꺼내고 싶은 생각이 아니다. 그러한 생각들이 당신에게 장황하고 두서없다고 느껴진다면, 아무도 그것을 참을 수 없을 것이다.

슬프게도, 대부분의 의사소통이 이런 식으로 진행된다.

명확한 사고는 그러한 생각들에 구조를 적용하는 것에서 나온다. 체계적이지 못하고 의식의 흐름 같은 내적 독백에 일종의 템플릿을 적용해 일관된 커뮤니케이션을 할 수 있다.

템플릿은 대학교 에세이와 같다. 논지와 뒷받침하는 논리가 있다. 방향을 설정하는 것에서 시작해서 결말을 짓는 것으로 마무리된다. 계획적인 것으로 보여지고 느껴진다. 그리고 일반적으로 사람들의 입에서 나오는 무질서한 실패작과 완전히 다르게 받아들여진다.

첫 번째 시도에서 논리정연한 형태의 요점에 이르지 못할 것이다. 그렇게 되는 경우는 거의 없다. 하지만 내가 10대 때 산에서 했던 것처럼 하면 효과가 있다. 목적지를 가리키고 그곳으로 일단 가는 것이다. 무슨 말을 해야 하든, 잠시 시간을 내어 결과를 평가하고 이를 향한 경로를 파악하라. 일단 그렇게 하면, 횡설수설하는 아이디어에 빠지지 않고 에세이의 초고를 쓰게 된다. 당신은 목표를 염두에 두고 말할 수 있다. 결과를 작성할 수 있고, 목적을 가지고 발표할 수 있다.

목적지를 아는 것은 커뮤니케이션을 계획적으로 만든다. 이것은 당신이 디자이너로서 알려지고 싶은 방법이다. 그것을 달성하기 위해서는 한 명의 사람으로 알려지길 원해야 한다. 디자인 자체뿐만 아니라 디자인 작업의 모든 측면에서 신중할 수 있다면, 당신은 믿음직스럽고 꾸준하며 주의 깊은 사람으로 알려질 것이다. 그리고 그건 다른 사람들이 기대하던 그런 사람이다.

크리스티나 워드케는 내가 그녀에게 디자이너가 가질 수 있는 가장 가치 있는 기술이면서 디자인 분야에서 가장 찾기 힘든 기술이 무엇이라고 생각하는지 물었을 때 이러한 아이디어를 되풀이했다. 그녀의 목록에는 다음과 같은 내용이 있었다.

　　커뮤니케이션, 즉 구두 및 서면 상의 커뮤니케이션은 엄청나게 가치가 크고 굉장히 희귀한데, 난 그 이유를 잘 모르겠다. 작업을 시작하려면, 프리젠테이션을 해야 한다. 사람들을 세워놓고, 어떤 피드백을 원하는지 그들에게 말해주고, 당신의 선택을 설명하고, 그들을 여정에 데려가는 프리젠테이션 기술이 형편없다는 사실에 난 놀랐다.

그녀가 말하는 것은 당신의 디자인 기술을 활용하라는 것이다. 당신의 디자인 기술을 자신의 일상적인 커뮤니케이션에 적용하는 방법을 배우라는 것이다.

크리스티나는 이야기를 이어갔다.

> "방금 내가 인터페이스로 한 모든 것을 알고 있는가?" 또는 현재 진행 중인 작업에 대해서, "이제 이것을 나만의 인터페이스에 적용하겠다."라고 말하는 문제일 뿐이다. 명확해지도록 노력하자. 명확한 행동 유도 장치를 제공하자. 사용자 친화적이 되자. 많은 디자이너는 원래 그래야 하는 것만큼 사용자 친화적이지 않다.

글을 잘 쓰는 것에 관해

글쓰기를 언급한 이유는 다음과 같다.

첫째, 당신은 디자인보다 주어진 일정 내에 훨씬 더 많은 글을 쓴다. 글쓰기는 이메일, 페이스북, 트위터, 모든 종류의 장소에서 이뤄진다. 팀 내부, 그리고 클라이언트와 주고받는 이메일 스레드는 최선의 전략과 디자인을 짜기 위한 것이다.

그들은 당신이 원하는 말을 하는가? 정말인가?

인류 역사상 가장 활발하게 글로 커뮤니케이션 하는 시대임에도 불구하고 사람들의 글쓰기 능력은 그 어느 때보다 떨어지는 것 같다. 설명을 요청하기 위해서 몇 번이나 이메일에 회신해야 했는가? 마찬가지로 누군가가 당신에게 몇 번이나 회신했는가? 당신은 몇 번이나 추측하고 낙관했는가?

글을 잘 쓰는 것은 믿을 수 없을 정도로 많은 장점이 있다.

글쓰기는 생각하는 훈련이다. 내가 유리 업체의 에드에게 이메일을 보냈을 때, 내 첫 번째 초안은 마음 속에 있었다. 두 번째 초안은 글로 작성됐다.

세 번째 초안은 이메일로 발송했다. 나는 세세한 부분을 챙기기 위해 글을 썼다. 생각을 글로 정리하면, 그것들을 한 번에 뒤쫓아서 그것들이 무엇을 구성하는지 확인하기가 더 쉽다.

이것이 작가들이 실제로 글쓰기를 사용하는 방법이다. 대부분은 아니지만 다수의 작가들이 글쓰기를 단순히 아이디어를 전달하는 것이 아니라 아이디어를 발전시키기 위해 사용하는 도구로 생각한다. 그들은 자신이 생각하는 것을 확인하기 위해 글을 쓴다. 글쓰기는 완전한 생각을 갖게 만든다. 그것은 당신을 어떤 주제에 계속 머물게 하며, 철저히 따져보게 만든다. 그러면 전체 아이디어를 눈 앞에서 볼 수 있으니 그걸 수정하고 개선할 수 있다.

약간 디자인 같지 않은가?

글쓰기는 단어로 하는 디자인이다. 디자인은 단어 없이 하는 글쓰기다.

디자인 측면에서 난 유리 업체의 에드에게 가능한 한 가장 일관되고 명확한 방식으로 내 이야기와 니즈, 세부사항을 말하고 싶었다. 나는 짧은 문장을 사용했다. 각 문장에는 한두 가지 사실만 포함됐다. 유리 수리 담당자에게 적합하다고 생각한 용어를 사용했다. 먼저 적절한 형식을 알고 사용하는 것 외에도 나는 내가 쓴 글을 보내기 전에 반드시 교정을 거친다. 쉼표가 누락되면 서면 상의 커뮤니케이션에 큰 차이가 생긴다.

기본적인 글쓰기 도구를 다루는 것만으로도 당신이 작업 중인 모든 프로젝트에 상당한 영향을 미칠 수 있다. 문장 구조, 문법, 구두점, 구성. 이 모든 것이 프로젝트 세부 사항에 대해 동료들과 더 명확히 하고, 더 설득력 있고, 더 계획적으로 준비하는 데 도움이 된다.

그리고 그건 단지 글쓰기만을 위한 것이 아니다. 글을 잘 쓰는 법을 배우는 것은 처음부터 명확하게 생각하는 데 도움이 된다. 장기적으로 더 명확하게 생각하도록 도와준다. 이 모든 것이 서로에게 도움이 된다. 시간이 지남에 따라 당신이 가진 어떤 아이디어나 주장이든지 쉽게 설명할 수 있게 된다. 더듬거리는 일은 없다. 명확함만 남는다.

글쓰기가 당신에게 버겁다면, 개선할 방법을 고려하라. 지역 커뮤니티 대학교의 작문 수업을 찾아보라. Gotham Writers' Professional Development (www.writingclasses.com/classes/catalogue/professional-development)에서 제공하는 것과 같은 온라인 작문 과정을 확인하라. 당신이 좋아하는 작가를 찾고 그들이 글쓰는 방식을 연구하라. 마치 훌륭한 디자이너를 연구하는 것처럼 말이다. 작문에 관한 책을 몇 권 찾아보라.

개인적으로 좋아하는 것은 다음과 같다.

- 『영어 글쓰기의 기본』(인간희극, 2007), 윌리엄 스트렁크 주니어[William Strunk Jr.]와 E. B. 화이트[E. B. White] 공저: 대학교 영어 수업을 얼마 전에 이수했다고 하더라도, 이 책부터 시작하라. 과장되고 수동적인 목소리를 줄여서 학계와 상업 광고에서 가치를 상승시키며 직설적이고, 깔끔하며, 기능적인 문장을 작성해서 요점만 말하게 해주는 고전적인 책이다. 하지만 주의할 점이 있다. 이 책만 읽고 멈추면 후회할 것이다.

- 『글쓰기 생각쓰기』(돌베개, 2007): 누구에게나 본인의 삶을 바꾼 책이 있다. 내게 그런 책 중 하나다. 논픽션 글쓰기의 원리, 방법, 형식에 초점을 맞추고 있으며, 다양한 유형의 논픽션에 특화된 사항까지 세분화한다.

- 『문장의 일』(윌북, 2019): 스트렁크와 화이트의 『영어 글쓰기의 기본』이 맘에 들지 않았다면, 이 책은 그에 대한 적절한 반박을 제공한다. 순수한 미니멀리즘에 대한 일반적인 논거를 던져버리고, 당신의 글을 기능적이고 목적이 명확할 뿐만 아니라 아름답게 만들 수 있는 구조와 스타일을 살펴본다.

- 『짧게 잘 쓰는 법』(교유서가, 2020): 만약 당신이 글쓰기를 시작했거나 설령 그렇지 않더라도, 이것만큼 당신의 마음을 사로잡는 책은 없을 것이다. 당신을 더 꼼꼼하고 우아한 커뮤니케이터로 만들 수 있는 더 좋은 책은 없다. 모든 문장은 새로운 행에서 시작하는데, 이 사실은 모든 단계에서 문장의 효과가 독립적이라는 것을 보여준다. 각각의 문장들은 최대한 완전하다. 능숙하게 글을 쓰는 방법을 가르쳐줄 뿐만 아니라 사례를 제시한다. (만약 당신이 나의 책인 『The Tao of User Experience』를 읽었다면, 내가 『문장의 일』을 읽은 직후에 그 책을 썼다는 것을 알아둬라. 그 이후로는 난 생각이 바뀌었다.)

이 목록에 있는 책들은 맹세컨대 당신이 이제껏 읽었던 최고의 디자인 책에 필적한다. 이 책들은 글로 디자인하는 법을 알려줄 것이다.

만약 당신이 디자이너로서 채용하는 위치에 있다면, 본인 스스로를 위해서 글을 잘 쓰는 후보자에 한해 인터뷰를 진행하라. 앞으로 오랫동안 이 점에 대해서 다행이라 여길 것이다.

당신의 메시지를 그들의 관심사와 관련짓기

내가 유리 업체 직원인 에드에게 보내는 관련 사실 목록을 작성할 때, 하려고 했던 것이 하나 더 있다. 바로 내 요구사항이 아닌 그의 요구사항에 관해 이야기하는 것이다. 내가 그에게 연락했다는 사실은 아마도 유리 수리가 필요했다는 것을 의미했다. 그는 이메일을 받자마자 그 사실을 알았다. 그는 비둘기, 짜증이 났다는 내 배경 이야기를 알 필요가 없었다. 그는 이러한 인터랙션을 통해 다음 단계로 넘어갈 수 있도록 정확한 견적을 뽑는 데 도움이 되는 사실 목록이 필요했다. 그의 하루는 작업 일정을 잡는 것에 관한 것이다.

에드가 돼 보는 상상을 했다. 에드로서 난 이 일의 모든 세부사항을 알고 싶다. 창문의 위치, 창문에 접근하는 방법, 교체에 필요한 준비물, 창문의 종류, 틀의 유형, 온갖 잡다한 것들 모두를 말이다.

난 철저히 하고 싶었다. 내가 그 이메일의 첫 번째 버전을 보냈더라면, 분명 에드의 답장에는 이러한 질문들이 하나씩 차례대로 포함돼 있었을 것이다. 9개의 이메일을 주고받은 후에 나는 골머리를 앓으며 작은 유리창 하나를 교체하는 데 얼마나 시간이 걸릴 수 있을지 궁금해할 것이다. 전화를 걸었어야 했다.

그가 운전할 트럭을 상상했다. 트럭 위에 사다리가 있는가? 항상 트럭에 사다리가 있는가, 아니면 그가 사다리를 가져와야 하는지 여부를 알아야 하는가? 당신은 사람들이 짐작에 대해 뭐라고 말하는지 알고 있다.

내 이메일에는 에드가 물어볼 거라고 상상한 모든 질문에 대한 답이 들어 있다.

유리 수리공이 돼 본 적은 없다. 특정 작업을 완료하기 위해 무엇이 필요한지에 관해서는 추측할 수밖에 없다. 하지만 할 수 있는 건 전부 해야 했다. 안 그랬다면 하루 종일 왔다 갔다 했을 것이다.

그래서 목록을 작성했다. 그가 책상에 앉아 이 모든 것을 처리하는 상상을 했다. 집은 단층이니 사다리는 필요 없겠네. 나무 창틀이 있는 오래된 집이니 접착제 같은 것이 필요할 것 같군. 이 정도 크기의 단일 창이야. 좋아, 이 질문에 답할 수 있을 것 같아. (실제 진행된 방식과 다르긴 한데, 그 부분에 대해서는 잠시 뒤에 다루겠다.)

나는 내가 무엇에 신경 쓰는지 알고 있었다. 내가 원하는 것을 얻으려면, 에드가 신경 쓰는 것에 관심을 가져야 했다.

여기서 나의 요점은 유리 수리공인 에드보다 훨씬 더 많은 것에 관한 것이다. 제품 관리자에 관한 것이다. 디자인이 매출에 긍정적인 영향을 미치지 않는 한 디자인에 전혀 신경 쓰지 않는 CEO와 온갖 임원들에 관한 이야기다. 당연히 그럴 만하다.

사전에 적절한 디자인 작업이 이뤄지지 않고서는 사용자가 구매 프로세스를 완수할 수 없다는 것이 경영진에게 분명해지면서 웹 환경에서의 디자인은 중요해졌다. 지금도 그렇다. 당신이 어떻게든 수익에 기여하지 않는다면 경영진은 당신에게 월급을 주지 않을 것이다. 그들과 이야기를 나눌 때, 당신이 슬라이더와 오류 메시지에 대해 떠드는 동안 그들의 마음 속에 무엇이 있다고 생각하는가?

바로 돈이다.

이들 중 다수는 회사에서 재무 성과와 관련된 책임을 지고 있다. 다시 말해 디자인이 출시돼서 막대한 손실을 유발한다면, 디자이너인 당신이 해고될 가능성은 매우 낮다. 하지만 제품 관리자는? 어떤 경우에는 제품 관리자는 퇴근할 때까지 이력서를 고칠 수도 있다.

따라서 UX 활동을 리드하길 원한다면, 그들의 관심을 끌 수 있는 한 가지 방법은 당신의 권고가 그들이 관심을 가진 결과로 어떻게 이어지는지를 보여주는 것이다. 만약 당신이 그들에게 나쁜 아이디어를 실행하지 않도록 설득하려고 한다면, 그것이 이 길의 끝에 있는 달러 표시에 어떤 영향을 미칠 수 있는지 보여주라.

이것은 그들이 당신의 말을 듣게 할 뿐만 아니라 당신을 올바른 일에 집중하는 실용적이고, 책임감 있고, 가치 있는 구성원으로 보게 만들 것이다.

짜증나는 일이라는 걸 나도 알고 있다. 당신은 데이터와 재정적 결과에 집중하기 위해 디자인 분야에 뛰어든 것이 아니다. 그러나 이것은 성숙함이 작동하는 방식이다. 어느 시점에서 당신이 활동하는 아마추어 밴드의 카세트 테이프를 판매하기 시작하는 순간 당신의 예술이 단지 교외의 불안을 터뜨리는 방법이 아니라 하나의 제품이 된다는 것을 깨닫는다.

디자인에는 언제나 목적이 있다. 그렇지 않다면 그건 디자인이 아니다. 디자이너로서 당신의 목적은 자신이 아닌 다른 사람들을 위해 자신에게서 벗어나 있는 어떤 목표를 달성하는 것이다. 다른 사람들을 연구하고, 그들을 위해 디자인하고, 그들이 없을 때 말을 하고, 그들을 대신해 결정을 내림으로써 이를 수행한다. 하지만 당신은 모든 작업에 대한 비용을 부담하는 사람들과 이야기를 나누는 것을 통해 이를 끝낼 수 있다. 그들이 받아들이지 않는다면, 아무런 성과를 볼 수 없다.

이것이 바로 일상적인 커뮤니케이션에서 당신과 이야기를 나누는 사람들 쪽으로 고개를 돌리고, 그들이 관심을 갖는 것에 집중하는 것이 매우 중요한 이유다.

이제 당신은 그 사실을 깨닫고 매일 실천하느라 바쁘니, 당신을 위해 이렇게 충고한다. 다른 모든 사람에게 말하라.

당신이 프리랜서라면 다음과 같은 사실을 알게 될 것이다. 비즈니스를 담당하는 사람들은 외부의 누군가와 함께 디자인 프로젝트를 시작할 때, 디자이너에게 자신이 무엇을 좋아하고 무엇을 원하는지, 그리고 어떻게 진행되길 원하는지를 알려주고 싶어하는 경우가 많다. 그들이 너무 확신에 차 있어서, 당신은 자신이 무엇을 원하는지 아무 말도 못하는 클라이언트와 일하는 것보다 낫다고 생각할 것이다. 사실 그렇지 않다. 좋지 않은 일이 생길 조짐이다.

그것은 당신이 클라이언트를 위해 사이트를 디자인하고 있다는 그들의 믿음을 암시한다. 당신은 클라이언트를 위해 디자인하지 않는다. 그들의 비즈니스를 성공으로 이끌 사이트나 제품을 디자인하고 있다. 이해관계자들은 제품이 어필해야 하는 사람들이 아니다. 그들은 당신에게 제약 사항에 대해 말해주고 수표에 서명하며, 그들의 비즈니스는 당신이 일을 잘하는 것에 달려있는 사람들이다. 그러나 그렇게 하기 위해서는 그 상황에 있는 다른 사람들에게 초점을 맞춰야 한다. 당신은 클라이언트를 위해 디자인하는 것이 아니다. 클라이언트의 비즈니스와 사용자를 위해 디자인하고 있다.

처음부터 이를 분명히 하는 것이 당신에게 가장 좋다. 클라이언트의 아이디어를 타당한 이유를 갖고 반대하는 것에 대해 걱정할 필요는 없다. 그런 일에 시간을 소비해서는 안 된다. 처음부터 당신의 일은 클라이언트의 성공을 돕는 무언가를 디자인하는 것이며, 그렇게 하기 위해 취하는 전술이 그들의 바람과 항상 일치하지는 않을 것이라고 말하라. 추천의 이유를 항상 설명할 것이라고 그들에게 알려주라. 당신의 추천에는 항상 이유가 있을 것이라고 그들에게 말하라. (물론 실제로 그렇게 하라.)

클라이언트의 관심사에 대해 이야기하라. 그런 다음 클라이언트에게 사용자의 관심사에 집중하라고 다시 한번 알려줘라.

미래를 예측하는 법 배우기

미래를 예측하는 능력에서 중요한 부분은 반응을 예상하는 법을 배우는 것이다. 안타깝게도 이것을 잘하기 위한 실행 방법은 그리 쉽지 않다. 그것은 상황 인식이라 불리는 것에 대한 어느 정도의 숙달을 포함한다.

상황 인식은 당신 주위에서 무슨 일이 벌어지고 있는지, 그리고 달라진 변수로 인해 어떤 일이 일어날지를 인지할 수 있는 기술이다.

클라이언트와의 미팅에 운전해서 간다고 가정해보자. 헬멧과 앞바퀴 브레이크가 없는 오토바이를 탔고 밤 시간이다. 당신은 온통 검은색으로 입었고, 오토바이도 검은색이다. 헤드라이트는 등이 나갔다.

높은 수준의 상황 인식이 없다면 당신은 아마도 불행해질 것이다. 최상의 경우, 이것은 당신 주변의 모든 것, 그것이 지금 당신에게 어떤 영향을 미치는지, 그리고 변경 사항이 생긴다면 (당신은 변화가 생길 것을 알고 있다) 그것이 당신에게 어떤 영향을 미칠 수 있는지에 대한 기이한 감각을 갖는 것을 의미한다. 코너에 서있는 차가 우회전을 하면? 그 차가 옆으로 빠져

나가면? 당신이 두 블록 아래에 있는 신호등을 통과하기 전에 신호등이 노란색으로 바뀌면? 멈출 시간이 충분한가? 옆에 있는 트럭이 차선을 변경하기로 결정하면 운전사가 당신을 볼 수 있는가? 상황 인식이란 운전자가 집으로 무사히 복귀할 수 있는 결정을 얼마나 잘 내리는지에 대한 문제다. 상황 인식 부족은 인적 과실과 관련된 교통 사고의 요인으로 꼽힌다.

따라서 이를 향상시켜야 할 꽤 좋은 이유가 있다. 당신의 직장 생활에도 도움이 될 수 있다.

핵심은 서술의 끝에 있는 '달라진 변수' 부분이다.

변수는 고등학교 대수학을 통과하는 데 큰 부분을 차지했다. 변수가 달라지면 방정식의 답도 바뀐다. 변수는 여전히 당신 삶의 큰 부분이다. 어떤 상황에서도 하나의 달라진 변수가 모든 것을 바꿀 수 있다.

당신이 스토리를 작성 중이라고 상상해보라. 모든 세부 사항은 답변이 필요한 의문을 제기한다.

달리고 있는 잭을 소개한다. 그는 왜 달리고 있는가? 왜냐하면 그는 겁을 먹었기 때문이다. 무엇 때문인가? 곰이다. 그래, 그는 숲 속에 있다. 왜 거기 있는가? 소풍을 왔다. 혼자 왔는가? 여자와 왔다. 여자는 어디 있나? 그녀는 죽었다. 곰이 그녀를 죽였는가? 아니, 연쇄살인마가 그녀를 죽였다. 이건 내가 예상했던 것과는 매우 다른 스토리다. 그래, 알고 있다.

계속해서, 첫 번째 사실은 잭이 달리고 있다는 것이다. 스토리를 말하는 것만으로는 충분치 않다. 그러나 모든 새로운 사실은 또 다른 질문으로 이어지며, 모든 질문의 답을 얻기 전까지는 전체 스토리를 이해할 수 없다.

당신이 작성한 모든 서술은 질문을 불러일으킨다. 훌륭한 커뮤니케이터는 그 질문에 답을 한다. 훌륭한 커뮤니케이터는 각각의 새로운 정보가 도입될 때 받는 사람에게 어떤 변화가 있는지 안다.

내가 유리업체 직원 에드에게 이메일을 보냈을 때, 모든 새로운 정보는 그에게 달라진 변수였다. 내가 유리 한 장을 교체해야 한다고 말하면, 그는 그것이 어떤 종류의 유리인지 궁금해할 것이다. 홑창의 창문에 필요한 것이라고 말하면, 그는 창문의 사이즈를 궁금해할 것이다. 내가 그 질문에 답을 하면, 그는 집에서 창문의 위치를 궁금해할 것이다. 잠재 고객으로서 내가 해야 할 일은 에드가 나를 돕기 위해서 필요한 모든 정보를 전달하는 것이었다.

이론상 내가 작성한 사실들로 인해 발생한 모든 질문에 답했다면, 스토리가 자연스럽게 결말이 날 때쯤이면 에드는 자신이 필요로 한 모든 것을 얻게 될 것이다. (그렇게 밝혀진 것은 아니지만, 곧 더 많은 것들이 전달될 것이다.)

이래서 커뮤니케이션이 상황 인식과 유사하다. 커뮤니케이션은 단어의 결과로 무엇이 바뀔 수 있는지 알고, 이에 대처할 계획을 세우는 것이다. 그리고 당신이 무엇을 놓치고 있는지 알아내는 방법을 배우는 것이다.

여기 결정적인 사실이 있다. 디자인에서도 마찬가지다.

디자인은 생태계다. 한 가지를 파괴하면 다른 것도 파괴한다. 디자이너의 일은 무엇이 어떻게 파괴될지 예측하는 것이다. 그리고 필요하다면 그 변화에 대처하기 위한 계획을 세우는 것이다. "달라진 변수"라는 개념은 디자인과 커뮤니케이션에서 수행하는 거의 모든 작업의 핵심이다.

이 책에서 당신이 딱 한 가지만 완전히 익힌다면, 그건 커뮤니케이션이어야 한다. 커뮤니케이션에 숙달하면 자연스레 디자인을 더 잘하게 될 것이기 때문이다.

이해를 위한 읽기

대부분의 사람은 자신의 커뮤니케이션에 50%만 책임이 있다고 생각하는 것 같다. 그들의 일은 그들이 커뮤니케이션하는 사람에게 중요한 것이 아닌 오로지 그들이 중요하다고 느끼는 것을 커뮤니케이션하는 것이다.

당신은 자신의 커뮤니케이션에 대해 100%의 책임이 있다. 누군가가 질문이 있다면, 대개 당신이 먼저 정보를 제공하지 않았기 때문이다. 누군가가 이해하지 못한다면, 대체로 당신이 이해시키지 못했기 때문이다. 그리고 완벽하게 명확해진 무언가를 당신이 받아들이지 못한다면, 그건 당신이 듣지 않았기 때문이다.

그리고 그건 짜증나는 일이다.

에드에게 최대한 명확하게 커뮤니케이션하기 위해 내가 아는 모든 기술을 사용했음에도 불구하고, 내가 통제할 수 없는 커뮤니케이션 방정식의 한 부분이 있었다. 바로 그의 독해력이었다.

에드는 내가 작성한 것의 대부분을 무시했다. 그는 또한 내가 피트(작은 따옴표로 표현)와 인치(큰 따옴표로 표현) 표시의 차이를 모른다고 생각했다. 그리고 내가 단층집에 산다고 한 부분을 건너뛰었다. 내가 말한 여러 개의 작은 유리로 구성된 프레임 안에 들어가는 창이 아니라 하나로 된 거대한 창이 필요하다고 생각했다.

요즘 많이 보이는 문제로 꽤나 좌절감을 느끼게 한다. 소셜 미디어와 현대 문화의 전반적인 나르시시즘 때문에 자신 외에는 다른 것에 귀 기울이는 사람이 없다고 비난하는 뻔하고 괴팍한 노인네로 변하는 대신에 난 이 부분을 건너뛰고 왜 이것이 문제가 되는지를 지적하겠다.

그것은 당신의 존경심을 빼앗을 것이다.

디자인 프로젝트를 진행하면서 주변 사람들이 답변을 반복하고 당신이 이미 알고 있어야 하는 것을 계속해서 상기시켜야 한다면, 그들은 당신을 디자인 리더로 신뢰할 수 없다. 정보를 처리할 수 없다면 당신은 신뢰를 얻을 수 없다. 만약 이메일을 읽고서 궁금한 점이 있다면, 답을 찾기 위해 다시 한번 읽어보라. 대화 중에 혼란스럽다면, 지금까지 들었던 말을 다시 말해봐라. 문장을 읽은 후에는 글이 말하는 것을 문자 그대로가 아니라 글이 의미하는 바와 전달하는 정보를 스스로에게 되새기는 습관을 들여라. 그런 힘을 길러라. 당신에게 큰 도움이 될 것이다.

쉽게 이해시키기

이 모든 것을 잠시 동안 연습한 후에 운이 좋다면 몇 가지 흥미로운 이점을 알게 될 것이다. 첫번째는 이해를 위한 읽기의 정반대다. 쉽게 이해할 수 있게 만드는 것이다.

시간이 흐르면 가장 이해하기 쉬운 문장이 짧은 문장이라는 것을 알게 될 것이다. 하나의 주어, 동사, 마침표를 포함하는 문장이다. 긴 문장은 쫓아가기가 어렵다는 것을 알게 될 것이다. 종종 문장의 끝에 도달하면, 문장 앞부분에서 일어난 일을 잊게 된다. 사람들은 자신이 좋은 커뮤니케이터라는 것을 보여주려고 할 때 이런 식으로 길게 쓴다. 그들은 사실과 과장된 단어들이 너무 빽빽하게 들어간 문장을 사용해서 모든 사람들이 읽기에 어려움을 겪는다. 아이러니하고 슬픈 일이다.

문학사에서 가장 존경받는 작가 중 한 명인 어니스트 헤밍웨이Ernest Hemingway는 4학년도 읽을 수 있는 수준으로 글을 썼다. 그의 글에서는 2음절 단어를 찾는 것이 때로 어려울 수 있다. 그렇게 한 것은 그가 4학년 수준으로 읽었기 때문이 아니라 단순함이 이해를 낳기 때문이다. 사실, 8학년 읽기 수준 이상으로 글을 쓰는 유명한 작가는 거의 없다. 평범한 언어와 간단한 정보가 포함된 짧은 문장은 과장되지 않고 항상 더 효과적이다.

당신이 정보 수신자로서 이 사실을 알아차리면, 이것을 정보 전달 장치로 이용할 수 있다. 당신은 스스로 간결해지는 법을 배울 수 있다. 일상적인 대화의 일부였던 매듭을 풀고 간단한 단어와 구절로 구성된 명확하고 짧은 요점을 통해 당신이 말하는 모든 것을 다른 사람들이 이해하도록 돕는 방법을 배울 수 있다.

명확함과 간결함은 깔끔한 커뮤니케이션이기 때문에 깔끔한 디자인의 핵심이다. 이해를 위해 읽고 듣는 법을 배우면, 이해시키기 위한 글을 쓰고 말하는 법을 익힐 수 있다.

무엇뿐만 아니라 어떻게 그리고 언제

나는 최근에 거듭되면서 소모적인 문제가 있는 디자인 에이전시와 함께 몇 가지 자문 업무를 수행했다. 그중 하나는 아주 쉽게 해결 가능했다. 그리고 그것은 커뮤니케이션의 방법뿐만 아니라 시기가 왜 중요한지 보여준다.

몇 명 안 되는 아주 작은 에이전시였고, 주요 클라이언트는 작은 마을의 소규모 사업체인 영세 소매점이었다. 디자인 및 개발 인력 중에는 주로 사업 개발을 담당하는 설립자, 태스크와 일정을 할당하고 관리하는 프로젝트 매니저, 계약 체결 후 클라이언트와의 주요 연락 창구가 되는 영업 관리자가 포함됐다. 그들 모두는 클라이언트와 정기적으로 접촉했다. 디자이너와 개발자는 개발에 있어서 협력할 것이고, 다른 모든 사람은 웹 사이트에 무엇이 있거나 없어야 하는지에 대한 자기 참조적인 의견과 요구 목록을 갖고 있는 클라이언트를 상대한다. 때때로 디자이너는 좋은 디자인 작업을 위해 예외를 인정하고, 클라이언트의 요구에 반하는 디자인 결정을 내리곤 했다 (정당한 사유로).

이러한 결정이 실행된 후에는 어리석고 끔찍한 일이 일어날 것이다. 클라이언트는 이틀 후에 화가 나서 고집을 부리며 온갖 요구와 근시안적 주장으로 무장한 채 돌아올 것이다. 특히 "난 이걸 이런 식으로 하길 원한다." 와 같은 말을 하면서 말이다.

에이전시 설립자, 프로젝트 매니저 또는 영업 관리자는 이러한 폭언을 듣고 나서 이를 다른 누군가의 일거리로 변환하고, 본질적으로 에이전시의 일은 클라이언트의 비즈니스에 도움이 되는 일을 하는 것이 아니라 클라이언트가 원하는 일을 하는 것이라는 아이디어를 받아들인다. 클라이언트와의 언쟁은 없었다. 클라이언트는 원하는 것을 얻어야 한다고 생각하는 듯했다.

이 상황에서 잘못된 부분이 상당히 많지만, 이 장에 관련된 것에 초점을 맞추겠다.

디자이너의 결정이 실행된 후부터 클라이언트의 이어지는 폭언 사이의 이틀 중 어느 시점에서 몇몇 사람들이 주도할 기회가 있었으나 그렇게 하지 못했다. 그들은 클라이언트에게 전화를 걸어 디자인 결정 이면의 생각을 설명하고 나서, 그 결정이 사이트 디자인에 어떻게 반영됐는지 자세히 설명할 기회가 있었다. 하지만 아무도 그렇게 하지 않았다. 대신 클라이언트가 디자인을 직접 확인하고, 이틀 동안 속을 태우고, 고집을 부리고, 화를 내고, 전화를 걸고, 에이전시의 모든 사람이 변론하게 했다.

축구 경기에서는 수비 전략을 통해 이길 수 있지만, 디자인은 축구가 아니며 모든 것을 이기는 유일한 방법은 점수뿐이다.

단순히 클라이언트에게 전화를 걸어 디자인 근거를 설명하면 디자이너가 상황을 책임지게 된다. 클라이언트가 비즈니스 이익과 디자인 원칙에 명백히 반하는 요구를 할 때, 당신은 그 요구에 맞서야 한다. 그 요구가 효과적이지 않은 이유를 설명하고, 대안을 제시하며, 대안이 올바른 방향인 이유를 설명할 수 있어야 한다.

대부분의 경우 이것은 효과가 있다. 당신이 대안을 제시할 수 있을 때 클라이언트는 대체로 명확하고 논리적인 주장에 열려 있다. 심지어 그들이 열려 있지 않은 경우에도, 이 접근법은 당신을 화가 난 고객보다는 침착한 고객에게 당신의 주장을 제시할 수 있는 위치에 놓이게 한다.

무엇을 말하는지가 아니라 언제 말하는지가 중요하다. 이틀만 더 일찍 말했다면 에이전시의 되풀이되는 분노 조절 문제를 간단히 해결할 수 있었을 것이다.

더 나은 솔루션은 초보 컴퓨터 사용자가 저장 버튼을 누르는 방법을 배우는 것처럼 디자인 결정을 초기에 자주 제시하는 것이다.

초기에 디자인 근거를 자주 커뮤니케이션하면, 클라이언트는 당신의 의견에 동의할 수밖에 없다. 그들은 적이 아니라 협력자다. 기회는 첫 번째 대화의 시작부에서 출발한다. 당신이 프로젝트를 위해 선택한 프로세스를 커뮤니케이션할 때, 그들에게 따라야 할 경로를 제시한다. 전략을 커뮤니케이션할 때, 그들에게 노력해야 할 목표를 준다. 디자인 결정을 내리면서 그 결정을 커뮤니케이션할 때, 그들에게 동의할 내용을 제공한다.

만약 이 에이전시가 처음부터 프로세스를 간략히 알리고 클라이언트에게 사전에 디자인 결정을 설명한다면, 클라이언트는 화내는 것을 멈추고 감사하기 시작할 것이다.

언제When는 무엇What만큼 중요하다.

할 수 있는 일을 하라

커뮤니케이션은 항상 불완전하다. 사람의 뇌 속으로 들어가지 않고선 그들이 말하고자 하는 바를 모두 이해할 수 없으며, 100% 이해시키기 위해서 말해야 하는 모든 것을 완벽하게 예측할 수도 없다. 하지만 당신이 할 수 있는 한 많은 것에 책임을 지는 것은 확실히 대화의 본질을 바꿀 것이다. 완성하는 일, 받는 사람의 니즈는 물론 자신의 니즈를 이해하는 일, 정보를 받고 전달하는 일이 당신의 책임이라는 생각으로 모든 인터랙션에 관여한다면, 당신은 리드하는 역할을 맡게 될 것이다.

이것을 가볍게 여기지 마라. 당신은 커뮤니케이션 비즈니스에서 일하고 있다. 무엇이든 잘하기 위해서는 커뮤니케이션을 잘 해야 한다.

명확하게 생각할 수 있어야 명확하게 커뮤니케이션할 수 있다. 그리고 명확하게 커뮤니케이션할 수 있다면 리드할 수 있다. 커뮤니케이션을 잘하면 다른 디자인 결과물에서는 얻을 수 없는 것을 얻기 때문이다.

그건 바로 신뢰다.

07

주장하기

2005년에 난 UX 팀을 운영하고 있었고 한두 명의 디자이너가 추가로 필요했다. 직무기술서를 작성하고 인사 팀에 넘겨서 회사 웹 사이트에 올리고, 뛰어난 지원자들이 이력서를 손에 들고 찾아오길 기다렸다. 내가 처음 받은 이력서는 제품 개발 팀 중 한 곳에 소속된 프로그래머의 것이었다. 그는 최근에 디자인에 매료돼 깊이 파고들 기회를 원했다. 그런 기회를 기다리면서 회사 사이트의 채용 섹션을 맴돌고 있었던 것 같다. 채용 공고가 뜨자마자 그는 지원 버튼을 눌렀다.

나는 여기저기서 채용하는 타입이다. 훌륭한 디자이너에게 매우 중요한 강렬한 호기심과 다른 자질을 누군가가 갖추고 있다면, 그 사람은 UX를 더 쉽게 배울 수 있다는 측면에서 더 나아질 수 있다고 난 생각한다. 예를 들어 그 해에 난 형편없는 디자인 기술을 가진 사람을 채용했다. 하지만 그 사람은 마약처럼 디자인에 푹 빠져 있었고, 인지심리학 학위를 갖고 있었다. 꽤나 찾기 힘든 조합이었다. 다시 말해서 난 타고난 열정과 지혜를 갖춘 사람을 가르치는 것을 두려워하지 않는다. 디자이너는 항상 더 나아질 수 있다. 그들이 뇌세포를 성장시킨다거나 더 자연스럽게 야심을 키울 수는 없다.

게다가 난 한때 프로그래머였다(그만두고 디자이너가 된지 3년차). 자신의 틀을 깨고 도전하길 원하는 사람과 동질감을 느낄 수 있었다.

그래서 면접 일정을 잡았다.

그는 다소 긴장했지만 몇 가지 질문을 제법 잘 통과했다. 분명히 디자인 경험이 없었지만, 책을 읽었고 서식 디자인의 복잡성과 모든 것을 더 단순하게 만든다는 개념에 빠져 있었다. 그는 우리 모두가 시작한 지점, 즉 나쁜 것을 보고 다른 사람에게 지적하고 그것에 대해 불평하는 지점에 있었다. 다음에 무슨 일이 일어날지 모를 때, 당신이 하는 것이 바로 불평이다. 괜찮았다. 그가 노력한다면 난 포용할 수 있었다.

잠시 후 나는 그에게 여러 디자인이 그의 제안이 검토할 가치가 있음을 보여줄 수 있을 거라고 말했고, 본인의 아이디어가 가진 장점을 다른 사람들에게 설득시키기 위해 어떻게 접근했는지를 그에게 물었다. 어쨌든 그는 프로그래머였다. 전에도 이런 일을 해야 했던 적이 분명 있었을 것이다.

그의 대답 중 일부는 그 이후에도 내 기억 속에 남아있는 문장이었다.

"음, 저는 다른 사람들이 제 말을 들어줄 때까지 팔을 흔들고 소리 지르는 것을 꽤 잘 합니다."

그는 할 수 있다는 것을 증명하려는 듯 팔을 휘저으며 말했다. 그리고 실제로 그는 완벽하게 팔을 흔들 수 있는 것처럼 보였다.

하지만 난 그를 채용하지 않았다. 팔을 흔드는 것은 내가 원했던 만큼 매력적이지 않았다. 그것은 그다지 우아하지 않았다. 그의 팔 흔들기가 관심을 끌지 못한 것은 순전히 수사법[1]의 부족 때문이다. 자신이 채용돼야 하는 이유를 설득해야 하는 인터뷰에서 그의 수사법이 애시당초 성공 가능성이 전혀 없었다면, 내가 회사의 대규모 개발 부서에 디자인의 중요성을 납득시키는 데 그가 도움이 될 것 같지 않았다.

왜 이 이야기가 내 머리 속에 오랫동안 박혀 있었을까?

---

1   rhetoric, 설득의 기술 - 옮긴이

이 이야기의 우스꽝스러움에도 불구하고, 이 질문에 더 잘 대답할 수 있는 디자이너를 많이 만나지 못했기 때문이다.

수사법

클라이언트에게 전화를 걸어서 무언가를 추천할 때 느끼는 긴장감을 알고 있는가? 그들이 이유를 궁금해할 것이라는 걸 알기 때문에 당신은 설명을 해야 할 것이다. 그리고 그 설명은 대부분 "보통 그런 식으로 합니다", "이렇게 하는 것이 맞는 것 같습니다"와 같은 논리에 근거를 둘 것이다. 그리고는 말을 더듬을 것이다. 마찬가지로 모호하고 어색한 소리로 시작하고 끝나는 단어들의 이상한 반복 속에서 답변 주위를 맴돌게 될 것이다.

많은 경우, 클라이언트는 당신의 추천을 받아들이겠지만 왜 그래야 하는지 의아해할 것이다. 잠시 동안 불신을 보류할 것이다. 그리고 나서 프로세스가 끝날 때, 당신의 작업에 대한 만족 여부를 결정할 것이다. 만족 여부는 아무도 알 수 없다.

정말 끔찍한 기분이다. 모든 프로젝트는 물론이고 단 한 번이라도 마주하게 된다면 끔찍할 것이다. 그런데 당신은 왜 이걸 계속 반복하는가?

더 좋은 방법이 있다.

허둥지둥하는 대신 견고한 논거를 준비한 채로 전화를 걸 수 있다. 이전 장에서 언급한 일관성 없는 생각을 질서 있고 논리적인 이야기로 바꾸는 템플릿과 마찬가지로 각각의 이유를 생각해보고 사례로 정리해 당신의 추천에 대한 효과적인 주장을 준비할 수 있다.

"항상 그래왔던 방식입니다" 또는 "다른 사람들이 하는 방식입니다", "그것이 최선의 관행입니다"와 같은 단어를 어떤 식으로든 변형해서 사용하지 않는 것에서 출발하라. 이 단어들에 과도하게 의존하기 쉽다. 디자인 작업에서 이러한 비논리에 기대는 것만으로도 이미 부적절하다. 클라이언트가 그 부분을 감내하게 하고, 당신이 하는 일이 뭔지 당신이 알고 있다고 그냥 믿게 만드는 것은 훨씬 더 나쁘다.

클라이언트를 진정으로 설득하기 위해서는 증거를 기반으로 하고, 프로젝트의 주변 요소를 고려하는 명료하고 일관된 논거를 능가하는 것이 없다.

수사법은 디자이너로서 가질 수 있는 매우 중요한 기술 중 하나다. 디자이너는 커뮤니케이션 비즈니스 외에 설득 비즈니스에도 속한다. 사람들이 그것을 사용하도록 설득할 수 없다면 디자인이 어떻게 제 역할을 할 수 있겠는가? 사람들에게 자신의 인사이트와 아이디어를 확신시킬 수 없다면 디자이너가 어떻게 효과적일 수 있겠는가?

그런데,

설득력이 있는 사람도 자신이 어떻게 설득하고 있는지, 또는 설득 기술이 업무에 얼마나 중요한지, 왜 중요한지를 반드시 알지는 못한다.

수사법을 완전히 완전히 익히는 것은 리딩에 필수적이다. 그것은 당신이 그들의 지시에 굴복하기보다는 최종적으로 좋은 논쟁으로 돌아올 수 있다는 것을 의미한다. 수사법은 당신이 입장을 정하고, 심지어 처음부터 추천을 할 수 있는 힘과 자신감을 준다. 아는 것만으로는 충분하지 않다. 그들과 커뮤니케이션할 수 있어야 한다. 당신이 무얼 하든 간에 당신은 세일즈를 하고 있는 셈이다.

이 장에서는 몇 가지 판매 기술을 소개한다.

경청하기

한번은 나와 함께 일하는 에이전시에서 세상 간단한 브로셔웨어[2] 사이트 프로젝트를 내게 건넸다. 클라이언트는 주택 건축 자재의 독립적인 B2C

---

2   brochure-ware, 브로셔를 단순히 인터넷 포맷으로만 변환 – 옮긴이

리셀러였다. 간단히 말해서, 그들은 제조업체와 도매업체로부터 제품을 구입하고 대형 창고를 통해 소비자에게 직접 재판매했다. 기본적인 소매 사업이었다.

에이전시에서 도움을 요청했을 때, 클라이언트가 필요로 하는 것은 회사와 업무에 대한 몇 개의 페이지를 위한 기본 디자인뿐이라는 말을 들었다. 그들은 일반적으로 온라인이 아닌 현장에서 고객을 돕기 때문에 사이트는 구체적이지 않은 상위 수준의 정보를 공유하기 위한 것이었다. UX 측면에서는 프로젝트라고 보기 어려울 정도였다. 클라이언트가 전달하고자 하는 메시지와 정보가 무엇인지 파악한 다음에 이에 대한 몇 장의 페이지를 디자인하는 간단한 문제일 것이다. 길어야 하루면 충분할 것이다.

이에 관한 이야기를 나누기 위해 클라이언트에게 전화를 걸었을 때, 나는 비즈니스와 운영 방식, 웹 사이트에 대한 목표에 대해 몇 가지 질문을 하는 것부터 시작했다. 그때 상대방은 에이전시의 상황 분석과 다소 어긋나는 말을 했다.

"고객들과 마당을 함께 거닐 때 지금 쓰고 있는 브로셔를 대체하는 용도로 사이트를 사용하고 싶어요."

"죄송한데, 뭐라고 말씀하셨나요?"를 포함해서 난 더 많은 질문을 했다.

통화를 마칠 때쯤에는 프로젝트의 형태가 완전히 바뀌었다. 클라이언트는 고객과 함께 걷고 이야기 나누면서 메모를 적고 양식을 작성하는 종이 브로셔 기반의 프로세스에서 영업 사원이 iPad를 사용해서 고객이 원하는 정확한 제품을 선택하고 즉시 주문할 수 있는 옵션과 함께 그에 대한 견적을 뽑는 프로세스로 전환하기를 원했다.

오, 그렇다면 조금 더 많은 작업이 필요할 것이다. 클라이언트가 원하는 것이 무엇인지 에이전시가 정확히 알고 있는지 궁금해졌다.

"클라이언트는 전체 브로셔를 온라인에 올리고 영업 사원이 아이패드를 사용해서 견적을 내고 주문할 수 있도록 만들고자 한다는 것을 알고 있었나요?"라고 에이전시에 물었다.

"음, 아니오." 에이전시가 말했다. "앞서 우리에게 말해준 것보다 훨씬 더 큰 프로젝트가 될 것 같네요."

클라이언트가 에이전시에 말한 것보다 훨씬 더 큰 프로젝트는 아니었다. 이전에 에이전시가 들은 것보다 클라이언트가 원하는 것이 무엇인지 훨씬 더 명확하게 이해한 것이었다.

차이점이 보이는가? 경청의 가치에 대한 또 다른 증거다. 종종 클라이언트는 어떻게 표현해야 할지 모르는 것을 말하려고 한다. 디자이너로서 당신의 임무는 종종 감지하기 힘든 것을 가려내고 명시되지 않은 진실을 끌어내는 것이다.

클라이언트는 앞서 이 모든 것을 말했다. 같은 단어를 사용하지는 않았을 수도 있다. 사람들은 시간이 지나면서 설명을 더 잘하게 되며, 첫 번째 시도에서 항상 능숙하진 않기 때문이다. 그러나 같은 수준, 말하자면 아주 약간의 강조를 하며 그렇게 말했을 것이다.

클라이언트는 이런 식으로 통화를 시작하지 않았다. 그가 자신이 원하는 걸 강조해야 한다는 것을 알았는지도 알 수가 없다. 자신이 원하는 것이 무엇인지 정확히 알고 있었을 가능성이 높지만, 에이전시가 모르고 있었다는 사실은 전혀 알지 못했다. 분명 에이전시는 클라이언트의 마음이나 무언가를 읽어냈어야 했다. 클라이언트도 보통 그렇게 생각한다.

"클라이언트가 전에도 그런 말은 한 적이 있어요. 그런데 꽤나 오래 전인 것 같아요. 그가 말하는 건 정말 말이 안 돼요." 라고 에이전시가 말했다.

분명 커뮤니케이션 공백이 있었다. 6장을 먼저 읽었어야 했다.

무슨 일이 일어났든 간에 디자인의 중요한 측면을 상기시켜 줬다. 해결책에 대한 의견을 내기에 앞서 문제가 무엇인지 알아야 한다. 그리고 그건 경청을 의미한다.

그래, 모두들 항상 당신에게 경청하라고 한다. 클라이언트의 말에 귀 기울여라. 사용자의 말을 귀담아 들어라. 중요한 다른 이의 말을 들어보라. 그들은 당신이 유치원에 다닐 때부터 경청에 대해 이야기했다. 모두가 말하고 싶어하지만, 듣길 원하는 사람은 없다.

이 말에 덧붙이고 싶진 않지만, 일리가 있다. 좋은 논거를 형성하는 데 있어서 듣는 것은 천금과 같다. 나는 상황을 이해하고, 시작하기 위해 몇 가지 추가 정보가 필요하다고 믿고 전화를 걸었다. 결국 나는 완전히 다른 프로젝트를 진행하고 있었다. 더 큰 돈이 되는 프로젝트였다.

듣는 게 이득이다.

(당신이 정해진 급여를 받는 사내 디자이너라면 해당이 없겠지만, 아이디어를 얻는 데 도움이 된다.)

경청은 실제로 프로젝트의 제약이 무엇인지, 클라이언트의 관심사와 목표가 무엇인지 알아내는 데 도움이 된다. 그것은 당신이 이미 올바른 논거를 갖고 있는지, 혹은 무엇을 주장해야 하는지 알기 전에 수정할 필요가 있는지를 확인하는 데 도움을 준다.

또한 클라이언트가 다른 사고방식을 갖도록 도와줄 수 있다. 대화 상대방에게 당신이 들은 내용을 다시 말하는 것은 당신이 제안하려고 하는 아이디어를 클라이언트가 받아들이게 만드는 가장 좋은 방법일 것이다. 그것은 존중을 보여준다. 그것은 앞으로 있을 당신의 추천이 클라이언트의 니즈와 밀접한 관련될 것임을 보여준다.

묻기

한번은 텍사스 오스틴에서 열린 행사에서 당시 랙스페이스^{Rackspace}의 디자인 부사장이었던 해리 맥스^{Harry Max}의 옆방 앞에 놓인 의자에 앉아 있었다.

그는 웹 최초의 쇼핑 카트를 디자인한 사람으로 영원히 기억될 사람이다. 우리는 이야기를 나눴고, 토론장에서는 누구든 질문할 수 있었다. 수십 명의 눈이 우리를 쳐다보고 있었고, 우리 둘 다 다음에 어떤 질문이 나올지 전혀 몰랐다. 3번째 혹은 4번째 질문은 우리를 긴장하게 만들었다.

"누구를 채용해야 할지 어떻게 알 수 있나요?"

UX 지원자들을 모아서 만나고, 악수하고, 질문에 대답할 때 당신이 UX에 대해 전혀 모르거나 UX의 성공을 평가하는 방법을 알지 못하는데 누가 좋고 누가 나쁜지 어떻게 알 수 있는가?

그것은 내가 지금까지 청중에게 받은 가장 좋은 질문들 중에 하나였다.

대답하기 쉽지 않은 질문이다. 책은 UX의 실제 의미, 이유, 비즈니스에 미치는 영향, 비즈니스 또는 프로젝트에 필요한 기술을 다룰 수 있다. 그리고 앞서 다룬 것처럼 직책에 UX를 넣은 사람들은 매우 다양한 배경을 갖고 있다. 일부는 인지 심리학 학위를 갖고 있으며 사용성 전문가다. 일부는 어제 그래픽 디자인 학교를 막 졸업했다. 몇 년 동안 이 일을 해 온 사람도 UX 담당자가 미화된 와이어프레임 제작자에 불과하다고 생각하는 조직에서 왔을지도 모른다. 채용 관리자는 서로를 구별할 수 있어야 한다.

물론 지원자의 이력을 참고해서 판단할 수 있다. 하지만 그 사람이 그러한 경험을 통해 얼마나 잘 했는지는 알려주지 않는다. 어떤 사람은 적은 경험으로도 많은 일을 할 수 있다. 어떤 사람은 많은 경험에도 불구하고 얻은 것이 거의 없다.

포트폴리오가 이력서보다 낫다. 하지만 지원자가 포트폴리오의 사례에서 무엇을 했는지 설명할 수 있는 경우에만 그렇다. 디자이너는 문제에 접근한 방법을 설명하고, 프로젝트의 목표를 디자인에 담아내고, 디자인 결정을 프로젝트 산출물에 반영할 수 있어야 한다. 그렇지 않다면 포트폴리오는 쓸모가 없다. 스크린샷만 봐서는 UX 전문가가 프로젝트에서 무엇을 했는지 알 수 없다. 디자이너는 스토리를 말해야 한다.

디자이너가 좋은 스토리를 들려주고 전체 프로세스를 우아하고 명료하게 설명할 수 있다고 해도, 포트폴리오나 업무 이력보다 중요한 한 가지가 있다.

그것은 지원자들 중에서 훌륭한 UX 전문가 혹은 그렇게 될 잠재력을 지닌 사람을 선택할 수 있는 유일한 방법이다.

가장 좋은 질문을 하는 사람을 찾아라.

이 문장에서 어느 한 부분만 강조하지 말아라. '가장all', 그리고 '좋은best' 이라는 두 가지 핵심이 있다.

5장에서 다룬 것처럼 UX 담당자는 사용자, 비즈니스, 관심사, 니즈, 사전 결정, 팀, 목표에 대한 질문을 던진다. 질문을 하는 이유는 호기심이 강하고, 답변을 통해 그들이 진행하려고 하는 일을 이해하는 데 도움을 얻을 수 있기 때문이다. 좋은 디자인 결정을 내리는 데 사용 가능한 프로젝트의 비전을 향해 일하길 원하기 때문에 질문을 한다.

단순히 질문을 하는 것만으로도 그들은 이 모든 것을 할 수 있다. 그리고 한 가지 더 있다.

질문을 통해 디자이너는 일관된 주장을 형성할 수 있다. 묻는 것은 듣는 것만큼 중요하며, 듣기의 일부다. 묻는다는 것은 허점을 찾아내고 이에 대한 찬반 논쟁이 형성될 수 있는 햇빛 속으로 점점 더 많은 정보를 끌어내는 것을 의미한다.

질문하는 디자이너는 학습하는 디자이너다.

다음에 면접에 들어가면, 많은 질문을 하라. 다음 번에 정보에 기초한 결정을 내려야 하면(디자이너로서 일상적이다), 많은 질문을 하라. 나쁜 생각, 변덕, 누군가의 편견, 본인의 편견으로부터 벗어나고 싶다면 많은 질문을 하라.

지식의 단계

그날 밤 해리 맥스와의 대화에서 우리는 커뮤니케이션에 관해 이야기를 나눴다. 그는 사람들이 커뮤니케이션에 대해 100% 책임이 있지만 자신은 50%만 책임이 있다고 생각한다는 아이디어를 나에게 처음으로 분명하게 설명한 사람이다. 그는 또한 내가 생각하지도 못한 것, 즉 의문을 제기하는 프로세스를 제대로 설명해준 사람이기도 하다.

사람들은 지식의 단계를 거친다고 그가 설명했다. 처음에는 무의식적인 무능력Unconscious Incompetence 상태에 있다. 기본적으로 자신이 무엇을 모르는지 모른다. 하나의 주제에 대해 수많은 사실이 존재하는데, 그것이 무엇인지, 심지어 존재하는지조차 모른다. 이 시간 동안 당신은 일반적인 질문을 많이 한다. 이 질문들은 라이플총과 같다. 크고 넓은 영역을 맞추려는 희망을 갖고 사방으로 총알을 발사한다.

무의식적인 무능력 ➡ 의식적인 무능력 ➡ 의식적인 능력 ➡ 통달

이러한 질문에 대한 답이 많을수록 의식적인 무능력Conscious Incompetence 쪽으로 더 많이 이동한다. 이 단계에서 당신이 얼마나 많이 모르는지 알게 된다. 주제의 크기와 범위를 보기 시작하고, 당신이 무엇을 이해하고 무엇을 이해하지 못하는지 깨닫는다. 당신의 질문은 주제의 특정 측면에 초점을 맞추기 시작하므로 관련이 있다고 생각되는 각 측면에 대해 더 많이 배울 수 있다.

점차적으로 당신은 의식적인 능력Conscious Competence으로 이동한다. 이것은 당신이 주제 분야에 대한 적절한 지식을 가지고 있고 그 안에서 실제로 수행할 수 있음을 의미한다. 주제에 대해 어느 정도의 정보를 갖고 이야기하고, 세부사항을 더 깊이 고려하고, 조치를 취하고, 결정을 내릴 수 있다.

이것은 한 번의 대화에서도 발생할 수 있다. 작은 주제의 경우, 실무 지식

으로 가는 길을 매우 빠르게 찾을 수 있다. 큰 주제의 경우에는 몇 주, 몇 개월, 몇 년이 걸릴 수 있다.

직업의 경우라면 보통 몇 년이 걸린다. 디자인 학교를 시작하면 무의식적 무능력 단계에 있게 된다. 졸업할 때쯤이면 의식적인 무능력 상태에 가까워져야 한다. 지금은 알겠지만, 한동안은 제대로 이해하지 못하거나 제대로 하지 못할 것이다. 당신이 얼마나 잘 배우고 어떤 종류의 프로젝트에 참여했는지에 따라 1~2년 안에 의식적인 능력에 접근할 수 있다.

한 번의 대화, 심지어 몇 달 사이에 일어날 수 없는 일은 마지막 단계인 통달Mastery이다. 이것은 수년간 질문하고, 일하고, 경험을 쌓고, 주제의 모든 측면을 살펴본 후에 나온다. 자주 인용되는 말콤 글래드웰Malcolm Gladwell의 책인 『블링크』(김영사, 2020)에 따르면 통달 단계에 이르는 데 10,000시간 이상이 걸린다고 한다. 대부분의 사람들에게 그것은 수년간의 작업이다.

당신이 이 모델을 어디에 적용하든 그것은 질문에 초점을 맞춘다. 당신이 인생에서 하는 모든 학습에는 질문을 하고 답하는 것이 포함된다. 비록 질문이 명확하지 않고, 당신이 무언가를 배우려고 나서지 않았더라도 말이다. 어느 날 아무 생각 없이 뉴스를 읽다가 자신이 묻는지도 몰랐던 질문에 대한 답을 얻게 될 수도 있다.

답은 당신에게 연료를 제공한다. 답은 당신의 의견을 형성하고, 당신이 인용할 수 있는 증거를 제공하며, 당신이 주장을 형성하게 한다.

실용적인 측면에서 프로젝트 초반에 이것이 어떻게 작동하는지 고려하라.

처음에는 폭넓은 질문을 많이 한다. 더 많이 배울수록 당신의 질문은 더 구체화된다. 더 많이 물어볼수록, 결정을 내릴 수 있는 정보로 무장하게 된다.

좋은 UX 전문가는 항상 의식적인 능력에 도달하길 원한다. 위대한 UX 전문가는 통달에 이르길 원한다.

다시 말하기

답변을 최대한 활용하기 위한 몇 가지 즉각적인 조언이 있다.

소리 내어 다시 말하라. 몇 가지 이유가 있다.

첫째, 답변을 해준 사람이 당신이 대답을 제대로 들었다는 것을 알 수 있게 도와준다. 둘째, 당신이 답변을 확실히 이해하게 해준다. 셋째로 그리 흔하지는 않지만, 가끔 일어나는 경우가 있다. 당신이 들은 답변을 다시 말하면, 답변을 한 사람이 다시 그걸 생각하게 만들 수 있다. 단순히 그 말을 듣는 것만으로도 그 사람은 대답이 뇌 속에 숨겨져 있을 때에는 들을 수 없었던 논리의 결함을 인지하게 된다.

가르치기

놀랍게도 최근에 한 클라이언트로부터 '여기를 클릭하세요'를 링크에 추가해 달라는 요청을 받았다. 그녀는 그 링크가 "암호를 잊어버리셨나요?"와 같은 질문이어서 클릭하라는 의도를 사용자가 알지 못할 까봐 걱정했다. 나는 '여기를 클릭하세요'를 포함하지 않은 이유를 설명했다.

먼저 관습이 어떻게 시작됐는지 설명했다. 초창기에는 매일 수백만 명의 사람들이 인터넷을 처음으로 사용했으며, 많은 웹 디자이너들은 마치 사용자가 처음에 웹 사이트에 접속하기 위해 수천 번을 클릭할 필요가 없었던 것처럼 '여기를 클릭하세요'와 같은 명시적인 디자인 요소를 통해 특정 웹 사이트의 사용법을 사람들에게 가르치는 것이 그들의 일이라고 생각했다. "도움이 필요하신가요? 저희에게 연락하려면 여기를 클릭하세요."와 같이 말했다. 알고 보니, 그냥 "연락주세요."라고 말할 수도 있었다.

그런 다음 나는 스크린 리더screen reader에 대해 설명했다. 꽤 많은 사람들이 일종의 시각 장애가 있어서 스크린 리더를 사용해야 하며, 스크린 리더를 사용할 때 '여기를 클릭하세요'는 아무 의미가 없다는 점을 지적했다. 링크가 어디로 이어지는지 사용자가 이해하는 데 아무런 도움이 되지 않는다. 따라서 '여기를 클릭하세요'를 사용하는 것은 사용성을 높이는 것이 아니라 감소시키는 것을 의미할 수 있다.

마지막으로 보다 주관적인 의견을 설명했다. '여기를 클릭하세요'는 오래된 관습이며, 지금 이걸 사용하면 사이트가 구식으로 보일 수 있다.

이런 것들을 설명하려면 시간이 걸린다. 그 이메일을 작성하는 데 20분이 걸렸다.

하지만 항상 그럴만한 가치가 있다. 당신에게 존경심을 가져다주고, 클라이언트에게는 존중을 보여준다. 클라이언트가 듣게 되는 것은 당신이 자신의 근거를 설명할 만큼 충분히 신경을 쓴다는 것이다. 또한 당신이 하는 모든 일에 심층적이고 사려 깊은 근거를 갖고 있음을 보여준다. 이는 신뢰를 쌓는다.

어떤 날에는 최고의 논거가 의미 없을 때도 있다. 당신의 클라이언트, 동료 및 기타 이해관계자는 다른 방식으로 수행하고자 하는 당신의 논거가 아무리 강력하더라도 그들이 원하는 일을 수행하길 원한다. 당신의 리서치는 헛수고가 된다. 당신의 증거는 변덕과 고집 앞에서 무기력해진다.

이것은 일반적으로 타이밍 문제다(6장, '무엇뿐만 아니라 어떻게 그리고 언제' 절을 참고하라). 그러나 대체로 시간을 내어 당신의 근거를 설명하면 이해관계자가 가지고 있었을지도 모르는 불안을 가라앉힐 것이다.

전반적으로 클라이언트, 동료 및 이해관계자에게 모든 권고사항을 알려주는 것은 다음과 같은 몇 가지 주요 효과가 있다.

- 당신의 추천에 대한 근거가 있음을 보장한다. 설명할 수 있다면, 충분히 생각한 것이다.
- 다른 모든 사람에게 추천에 대한 합당한 근거를 제공한다. (종종 근거가 있다는 것을 그들이 알아야 한다.)

- 장기적인 효과가 크다. 사람들에게 디자인에 대해 생각하고, 디자이너 처럼 생각하고, 사용자처럼 생각하도록 가르친다. 모든 결정은 UX에 영향을 미치므로 심사숙고해야 한다는 것을 알려준다. 이를 잘 수행하면, 시간이 지나면서 당신의 권고사항에 대한 논거를 구성할 필요가 없을 것이다. 주변 사람들이 애초에 더 나은 디자인 결정을 내리는 법을 배웠을 것이다.

교육의 이점은 교육에 소요되는 시간보다 훨씬 더 가치가 있다.

발표하기

클라이언트에게 이유를 설명하지 않은 작업을 보여주고 그 작업을 원치 않는다고 결정하게 만든 디자인 에이전시에 대한 이전 장의 이야기를 바탕으로 당신의 작업을 설명하는 몇 가지 효과적인 방법을 살펴보겠다. 경력을 쌓다 보면 모든 프로젝트에서 정확히 그렇게 할 수 있는 기회가 많이 생길 것이다. 당신이 제안한 솔루션을 듣고자 하는 이해관계자들로 가득 찬 회의실에 있을 수 있다. 웹 컨퍼런스의 무대에 설 수도 있다. 프로젝트가 어떻게 진행 중인지 보고 싶어하는 디자인 관리자와 회의 중일 수도 있다. 다른 의견이 필요할 지도 모른다. 상황에 관계없이 계획을 따르는 것이 도움이 된다.

당신의 주장을 잘 제시하고 그걸 사람들 앞에서 할 수 있다면, 논쟁할 필요가 없다. 당신의 이야기는 우려가 나오기도 전에 모든 우려를 다룰 것이다.

이런 식으로 보여진다.

먼저, 6장에서 말한 것을 기억하라. 그것은 에세이와 같은 구조를 커뮤니케이션에 적용하는 데 도움이 된다. 누군가에게 디자인 작업을 발표할 때, 그 대학 에세이 구조는 아주 훌륭할 수 있다. 따라야 할 템플릿을 제공하는 것 외에도 그 자체가 효과적인 템플릿이다. 오랜 세월에 걸쳐 유효성이 증명됐다. 논지-뒷받침하는 증거-결론의 구조는 듣는 사람에게 스토리를 들려준다.

스토리를 말하는 것이다.

스토리로 설명하기

스토리는 당신의 추천이 현실에 근거를 두게 만드는 데 환상적이다. 이를 입증하기 위해, 내 자신의 조언을 따랐던 때를 보여주는 스토리를 통해 나머지 요점을 여기서 설명하겠다.

몇 년 전 나는 사용자 리서치를 위한 예산과 일정을 실제로 확보한 보기 드문 프로젝트 중 하나에 참여했다. 최소한의 사용자 리서치지만, 그럼에도 불구하고 사용자 리서치다.

프로젝트 초기에 전략 정의 단계에서 이해관계자 인터뷰, 과거의 모든 결정사항에 대한 요약, 기존 애플리케이션의 범위 및 미래 애플리케이션에 대한 기대사항 결정과 같은 일반적인 발견 프로세스를 시작했다. 제품 팀에 피드백을 제공하는 것에 대체로 거부감이 없는 몇 명의 적합하고 신뢰할 만한 고급 사용자power user 목록을 수집했다. 모두 멀리 떨어져 있어서, Skype 통화 일정을 잡았다. 나는 그들과 대화를 나누기 전에, 이 소수의 사용자들이 대체로 협조적이지만 "변화를 싫어한다."라는 말을 들었다.

뻔한 말이다. 모든 디자인 팀이 믿는 것처럼 보이지만 실제로는 결코 그렇지 않다. 사람들은 변화를 싫어하지 않는다. 그들은 잘못 실행된 변화를 싫어한다. 일반적으로 문제는 사용자가 아니다. 변화를 도입하고 그 가치를 입증하는 방법을 모르는 것은 디자인 팀이다.

나는 같은 날 그들 모두에게 말했다. 그들의 시간을 존중하기 위해 준비했다. 내가 왜 전화를 했는지, 무엇을 배우고자 하는지, 그리고 일련의 질문에 대한 요약으로 각각의 통화를 시작했다. 질문은 거의 없었지만, 한 사람당 1시간을 보냈다. 그렇게 함으로써 즉흥적으로 진행할 시간을 확보했다. 질문이 너무 많으면 대화할 시간이 없다. 내가 사용자로부터 얻은 최고의 인사이트는 항상 내가 묻지 않은 것에 대한 그들의 의견에서 나왔다. 그들은 뭔가 특이한 말을 하고, 나는 그것에 대해 더 자세히 물어봤고, 팀에서는 중요한 것을 놓치고 있는 것으로 드러났다. (앞서 설명한 실제로는 방대한 온라인 카탈로그를 원했지만 그 사실을 표현하는 방법을 몰랐던 클라이언트처럼 말이다.)

이러한 대화는 잘 흘러갔다. 나는 내 질문을 던졌고, 그들은 대답을 했으며, 존재도 몰랐고 얻으려고 하지도 않았던 수많은 인사이트와 정보를 얻게 됐다. 나는 그들이 실제로 애플리케이션에서 무엇을 놓치고 있는지, 애플리케이션이 어떻게 실패하는지 등을 이해한다는 확실한 느낌을 갖고 통화를 마쳤다. (물론 이러한 문제를 해결하는 방법에 대한 그들의 추천은 일반적으로 다른 문제를 일으킬 수 있는 내용이었다.)

일주일 정도 지난 후, 난 견고한 전략 문서를 갖고 로우 파이 와이어프레임 작업을 시작했다. 아주 확실한 것은 없고, 기본적인 아이디어만 있었다. 각각을 사용해서 대화를 나눈 사용자, 제품 팀, 회사의 더 많은 경영진이 설명한 문제와 희망의 근원이 무엇인지 고려했다. 나는 디자인을 단순히 수정해서 천천히 출시할 수 없다는 것을 여러 차례 발견했다. 일부는 완전히 새롭게 디자인돼야 했다. 이것은 내가 '변화를 싫어하는' 사람들에게 되돌아가서 그들을 참여시켜야 한다는 것을 의미했다.

여기에 마술이나 교묘한 속임수는 없다. 중요한 변경 사항을 적용하는 것은 전략적인 활동이다.

나는 그들과 다시 Skype를 했다. 통화를 하면서 난 앞서 그 사람이 내게 했던 말들, 즉 그들이 발견한 문제, 우려했던 점, 제안한 변경 사항을 다시 정리했다. 사람마다 몇 개씩 나왔다. 내가 그랬듯이 그들은 고개를 끄덕였다. 그들이 말하는 것 같았다. 그것들 모두는 사실 내가 보아온 문제들이다. 일단 누군가 고개를 끄덕이면, 나는 디자인을 살펴보고 새로운 디자인이 이러한 문제에 어떻게 접근하는지를 동일한 순서로 보여주었다.

나 자신과 그들에게 새로운 디자인이 더 낫다는 것을 증명하기 위해, 나의 솔루션만 설명하진 않았다. 간단한 사용성 테스트를 실시했다. 스크린을 보여주고 그 사람이 특정 태스크를 수행하는 방법을 물었다. 그때마다 그들은 주저 없이 대답했다. 새로운 디자인은 실제로 훌륭하게 작동했다. 그런 다음 나는 새로운 디자인이 어떻게 다른지 그리고 그 디자인이 그들이 말했던 문제를 어떤 식으로 처리하거나 완전히 제거했는지 설명했다. 이것은 훨씬 더 많이 고개를 끄덕이게 했다.

통화가 끝날 때쯤 나는 몇 가지 디자인 아이디어를 검증하고, 사전 사용성 테스트를 실행했으며, 변화를 싫어한다고 알려진 누군가로부터 지지를 얻었다. 이들은 수많은 사용자들의 관심과 존경을 받는 고급 사용자였기 때문에 이 계획은 우리가 한 번에 하나씩 변경사항을 적용시키고 그들이 이를 지지할 거라 기대할 수 있음을 의미했다.

처음에는 적절한 소수의 사람들을 당신의 편에 두고, 나중에는 다른 모든 이를 당신의 편으로 만들어라.

요약하자면 난 리서치를 통해 전략을 알리고, 전략을 사용해 디자인 결정을 내리며, 디자인 결정을 사용해 고급 사용자에게 문제가 어떻게 해결되는지 보여준다.

이것이 UX 프로젝트가 진행되는 방식이다.

디자인과 개발에 착수하기 전에 해야 할 일이 한 가지 더 있었다. 내 결론과 권고사항을 팀원들에게 납득시켜야 했다. 그래서 다음은 슬라이드 장표가 나올 차례였다.

나는 오후에 Apple Keynote 장표를 구성해 전략을 검토하고, 각각의 사용자와 했던 통화를 설명하고 나서 와이어프레임이 어떻게 이러한 문제를 해결하고 제품의 장기적인 목표를 지원하는지를 자세히 설명했다. 더 많이 고개를 끄덕였다.

그 과정에서 내가 내린 디자인 결정과 전략 문서 간의 연관성에 대해 설명하는 것 외에도 스토리를 들려줬다. 인터뷰했던 사람들이 한 말, 특정 주제에 대해 어떻게 투덜대거나 웃었는지, 좌절감을 표현할 때 사용한 단어에 대해 이야기했다. 한 사람 한 사람에 대한 소감을 말했다. 기본적으로 4명의 고급 사용자를 모든 주제에 포함시켰다.

개발자, 디자이너, 데이터 분석가가 질문을 했다. 난 각각의 질문을 증거, 사용자에 관한 스토리 또는 다른 것으로 응대했다.

보다 중요한 디자인 변경사항이 구현되고 반영되기 몇 달 전이지만, 그 시간이 끝날 무렵에는 불안이 진정된 것처럼 보였다.

다음 날, 난 제품 관리자로부터 몇 명의 팀원이 앞으로 몇 달 뒤에 대한 그들의 순수한 설레임을 표현하기 위해 그녀의 사무실에 들렀다는 소식을 들었다. 그들은 UX 전문가와 함께 한 경험 중 최고라고 말했다. 그 다음날 아침, 제품 관리자가 나에게 풀타임으로 합류할 생각이 있냐고 물었다. (나는 거절해야만 했다. 난 한 회사에 얽매이는 유형이 아니다.)

이것은 화난 클라이언트와 함께 하는 작은 에이전시에서 겪는 것과는 분명히 매우 다른 경험이다. 하지만 나와는 상관이 없었다. '변화를 혐오'하는 사람들이 파괴의 기쁨을 마법처럼 믿게 만들 수 없다.

이 모든 것은 내가 이 직업에 몸담고 있는 오랜 기간 동안 사람들과 상황들을 거쳐 얻어낸 커뮤니케이션 전략에 있다. 변경 사항을 한 번에 하나씩 천천히 적용시키는 것이 한꺼번에 대규모의 변경 사항을 적용시키는 것보다 사용자에게 훨씬 더 쉽게 받아들여질 수 있다는 것을 배웠다. 나는 프로젝트 작업을 통해 몇 명의 사용자를 지지자로 바꾸는 것이 전면 개편에 대한 사용자 수용도에 있어서 큰 차이를 만들어낼 수 있다는 것을 알게 됐다. 사용자의 불만에 당신의 결정을 연결시키는 것이 사용자의 고개를 끄덕이게 하는 아주 좋은 방법이라는 것을 배웠다.

그것들을 모두 합치면 논쟁이 전혀 수반되지 않는 수사법에 관한 전략을 얻을 수 있다.

당신은 듣고 질문을 한다. 증거를 바탕으로 결정을 내린다. 모든 결정에 대한 증거를 설명한다. 전략을 설명하고, 모든 결정을 전략에 연관 짓고, 어떻게 결론에 도달했는지 이야기함으로써 주장을 제시한다. 그리고 지지자를 모은다.

이 장은 논쟁을 잘 하는 방법에 관한 것일 수 있지만, 이 모든 것을 실천한다면 논쟁할 필요가 전혀 없다.

방 분위기 주도하기

당신이 주장을 펼치는 동안 청중을 사로잡기 위한 중요한 팁이 하나 있다. 많은 경우에 당신의 청중들, 특히 소규모의 사람들은 도중에 질문을 하고 싶어할 것이다. 빠른 답변이 가능한 간단한 질문이라면 괜찮을 수 있다. 하지만 당신이 숙고해야 하는 것으로 당신을 붙잡거나 다른 많은 사람들이 그에 관한 의견을 갖고 있다면, 당신은 순식간에 잡초 속에 파묻힌 자신을 발견하게 될 것이다. 당신의 일관된 주장을 좌절시킬 수 있는 가장 빠른 방법은 이와 같은 것으로 당신의 주의를 다른 곳으로 돌리고, 당신이 달성하고자 했던 것을 모두가 잊게 만드는 것이다.

팁은 매우 간단하다.

사람들에게 질문을 끝날 때까지 보류하도록 요청하라. 질문을 적어주면 답을 해준다고 말하라. 그렇게 계획했다고 말하라. 그리고 나서 약속을 지켜라. 질문할 시간을 충분히 확보하라.

많은 경우, 특히 당신이 미래를 잘 예측했다면 당신은 그 과정에서 대부분의 뻔한 질문에 답을 하게 될 것이다. 그러나 이것이 모두 끝났다는 의미는 아니다. 그것은 당신이 미처 고려하지 않은 것을 누군가가 당신에게 물어본다는 것을 사실상 보장하는 것이다. 그것이 Q&A의 목적이다.

회의 도중에 이러한 것들로 인해 삼천포로 빠진다면, 다른 모든 중요한 질문에 답하지 못할 수도 있다. 회의가 1시간이라면, 마지막에 질문을 위해 10분을 남겨두라. 피드백이나 리뷰 세션을 더 많이 진행한다면 더 많은 시간을 남겨두라.

어떤 경우든 시간을 남겨두라. 질문은 당신이 놓친 것을 알 수 있는 유일한 방법이다.

뒷받침하기

다투지 않고 주장할 수 있는 또 다른 방법이 있다.

나는 이 책에서 증거의 활용을 누차 주장해왔다. 한 번 더 하겠다.

증거는 여러 곳에서 얻을 수 있다. 심리학 웹 사이트에서 읽은 연구일 수도 있고, 개인적인 관찰일 수도 있다. (디자이너로서 경험을 쌓을수록 더 신뢰할 수 있다.) 사용성 테스트의 결과일 수도 있다. 유사한 디자인 문제가 관련된 이전 프로젝트에서 불러온 데이터일 수도 있다. 신뢰할 수 있고, 결론이 적절하며, 증거와 현재 프로젝트의 연결 고리를 풀어낼 수 있다면 출처가 어딘지는 중요하지 않다.

물론 증거에는 몇 가지 주요 이점이 있다. 우선, 주장의 정당성을 혼자서 입증할 수 있음을 의미한다.

시간이 지나면서 이전에 배운 교훈을 확고한 진리, 나아가서 보편적인 진리로 받아들이는 것이 아주 쉬워질 수 있다. 당신은 5년 전에 배운 것이 여전히 유효한 것은 물론이고 모든 상황에서도 사실이라고 생각한다. 예를 들어, 다섯 명이 연속해서 입력 서식의 1줄짜리 설명을 무시하는 것을 목격했다고 가정해보자. 계속 그럴 거라고 믿기 쉽다. 그러나 점점 더 많은 프로젝트를 거치면서, 이러한 생각을 여러 차례 테스트해야 한다. 한 줄의 설명문은 단순히 한 줄의 설명문이 아니다. 폰트이며, 색상이다. 사용자가 지나칠 수 있는 것이고, 두 개의 필드 사이에 위치한 밝은 회색의 6포인트 폰트다.

텍스트인 동시에 시각적 요소다. 사용자가 이를 건너뛰는 것이 보편적 진리의 징후는 아니다. 위치를 옮기고, 색상을 바꾸고, 폰트 크기를 한두 단계 키우면 사용자에게 필요한 것이 될 수 있다. 사용자가 관련 필드를 클릭할 때 서식 바로 옆에 있는 보라색 상자 안에 표시되므로 무시할 수 없다. 서식이 요구하는 정보가 복잡하고 검색이 필요한 다른 애플리케이션에서는 이를 지속적으로 찾아야 할 수 있다. 모든 표준에는 예외가 있다. 디자이너는 사용자가 태스크 수행 중에는 읽는 것을 꺼린다고 생각하는 경향이 있다. 하지만 항상 그렇지는 않다. 그런 프로젝트를 진행 중이라면, 이 사실을 무시하는 것이 큰 손해가 될 수 있다. 초기에 당신의 가정에 대한 얼마간의 데이터를 수집하는 것은 디자인의 효율성에 큰 차이를 가져올 수 있다.

아무리 당신이 무언가를 많이 믿는다 해도 데이터는 당신이 틀렸다는 것을 증명할 수 있다. 모든 의심, 모든 가정, 모든 추측은 약간의 리서치로 입증되거나 뒤집힐 수 있다. 그리고 당신이 가장 피하고 싶은 일은 거짓된 진실을 추천하는 일이다. 자신이 옳다고 생각되면 시간을 내서 확인해보라. 온라인 기사에서 다룬 연구가 여전히 당신을 뒷받침하는지 살펴보라. 당신이 접근 가능한 데이터가 당신의 믿음을 검증할 수 있는지 확인하라.

특히 내 경력 초기에는 나중에 지워버릴 목적으로 무언가를 배운 것이 몇 차례나 되는지 셀 수 없을 정도다. 나이가 들수록 명확하고 신속한 답은 없다는 것을 더욱 깨닫게 된다. 당신이 내리는 모든 결정은 추측이다. 당신의 일은 추측의 위험을 최대한 줄이는 것이다. 어떤 것에 대해 확신이 들거나, 확신이 들지 않는다면 어떤 식으로든 그것을 증명할 증거를 찾아라. 이것은 당신의 추천에 대해 상당한 확신을 줄 것이다. 그 후에 누군가를 설득하기 위해 당신이 해야 할 일은 사실을 전달하는 것뿐이다.

따라서 두 번째 요점은 다음과 같다.

데이터는 특히 당신이 직접 확인한 후에 다른 모든 사람에게 당신의 추천을 입증하는 데 도움이 된다. 기억하라. 이 책은 UX 전문가로서 리더십을 발휘하는 방법에 관한 것이다. 만약 당신이 알고 있는 모든 사실을 숨기지 않고, 권고 사항을 숙고하고, 그 타당성을 입증할 수 있다면 사람들은 당신을 믿을 것이다. 그들은 당신을 신뢰할 것이다.

마지막으로 당신이 하는 모든 추천에 대해 검증을 위한 증거를 제시하면, 시간이 지나면서 당신의 평판이 높아지게 된다. 반대나 정치적인 문제와 같이 당신이 지금 어떤 장애물에 직면하든, 그것을 극복하는 것이 점점 더 쉬워질 것이다. 사람들은 그들 사이에 신뢰할 수 있고, 정확한 정보의 확실한 출처가 있다는 것을 알게 될 것이며, 추측보다는 정보에 의존하게 될 것이다.

시간이 오래 걸릴 것이다. 그러나 그것을 고수한다면, 효과가 있을 것이다.

항상 증거를 언급하라. 항상 지목할 증거가 있어야 한다.

이 장은 수사법을 프로젝트에 끼워 넣는 방법에 관한 것이지만, 수사법 자체에 대한 강좌로는 분명 미흡하다. 수사법의 실제 기술과 요소를 살펴보려면, 제이 하인리히Jay Heinrich가 쓴 『유쾌한 설득학』(세계사, 2008)이라는 책을 추천한다. 빠르게 읽을 수 있고, 모든 기본 사항을 소개하고 있으며, 그 책에서 저자는 자녀와 나눈 대화를 수사법의 실제 사례로 몇 차례 인용하고 있어서 전체 내용도 매력적이다.

08

리딩하기

내가 웹 업계에서 일하는 동안, UX 디렉터로서 사내 리더십 직책을 정확히 두 번 맡았다. 첫 번째 직책을 맡기 전에 난 그래픽 디자이너, 프로그래머, 교육용 프로그램 디자이너 등을 포함해 다양한 역할로 일했고, 결국에는 시장 점유율이 높은 적당한 규모의 소프트웨어 회사에서 디렉터 자리에 올랐다. 1년가량 그 회사에서 일했다. 약 9년 후 UX 디렉터로 스타트업에 몇 달 동안 합류했지만, 집을 옮기지 않기로 결정하고 나선 회사를 나왔다. 그 사이 9년 동안, 그리고 그 이후로는 UX 전략 컨설턴트로 일했다. 이 과정에서 다수, 아마도 수십 개의 회사와 함께 일하며 디자인 프로젝트와 디자인 팀을 임시로 운영하기도 했다. 때로는 며칠, 몇 주, 혹은 몇 달 동안 말이다.

나는 많은 실무 경험을 쌓았다. 다시 말해서 어떤 상황을 맞아서 잠시 동안 집중하고 나면, 내 토대를 마련하고 작업을 시작할 수 있었다.

항상 하기 어려운 것은 아니지만, 쉽지도 않다. 대개 첫날부터 방향을 잡고, 길을 인도하고, 다른 모든 사람이 따라오게 해야 한다는 압력이 가해진다. 보통 확실한 인상을 남기고, 친밀감을 쌓고, 신뢰를 얻기 위해 약간의 시간을 갖는다. 그렇지 않으면 프로젝트가 잘못될 수 있다. 만약 그렇게 한다면, 앞으로 몇 달 혹은 몇 년 동안 제품이나 팀을 만들 지속적인 가이드라인을 남겨둘 기회가 있다.

그래서 이것을 제대로, 신속하게 하는 법을 배워야 했다. 상황이 이전과 아무리 다를지라도 일관되게 수행하는 방법을 배워야 했다.

이 책 전체에서 논의한 자질과 행동은 모든 상황에서 성공에 결정적인 역할을 했다. 추천을 할 때 증거를 인용할 수 있는 능력, 경청하기, 리서치하기, 다양한 주제에 대한 일반적인 지식과 일부 주제에 대한 깊은 지식 보유하기, 어떤 제약 조건에서도 적응하고 일할 수 있는 능력, 심리학 이해하기, 프리젠테이션을 잘하는 능력이 그것들이다.

이 모든 것은 내가 클라이언트와 함께 하는 동안에 멋진 일을 해낼 수 있는지 여부에 영향을 미친다. 모든 기술은 리더가 되는 데 기여하고 당신이 신뢰와 믿음을 쌓는 데 도움을 주지만, 일부 기술은 리더에게만 한정된다.

나는 이러한 기술을 사방에서 봐왔다. 내게도 보스가 있었고, 내가 보스이기도 했고, 다른 사람의 보스와 함께 일한 적도 있다. (다른 사람의 보스와 함께한 경험은 정말 많다.) 제품 관리자, 프로젝트 관리자, UX 팀장, 디렉터, 부사장, CTO, CEO와 같이 다양한 직책을 가지고 있었고 그들 모두는 일종의 관리자였다.

그들 중에 리더는 거의 없었다.

그리고 이상하게도 리더 중에 극히 소수만이 보스였다.

나도 안다. 전부 직관에 어긋난다. 그러나 나는 당신이 보스가 아닌 사람들에게서 이러한 자질을 몇 번이나 발견했을 것이라고 확신한다. 분명 그들과 일하는 것을 정말로 좋아했을 것이다. 당신의 보스가 그들처럼 되길 바랬을 것이다.

운이 좋아서 그런 사람과 일했다면, 분명 당신은 남았을 것이다. 당신이 떠난다면, 그 사람에게서 너무 많은 것을 배웠기 때문에 그 사람이 당신을 붙들었던 기준을 지켜야 할 때라고 느꼈기 때문일 것이다.

내가 보스로 삼았던 리더들의 이름을 한 손에 꼽을 수 있다. 하지만 다른 사람들에게서 이러한 훌륭한 자질을 얼핏 본 적은 셀 수 없이 많다.

무슨 말을 하고 싶은 거냐고?

당신은 리딩할 수 있는 위치에 있다. 직책이 무엇인지는 중요치 않다. 당신이 누군가의 보스이거나 관리자 직책의 화신이어도 상관없다. 중요한 것은 좋은 UX가 구현되길 원한다는 것이다. 당신은 기준을 높이고 싶어한다. 당신은 잠재력을 발전시키고 싶어하고, 다른 사람들도 그렇게 하길 원한다.

당신은 그렇게 할 수 있다.

방법은 다음과 같다.

침착함을 유지하기

20대 초반에 난 내가 겪었던 최고의 관리자 중 한 명과 함께 비디오 가게에서 보조 관리자로 일했다. 그녀의 이름은 김Kim이었다. 당시 그녀는 30대 후반이었고, 다른 사람들과 마찬가지로 매일 비디오 가게 유니폼을 입고, 벨트에 커다란 열쇠 고리를 차고 다녔다. 그것은 순전히 필요성 때문이었다. 비디오 가게에는 많은 열쇠가 필요하다.

업무에서 큰 부분을 차지하는 업무 지시를 팀원들에게 내릴 때, 그녀는 이렇게 서 있었다. 그녀는 어깨를 앞으로 숙이고 머리를 아래로 한 상태에서 한쪽 발을 앞으로 살짝 내밀고 서 있었다. 그리고 나서 당신을 똑바로 쳐다보며, "기회가 되면, 선반을 정리하고 신작을 올려둘 수 있을까요?"와 같은 말을 했다.

그 당시에는 그녀의 그 자세가 왜 그렇게 효과적이었는지 설명하는 데 어려움을 느꼈다. 결코 오만하거나 차갑게 느껴지지 않았다. 화가 났다거나 거칠게 느껴지지 않았다. 위압감조차 느껴지지 않았다. 그녀가 당신에게 비밀을 말하는 것 같았다. 당신이 그걸 할 수 있는 유일한 사람이었기 때문에 그녀가 당신이 해주길 원했던 것처럼 말이다. 당신은 믿을 만한 사람이었다. 그녀는 당신을 믿었다.

한참이 지나서야 자세 때문이 아니라는 것을 깨달았다. 온전히 그녀의 태도 때문이었다. 그녀가 사람들에게 작업을 완료해달라고 요청했을 때, 요즘 어떻게 지내는지 물어봤을 때, 그녀가 지난주에 가족들과 한 일을 말했을 때, 당신이 어젯밤에 갔던 행사가 어땠는지 물었을 때 그녀는 다른 모든 상황에서 사용하던 흔들림 없고 차분한 어조로 동일하게 진행했다. 그녀의 심박수는 절대로 올라가지 않았다. 그녀는 더할 나위 없이 침착했다. 물품들이 도착할 것이다. 고객들은 질문을 쏟아내고, 줄은 길어질 것이다. 그녀의 목소리는 결코 높아지지 않았다. 그녀에겐 정말이지 불안이란 없었다.

그리고 모두가 그녀를 사랑했다.

직원 중 누구도 그녀에 대해 나쁜 말을 한 적이 없었다. 그들은 모든 작업을 기쁘게 수행했다. 그들은 의심의 여지없이 필요할 때 더 많은 책임을 떠맡았고, 그렇게 하길 열망했다. 그들은 그녀를 높이 평가했다. 그들은 정시에 출근했고, 스트레스 없이 퇴근했다.

그녀가 다른 회사로 옮길 때, 우리는 그녀를 위해 파티를 열었다. 보스를 위한 축하 행사는 소매업에서 흔한 일이 아니다.

내가 말하려는 것은 어쩌면 아주 기본적인 대중 심리학이지만, 짚고 넘어갈 필요가 있다. 내 경험상 많은 사람들이 자신의 행동이나 그 영향을 평가하기 위해 자신으로부터 벗어나서 스스로를 돌아보는 데 능숙하지 않다. 자, 시작해보자.

우리는 다른 사람에게 우리를 대하는 법을 가르친다.

사소한 다툼에도 자리에서 벌떡 일어날 때, 우리는 사람들에게 "우!"라고 소리치도록 가르친다. 우리가 불안해할 때, 사람들에게 우리를 피하도록 가르친다. 우리가 일을 미룰 때, 사람들이 우리를 믿을 수 없다고 가르친다. 단계적으로 중단할 예정인 제품의 기존 이슈를 처리하기 위해 모든 사람들이 가장 좋아하는 프로젝트를 CEO가 3주 동안 연기했을 때 당신이 한숨을 쉬고 눈을 뒤집으면, CEO가 당신을 리더가 아닌 성가신 존재처럼 대하도록 가르치는 것이다.

우리가 침착하고, 꾸준하고, 차분하고, 일관성이 있을 때(이런 행동에는 예외가 거의 없다), 우리는 믿을 수 있는 사람들에게 우리가 어떤 도전에도 대처 가능하며, 리더로서 신뢰받을 수 있음을 알려준다.

당신이 행동하고 반응하는 방식은 다음에 당신이 행동하거나 반응해야 할 때 다른 사람들이 당신을 보는 방식에 영향을 미친다. 모든 상황에서 침착함을 유지하라. 그러면 기회가 왔을 때 일을 처리하는 데 필요한 모든 존경심을 얻게 될 것이다.

방해 요소 무시하기

이것은 내가 스타트업에서 UX 디렉터로 일하면서 배운 것이다.

스타트업으로서 우리는 단일 제품을 가지고 있었지만, 두 개로 쪼개질 상황에 놓였다. 회사는 결국 첫 번째 제품보다 훨씬 더 많은 잠재력이 있음을 깨닫고 두 번째 제품에 모든 에너지를 집중했을 것이다. 내가 회사에 합류했을 때, 회사는 두 번째 제품을 발명하고 구체화하는 동시에 첫 번째 제품을 적당한 상태로 현상 유지시키면서 상당한 시간 동안 돈을 벌고 수익을 창출해서 두 번째 제품의 상용화 기간을 지원하는 것이 목표였다. 우리는 기존 제품이 출시돼 몇 년간 운영 중이었고 상당히 안정적이었기 때문에 별 다른 관심을 쏟지 않아도 될 것이라고 생각했다. 하지만 우리의 예상보다 더 많은 리소스가 투입됐다. 매일 회사의 미래가 될 두 번째 제품에 대한 작업을 진행해야 했고, 첫 번째 제품의 문제를 처리하는 것보다 훨씬 더 많은 시간을 들였다. 기술적 부채[1], 버그를 해결하고 경쟁력을 갖추기 위해 기능을 추가해야 했다. 몇 년 동안 이어졌을 수 있지만 예상보다 더 나쁜 상태로 밝혀졌다.

그래서 다수의 프로젝트에 참여하는 대신에 내 경력에서 두 번째로 한 가지 미션만 있는 사내 직책을 맡게 됐다. 첫 번째는 UX 팀을 꾸리고 운영하면서 엔지니어링 중심의 프로세스에서 일하는 것이었다. 이번에는 이전 모델 때문에 스트레스 받지 않으면서 제품을 발명하는 것이었다.

거의 매일, 내가 원하는 만큼의 진전을 이루지 못하게 하는 일이 일어날 것이다. 우리의 가장 큰 고객인 아무개 씨는 플래그십 제품이 무엇을 해야 하는지에 대한 세 가지 새로운 요구사항을 가질 것이다. 수석 아키텍트는 시스템에서 새로 발견된 부분에 정밀 검사가 반드시 필요하며, 이 때문에 개발팀이 새로운 제품에 대한 작업을 진행할 수 없다고 말할 것이다. CEO는 컨퍼런스에 참석할 것이라고 발표하고, 우리가 한참 뒤에나 완성할 예정인 몇 가지 향후 변경 사항을 보여줄 프로토타입을 요구할 것이다. 그 다음에는 핵심 전략 팀(나 말고도 제품 관리자, CEO, CTO를 포함)의 누군가가 이전 결정을 뒤늦게 비판하고, 나는 그 내용을 죄다 다시 설득하는 데 1시간을 쏟아야 할 것이다.

스타트업에서는 이런 일이 절대로 끝나지 않는다.

방해가 계속 이어진다.

놀라운 것은 그것 중에 아무것도 나를 괴롭히지 않았다는 것이다. 물론 어떤 날을 다른 날보다 더 답답했다. 하지만 최악의 날에도 내겐 한 가지 목표가 여전히 있었다. 난 그 두 번째 제품을 현실로 만들기 위해 거기에 있었다. 벌어지는 다른 모든 일은 방해 요소였다.

---

1 technical debt, 소프트웨어 개발 과정에서 바람직한 접근법 대신 당장 편한 솔루션을 택해 발생하는 추가적 작업 비용 – 옮긴이

갈 길이 멀 것이다. 우리가 아직 갖지 못한 리소스를 필요로 할 것이다. 많은 설득과 테스트, 검증, 리서치 및 디자인이 필요할 것이다. 하지만 그렇게 될 것이다. 그걸 가능하게 하는 것이 내 일이었다. 그리고 한 가지에만 집중하는 것은 사람에게 놀라운 영향을 미칠 수 있다.

모든 상황에 특별한 목적이 있는 것은 아니다. 전적으로 인정한다. 에이전시에서 일하거나 한 번에 여러 제품을 혼자서 디자인하는 경우, 집중하기 가장 좋은 날에 시도해 보는 것이 목적이 될 수 있다. 그러나 이러한 역할 내에서도 한 프로젝트가 다른 프로젝트보다 더 크고, 더 중요하며, 더 큰 성과를 거두는 경우가 잦다. 프로젝트가 아니라면 경력 목표, 전략적 변화, 문화적 변화일 수도 있다. 항상 집중해야 하는 것은 다른 모든 것보다 더 중요하다.

거기에 에너지를 쏟아라. 방해 요소를 무시할 수 있게 해준다. 그리고 방해 요소를 무시하면 침착함을 유지할 수 있다.

모든 사무실, 모든 회사, 매일 수많은 방해 요소가 신제품 출시, 오래된 버그 수정, 그리고 적당한 시간에 퇴근하는 것을 막을 수 있다. 방해 요소는 변덕을 응급상황으로 취급하는 관리자일 수 있다. 상을 받고 싶은 CTO의 갑작스러운 욕구, CEO의 친한 친구의 요청에 따른 디자인 수정일 수도 있다. 심지어 휴식 시간을 핑계로 여기저기를 돌아다니며 다른 사람들도 일을 못하게 만드는 복도 안쪽에 있는 남자일 수도 있다. 방해 요소의 형태와 크기는 다양하다.

그것들은 죄다 중요하지 않다.

프로젝트는 스프린트다. 제품 디자인과 관리는 마라톤이다. 안심하라. 공황과 좌절 때문에 일정이 단축되진 않을 것이다. 확실히 더 이상 즐겁게 하진 않을 것이다.

가장 중요한 것을 확인하라. 장기적으로 지켜봐라. 이처럼 한 가지에만 집중하는 것은 당신이 일을 완수하도록 이끌 것이다. 그리고 일을 마무리 짓는 것은 모두가 원하는 리더십 기술이다.

크게 말하기

사람들이 직장을 얻게 되면 재미있는 일이 생긴다. 그들은 일자리를 지키는 것에 대해 걱정하기 시작한다.

그들이 취직하기 전에 얼마나 똑똑했든지, 누군가가 그들을 채용하기로 결정한 이유가 무엇이든지간에 시간이 흐르면서 정치와 제약사항, 여러 팀의 느린 결정, 다양한 이해관계자의 활동이 그들을 압도하고, 그들을 굼뜨고, 주눅들고, 조심스러운 이전의 모습으로 되돌려 놓았다. 야망은 그들의 몸에서 빠져나간다. 위험, 대담함과 열정은 컨설턴트에게 맡겨진다.

웹 디자인에 너무나 들뜬 나머지 학교에 다니며 여유 시간에 웹 디자인을 하고, 이웃과 지역 상점을 위해 무료로 웹 사이트를 구축하고, 새로운 기사와 트렌드, 코드 프레임워크에 푹 빠졌던 사람들이 선뜻 동의하고, 위험을 회피하려 하고, 맥을 못 추는 게으른 직장인이 된다.

이러한 추세가 나를 미치게 만들기 때문에 난 여기서 강한 표현을 사용하고 있다. 이것이 당신도 미치게 만들 거라 확신한다. 어쩌면 이런 추세가 당신에게서 시작됐을 수도 있다.

컨설턴트로서 나는 종종 아주 짧은 시간에 큰 일을 해낼 거라고 기대하는 사람들에게 고용된다. 그들에겐 몇 달이나 되는 시간이 없으며, 몇 주가 늘상 있는 것도 아니다. 나는 그런 식으로 일할 수 없기 때문에 천천히 진행되는 회사 디자인을 선택하는 것도 가능하지만, 난 그렇게 생각하지 않는다. 많은 사람들이 무언가를 하는 데 얼마나 오래 걸리는지에 대해 불평하는 것을 듣는데, 난 그들이 컨설턴트처럼 행동할 수 있기를 바란다고 생각한다.

이것의 이면에는 관리자가 있다. 면접에서 아무리 똑똑하고 재능 있고 박식한 사람이라도, 이제 그 사람이 할 일은 책임을 지기보다는 느긋하게 프로젝트의 물 속에 발을 담그는 것이다.

그런 일이 일어나지 않도록 하라. 그들은 당신이 천천히 움직이길 원해서 속도를 늦추는 것이 아니다. 기업이 좀처럼 긴박함을 느끼지 못하기 때문에 그렇게 하는 것이다. 당신이 나서서 일을 처리하고 싶다면, 그렇게 하라.

누군가 당신을 고용한 건 아마 당신이 무언가를 알고 있기 때문일 것이다. 그러나 어떤 이유에서인지 당신은 고용된 후로 지식, 열정, 관심을 내세우는 것을 멈췄다. 당신은 겁내기 시작했다. 업무가 아니라 직업에 대해 걱정하기 시작했다.

음, 생각해보라.

무언가가 좋지 않을 때를 알고, 좋지 않다고 말할 수 있는 것이 당신의 일이다. 당신의 주장을 뒷받침할 수 있다고 가정하면(자신이 무엇을 하고 있는지 알고 있음을 입증할 수 있다고 가정하면), 당신의 임무는 바로 그 일을 하는 것이다.

나쁜 생각에 동조하는 것을 거부하라. 당신의 걱정, 야망, 증거, 지식을 소리 내어 표현하라. UX에 대한 열정이 당신을 여기까지 오게 했다. 그들이 지금 비용 지불을 원하지 않는다면, 벗어나라. 타당성을 중시하는 누군가가 만든 견실한 논거를 고려하지 않는 곳에서 일하는 것을 거부하라. 무언가가 부적절하고, 당신이 인사이트를 갖고 자신의 의견을 뒷받침할 수 있다면, 거리낌 없이 말할 수 있어야 한다. 그럴 수 없다면, 그렇게 할 수 있는 곳을 찾아라.

소리 내어 말하는 것이 제품과 회사를 더 좋게 만들 것이다. 이것을 무시하면, 당신은 해야 할 일의 절반만 하고 있는 셈이다.

비판 받아들이기

글을 많이 쓰다 보니 작가 모임에 가끔 나가게 된다. 그들 중 다수는 유사한 방식으로 작업한다. 사람들은 커피숍이나 도서관, 또는 다른 곳에서 방을 차지한 다음 소그룹으로 나뉜다. 읽고 싶고 비평하고픈 작품이 있다면, 차례가 될 때까지 기다렸다가 당신이 소리 내어 읽는 동안에 모두가 따라 읽을 수 있도록 사본을 나눠주라. 당신이 읽는 것을 마치면, 그룹 내 각자가 한 명씩 작품에 대한 메모를 당신에게 건넨다. 어떤 점이 효과적이고, 어떤 점이 그렇지 않은지, 고려해야 할 아이디어는 무엇인지가 적혀 있다. 이런 일이 벌어지는 동안, 당신은 듣고 메모하거나 그냥 흡수한다. 그들이 질문을 하면, 당신은 대답한다. 당신이 좋을 대로 충고를 받아들여라. 하지만 당신은 그걸 얻기 위해 여기에 왔고, 그래서 여기 있는 것이다. (위협적으로 들릴지도 모르겠지만, 그 곳에 있는 대부분의 사람들은 정말 좋을 때에도 당신만큼 고군분투하고 있다.)

최근의 어느 수요일 밤, 내가 정말로 좋아하는 작품을 쓴 한 신사가 많은 질문에 답하고 있는 것을 봤다. 나는 몇 분 후에 다른 사람들이 묻는 것보다 그가 얼마나 더 많이 대답하고 있는지 깨달을 때까지 아무 생각이 없었다. 그들의 질문(비평에서 비교적 흔함)은 그 우려를 지적하는 온화한 방식이었다. 사람들은 "이 부분에 문제가 있습니다"라고 노골적으로 말하기보다는 질문의 형태로 타격을 위장하는 경향이 있다. 10대 소녀 캐릭터가 어른처럼 보이게 의도한 건가요? 왜 가끔은 직접적인 대화를 사용하지 않고 캐릭터가 한 말을 설명하나요?

그들은 자주 이런 모습을 보인다. 같은 이유로 사용자는 웹 애플리케이션을 사용하는 동안 실수를 한 것에 대해 자신을 비난하는 것처럼 보인다. 작동 방식을 이해하지 못한 것이 자신의 잘못이라고 생각한다. 당신이 그런 식으로 의도한 것인지 아닌지를 확신하지 못했다고 말한다.

답이 무엇이든 간에 비평가 역할을 하는 사람들은 중요한 일을 하고 있다. 뭔가 걱정되는 것이 있다고 당신에게 말하고 있다. 그것이 어떤 식으로든 그들의 실수를 유발했다.

그날 밤 비판을 받은 그 신사는 그들의 질문에 답하기 위해 꽤나 열심히 애쓰고 있었다. 네, 그녀가 더 나이 들어 보이도록 의도했습니다. 난 약간의 혼동을 좋아하기 때문에 가끔은 직접적인 대화를 생략합니다.

그가 하지 않은 것은 경청하는 것이었다. 그들의 질문을 염려의 표시가 아니라 질문으로 받아들였다. 대화에 관한 무언가가 사람들을 신경 쓰이게 하고 있었다. 몇몇 독자들이 그것에 대해 물었다. 작가는 이를 알아채지 못한 채 그들의 질문에 답하며 등장 인물과 그가 여기서 의미한 것, 다음에 일어날 일과 앞서 일어난 일, 그 소녀가 성인처럼 보이는 이유, 그걸 통해 그녀가 의도한 것은 무엇인지, 이런저런 농담은 이전 장을 읽으면 완전히 이해가 될 것이라는 이야기를 늘어놓았다.

그것은 내가 수년에 걸쳐 개발자 및 디자이너와 나눈 많은 대화를 떠올리게 했다. 이 버튼을 클릭하면 왜 이런 일이 발생하나요? 이 레이블은 무슨 뜻인가요? 여기를 클릭하면 어떻게 되나요?

디자인에 대한 질문을 하면 답을 얻을 수 있는 경우가 훨씬 더 많다. "제 의도는 이렇습니다."라고 대응한다. "다른 것 때문에 그렇게 된 겁니다."라고 대답한다. 제품 관리자로부터 시스템 제약, 기술적 이슈, 버그, 지시사항과 같은 것들을 설명하는 답변을 얻는다. 보통 잘 듣지 못하는 것은 "좋은 지적이네요. 우리가 어떻게 처리하고 있는지 다시 한번 살펴봐야겠네요."와 같은 반응이다.

내가 작가의 작품에 대해 논평할 차례가 됐을 때 난 전반적으로 그의 작품을 얼마나 좋아하는지, 그리고 그가 좋지 않은 시기에도 뛰어난 타이밍과 속도, 기술을 갖춘 탄탄하고 유능한 이야기꾼이라는 것을 상기시켜 줬다. 그런 다음에 난 말했다. "하지만 오늘 밤 당신이 사람들의 질문에 어떻게 반응하고 있는지는 염려되네요. 작가님은 사람들에게 당신이 의도한 바를 설명하고 그들의 질문에 답할 수 있는 이점을 지금 갖고 있습니다. 하지만 작품을 세상에 내놓으면, 작가님은 본인의 의도가 무엇이었는지, 왜 그런 식으로 했는지를 설명하기 위해 모든 독자의 옆에서 지켜볼 자유를 갖지 못할 겁니다. 독자들은 스스로 모든 것을 알아낼 수 있어야 하겠죠. 작가님의 글은 별도의 설명이 필요치 않아야 할 겁니다."

나는 프로젝트를 진행하는 동안에 닐 게이먼Neil Gaiman의 말을 여러 번 바꿔서 사용했다. 사용자가 신경 쓰이게 만드는 무언가가 있다고 말하면, 거의 대부분 사용자의 말이 맞다. 사용자가 솔루션을 처방하면, 거의 대부분 틀린다.

그 인용문의 전반부가 여기에 가장 많이 적용되는 부분이다. 그 그룹의 다른 사람들은 무언가가 그들을 성가시게 하고 있음을 나타낸다. 그리고 그들이 그렇게 하는 것은 적절했다. 어떤 것이 좋은지 아닌지를 결정하는 것은 작가가 결정하는 것이 아니라 독자에게 달려있다.

비평에는 몇 가지 핵심 요소가 있다.

첫째, 당신은 비평을 경청해야 한다.

질문이 항상 질문인 것은 아니다. 때로는 초콜릿 상자를 손에 든 온화하고 상냥한 할머니처럼 차려 입은 염려다. 속지 마라. 질문을 하는 사람이 당신의 의도, 또는 작업 흐름에서 액션의 효과나 버튼 레이블의 의미를 이해하지 못한다면, 당신이 걱정하는 것은 당연하다. 그저 질문에 대답만 하고 있지 마라. 무엇 때문에 그들이 실수하게 되는지를 알아보기 위해 반문을 하라.

둘째, 비평을 품위 있게 받아들일 수 있어야 한다.

당신이 다른 사람을 비평할 때, 당신은 많은 저항을 원하지 않는다. 당신이 그들에게 말하는 것을 깊이 생각해보고 당신 말이 맞을 수도 있다는 것을 고려할 수 있을 만큼 그들의 심박수를 충분히 긴 시간 동안 억제하길 원한다.

당신이 비평할 수 있어야 하는 것처럼 다른 사람들도 당신을 비평할 수 있어야 한다.

팀을 비평가의 집합체로 보지 마라. 당신이 가지지 못한 눈과 두뇌의 집합체로 보라.

당신의 뜻대로 되지 않는 피드백을 무시하는 사람이 되지 마라. 당신의 작업에서 문제점을 발견할 사람이 필요하다. 당신이 이의 제기를 감당할 수 있음을 다른 사람들이 믿을 수 있어야 한다. 비평을 잘 받아들여라. 왜냐하면 당신은 다른 사람들도 그렇게 해주길 기대하기 때문이다.

협업하기

이것은 까다로운 주제다.

수많은 사람이 당신에게 협업이 좋은 것이라고 말할 것이다. 그리고 그들 말이 맞다. 하지만 특정 상황에서만 그렇다. 다른 경우에는 끔찍할 수 있다. 특히 타협이 필요한 경우에는 그러하다.

먼저, 협업에 대해 생각해 보라.

펜실베니아 와튼 스쿨의 경영학과 교수가 수행한 연구와 타임지에서 보고한 내용(http://business.time.com/2012/01/19/the-unexpected-costs-of-collaboration)에 따르면, 작은 팀의 구성원이 큰 팀의 구성원보다 더 잘한다는 사실에도 불구하고 큰 팀의 성과가 작은 팀보다 더 뛰어나다고 한다. 이론은 이렇다. 큰 팀에서는 서로에 대해 잘 알지 못한다. 큰 팀의 구성원이 도움이나 추가 정보를 필요로 할 때, 누구와 이야기해야 할 지 잘 모를 것이다. 그러나 규모가 더 큰 팀에는 구성원의 수가 더 많기 때문에 전체적으로는 작은 팀보다 더 나은 성과를 낼 것이다. 반면에 작은 팀의 구성원은 추가 정보를 얻기 위해 누굴 찾아가야 하는지 알 가능성이 더 높다. 그리고 그 사람과 더 좋은 관계를 가질 가능성이 더 높다. 왜냐하면 그들은 더 큰 팀보다 더 긴밀하게 함께 일해왔기 때문이다.

이것은 협업에 대한 견실한 논거다. 기본적으로 소규모로 잘 운영되는 그룹에서 당신은 다른 모든 사람의 지식과 재능을 활용할 수 있다. 작은 팀은 백업 기술, 서로 겹치는 노하우, 당신에게 없는 전문성을 지닌 사람들을 갖고 있다. 내가 말했듯이, 개인이 모든 것을 생각할 수 없다. 긴밀한 업무 관계와 누가 무엇을 알고 무엇을 잘하는가에 대한 타고난 지식을 갖춘 소규모 그룹은 항상 개인을 혼자서 할 수 있는 것보다 더 낫게 만들 것이다. 이는 모두에게 도움이 된다.

하지만 항상 그런 것은 아니다.

(경고: 당신은 아마 이것을 좋아하지 않을 것이다.)

협업은 팀의 모든 구성원이 상당한 수준의 노하우와 재능을 보유하고 있는 경우에만 정말로 좋다. 그런 경우에 그들은 온갖 종류의 멋진 방법으로 서로를 도울 수 있다. 그러나 디자이너가 재능과 추진력, 영리함으로 가득차 있을 때, 역량이 부족한 디자이너 팀보다 그 사람 혼자서 프로젝트에서 훨씬 더 많은 일을 할 수 있다.

미안하지만 이건 사실이다.

(제프 스티벨Jeff Stibel은 「하버드 비즈니스 리뷰Harvard Business Review」에 이 문제를 다룬 적이 있다. https://hbr.org/2011/06/why-a-great-individual-is-bett)

풍부한 경험과 뛰어난 소질을 지녔으며, 큰 그림을 마음 속으로 솜씨 있게 처리하는 동시에 1마일 떨어진 곳에서도 자잘한 문제를 발견하고 지속적으로 5단계 앞을 내다볼 수 있는 한 명의 디자이너는 그 기준에 못 미치는 세 명 이상의 가치가 있다. 거기에 훌륭한 커뮤니케이션 기술(그리고 난 그들이 그러한 디자인 재능을 갖추고도 좋은 커뮤니케이터가 될 수 없었는지 이해가 안 된다)과 훌륭한 리더십 특성을 추가하면, 당신은 록스타가 될 수 있다.

하지만,

당신이 록스타라고 할지라도, 협업은 유용할 수 있다. 디자인 목적이 아니라면 정치적 목적을 위해서다.

사실, 팀의 록스타는 협업할 필요가 없기 때문에 아무도 프로젝트에서 제외되기를 원하지 않는다. 그리고 팀 전체가 좋아 보이길 당신이 원한다면(그리고 그렇게 한다면), 그 누구도 유일한 마스터로 두드러질 수 없다. 어쩌면 당신 혼자 일하는 것이 더 나을지도 모른다. 하지만 팀 전체가 신뢰를 얻고, 당신이 사무실에서 가장 많이 방해받는 사람이 되지 않으려면 협업은 좋은 아이디어다.

더 많은 이유가 있다.

좋은 아이디어는 어디에서나 탄생한다. 가능성이 가장 낮은 곳에서 나올 수도 있고, 가장 높은 곳에서 나올 수도 있다. 그러나 사람들이 아이디어를 얻기 위해 주변에 있는 경우에만 나타날 수 있다. 그래서 당신이 일을 정말 잘하는 것은 역량이 미흡한 디자이너 팀보다 당신을 더 유능하게 만들 수 있긴 하지만, 적어도 논리적으로는 여전히 얻을 수 있는 이점이 있다.

둘째, 천재 디자이너는 외부와 단절된 상태에서 작업하지 않는다. 그들은 항상 다양한 출처에서 아이디어와 영감, 인사이트를 얻는다.

그 외에도 협업은 종종 재미가 있다. 디자인은 외로운 비즈니스가 될 수 있다. 만약 다른 사람들에게 아이디어를 나눌 기회가 있다면, 기회를 잡아라. 비록 그걸 통해 나온 아이디어가 당신을 놀라게 하는 경우는 드물지만, 가끔은 당신을 놀라게 할 것이다. 그것만으로도 협업을 시도해 볼 가치가 있다.

그리고 당신 주변의 누구도 외톨이의 디자인 작업을 그들이 참여한 디자인 작업만큼 신뢰하지 않을 것이다. 당신이 리딩하고 싶다면, 팀을 무시하지 마라. 팀을 이용하라. 당신이 더 나아질 것이다.

'잘 운영되는' 정의하기

'잘 운영되는(well-run)' 그룹은 최종 결정을 내리는 역할을 맡은 명확한 리더와 아이디어에서 허점을 찾아내서 사람들이 아이디어를 뒷받침하고 철저히 따져보게 만드는 선의의 비판자가 최소 1명 이상 있는 그룹이다.

또한 잘 운영되는 그룹은 발언권을 주요 결정에 가장 중요한 사람들에게만 최소한으로 제한한다. 당신은 의견을 모으고 경청하고 고려하는 것뿐만 아니라, 의견과 인사이트 사이에는 엄청난 차이가 있으며 너무 많은 의견을 고려하는 데 걸리는 시간은 당신의 인사이트 활용을 방해할 것이라는 점을 유념해야 한다.

제대로 채용하기

다음은 채용 관리자를 위한 것이다. 당신이 담당자라면 계속해서 읽어라. 그렇지 않다고 해도 도움이 될 것이다.

앞서 나는 사람들이 자신의 말을 듣게 만들기 위해 소리를 지르고 팔을 흔드는 방법을 알고 있다고 면접에서 말한 사람에 대해 설명했다. 난 그를 채용하지 않았지만, 한 번은 자격이 없는 다른 누군가가 인터뷰 프로세스를 통과했다.

그 사람을 워렌Warren이라고 부르자.

인터뷰에서 워렌은 자신을 잘 표현했다. 자신이 작업한 프로젝트의 슬라이드를 보여줬고 말을 잘 했다. 그는 지속적인 독학을 위해 다양한 자료를 참조할 수 있었다. (그 당시에는 웹 디자인 분야에서 대학교 학위가 없었다.) 그는 훌륭한 태도와 배우고 도전하려는 의지를 가지고 있었다. 신규 채용에 기대하는 모든 것을 갖추고 있었다.

하지만 기대와 달랐다.

그가 팀에 합류한 후, 내가 그에 대해 얼마나 잘못 알고 있었는지 깨닫는 데는 그리 오랜 시간이 걸리지 않았다. 그는 실제 디자인 경험이 전혀 없어 보였다. 그에게 디자인 스케치를 요청했을 때, 그는 항상 극도로 순진무구하고 지나치게 단순화된 아이디어를 갖고 돌아왔다.

인터뷰에서 그가 사용성 테스트에 대한 경험이 있다고 말했기 때문에 난 그에게 내가 작업 중이던 다른 프로젝트에 대한 테스트 세션 진행을 부탁했다. 그리고 나서 난 그에게 테스트 계획서를 작성하는 방법, 참가자를 모집하는 방법, 테스트 랩을 예약하는 방법, 테스트 소프트웨어를 사용하는 방법, 사용성 테스트와 관련된 그 외의 모든 것을 수행하는 방법에 대해 설명했다. 테스트 당일, 결국 난 그에게 테스트 진행 방법을 알려주게 됐다. 세션이 끝나면, 데이터를 분석하고 평가를 매기는 것을 그에게 보여줬다. 그 결과를 경영진에게 전달하기 위해서는 보고서에 어떤 정보가 들어가야 하는지 알려줬다.

그런 일이 계속됐다. 나는 완벽하게 속았다. 이 남자는 아는 것이 거의 없는 관계로 난 많은 시간을 들여서 그에게 일하는 방법을 알려줘야 했다.

지금까지도 워렌 채용은 나쁜 결정이 될 것이라는 점을 눈치챘어야 할 인터뷰에서 내가 놓친 게 무엇인지 모르겠다. 그러나 그 이후로 난 채용 결정에 대해 훨씬 더 철저해졌다.

팀 구성원에 있어서 나에게 정말 중요한 것이 무엇인지를 결정하는 것부터 시작한다. 최소한 다양한 디자인 활동을 할 수 있고, 디자인 작업에 참여한 다른 모든 사람과 친밀한 관계를 맺을 수 있는 능력을 가진 사람이 될 것이다. 크리스티나 워드케는 이렇게 말했다.

> 스타트업이나 소규모 회사라면 [UX 기술]에 대해 최소한 인지라도 하고 있는 사람은 한 명 정도일 것이다. 비록 그 사람이 실제로 모든 것을 특별히 잘 할 수는 없더라도 말이다. 그리고 당신은 소프트 스킬(soft skill)을 갖고 있다. 단 한 사람이면 당신은 소프트 스킬이 중요치 않다고 말할 수 있지만, 그것은 큰 실수가 될 것이다. 왜냐하면 당신이 디자인 팀(한 명뿐인 디자인 팀)이라면 실제로 세상에 대해 서로 다른 멘탈 모델을 가진 다양한 사람들과 이야기해야 하기 때문이다. 세상을 한 가지 방식으로 보는 엔지니어, 세상을 다른 방식으로 보는 제품 관리자, 세상을 또 다른 방식으로 보는 마케팅과 어울려야 한다. 작은 회사에서 CEO와 자주 어울리게 될 것이다. 실제로 펀딩이 어떤 것인지, 그리고 당신이 하고 있는 선택에 어떤 의미가 있는지 알아야 한다.

기본적으로 보유한 기술이나 우선 순위에 관계없이 모든 방향으로 커뮤니케이션할 수 있어야 한다. 당신이 소규모 팀에 속해 있거나 다른 기술을 가진 사람들로 구성된 팀에 소속된 나홀로 디자이너라면, UX 작업을 구현하는 것은 당신에게 달려있다. 이 책 전반에 걸쳐 이야기한 것처럼 디자인을 넘어서는 당신의 능력이 성공에 결정적인 역할을 할 것이다.

재러드 스풀은 이에 대해 다음과 같이 생각했다.

> 핵심은 소프트 스킬이다. 우리가 목격한 문제, 그리고 채용 관리자가 우리에게 말한 것은 사람들이 이러한 [학위] 프로그램에서 벗어나는 방법을 모른다는 점이다. 그들은 자신의 작업을 발표하는 방법, 비평하는 방법 또는 일종의

그룹 디자인 세션을 진행하는 방법을 모른다. 사실, 그들은 이메일 작성법이나 회의 때문에 힘든 것을 내색하지 않고 회의실에 앉아있는 방법도 알지 못한다.

재러드는 대학교에서 학생들에게 1시간 혹은 90분 동안 주의를 기울여서 일하면 프리스비[2]를 하러 갈 수 있다고 가르친다고 말했다.

디자인에는 프리스비보다 훨씬 더 많은 것들이 있다.

대학교 졸업생을 아예 피하라는 말이 아니다. 하지만 내 말은 당신이 지원자들을 꼼꼼하게 심사해야 한다는 것이다.

이런 식으로 말이다.

포트폴리오를 검토하라

그냥 보기만 하지 마라. 지원자가 그것을 자세히 설명하게 하라. 그들에게 프로젝트에서 무엇을 했는지, 프로젝트의 목표가 무엇인지, 왜 그리고 어떻게 접근했는지, 결과는 무엇인지 설명하도록 요청하라. 지원자가 디자인 작업의 이러한 측면에 대해 말할 수 없다면, 디자인을 하지 않았거나 실제로 의사결정에 관여하지 않은 것이다. 그들은 해야 할 일을 했을지 모르지만, 어떤 식으로든 프로젝트를 주도하진 않았다.

구글로 검색하라

물론 사람들이 온라인에 남긴 것으로 평가를 받아야 하는지 여부는 의문이다. 하지만, 디자이너를 인터뷰하는 경우 실제로 온라인에서 활동하고, 다른 디자인 작업과 기사에 대한 의견이 있고, 디자이너의 직감에 어필하는 것에 집착하는 누군가를 인터뷰하는 것이다. Facebook 프로필은 무시하라. 하지만 Smashing Magazine의 글에 남긴 그들의 의견은 찾아보라.

---

2   Frisbee, 원반을 던져서 주고받기 – 옮긴이

LinkedIn 프로필을 찾아보라. 그들의 포트폴리오 웹 사이트를 찾아보라. (내가 만난 거의 모든 디자이너는 갖고 있었다.) 그들이 자신의 작업을 어떻게 설명하고, 어떻게 생각하고, 무엇을 좋아하는지 알아보라. 당신은 그 사람이 남긴 흔적을 통해 그 사람에 대해 많은 것을 알 수 있다.

말을 시켜라

앞서 나는 질문이 많은 사람을 찾으라고 말했다. 이것은 그 사람이 질문을 할 수 있을 때에만 유효하다. 당신이 무엇을 알고 싶어서 인터뷰 장소에 들어가든, 대화가 다른 방향으로 흘러갈 수 있도록 충분한 시간을 남겨두라. 지원자에게 당신을 인터뷰하고 회사와 잘 맞을지 알아볼 시간을 줄 뿐만 아니라 인터뷰가 이상하게 흘러간다고 느껴지면 거기서 당신을 빠져나올 수 있게 해준다. 한 시간 분량의 질문에 얽매일 필요는 없다.

그들이 말할 때, 메모를 하라. 어떤 주제가 더 많이 언급되는가? 디자인 교육에서 가장 선호하는 자료는 무엇인가? 당신은 여러 사람을 인터뷰할 것이다. 내일 아침에 느끼는 직감에는 많은 의미가 있다. 그러나 뚜렷한 기억을 불러일으키고 그 직감을 뒷받침하기 위해 할 수 있는 일은 무엇이든 좋은 것이다. 특히 채용을 위해 다른 사람의 승인이 필요한 경우에는 더욱 그러하다.

그들과 계약을 맺어라

내겐 시청에서 일하는 친구가 있다. 시청의 채용 프로세스에는 20분 간의 초기 인터뷰가 포함되며, 여기에서 당신은 다른 지원자와 동일한 9개의 질문을 받고 정해진 시간 내에 모든 질문에 답할 것을 요구받는다. 이를 통과하면 총 11개의 질문이 있는 30분 버전으로 다시 초대된다. 일자리를 제안받은 경우, 첫 6개월 이내에 다양한 이유로 해고될 수 있다. 그래서 그들은 아무런 근거 없이 당신을 채용하고, 그 이후에는 언제든지 당신을 해고할 수 있다. 정규직처럼 보이기 위한 6개월짜리 계약이다. 안전해 보일 뿐 안전하지 않다.

이상하게도 이것은 대부분의 웹 회사 인터뷰 프로세스의 황당함과 크게 다르지 않다. 하루 종일 20명의 지원자들을 만나서 프리젠테이션 등을 하는 압박 면접에 의존하는 대기업을 제외하면, 내가 본 대부분의 웹 회사들은 지원자를 한두 시간 넘게 인터뷰한다. 그리고 나서 채용이 이뤄진다. 나쁜 상황으로 판명되면, 그들은 언제든지 오만 가지 이유로 해고될 수 있다.

왜 더 많은 사람들이 이 같은 위험을 경감시키지 않는지 나는 이해할 수 없다.

누군가가 어떻게 일하고 얼마나 괜찮은지 확인하는 가장 좋은 방법은 실제 프로젝트에서 그들과 함께 일하는 것이다. 그러니 그들에게 비용을 지불하고 함께 일해보라. 간단한 프로젝트를 선택하거나 프로젝트의 일부분을 거들기 위해 그들을 끌어들여서 함께 하는 방법을 확인하라.

이런 방식이라면, 정규직으로 채용하지 않을 경우 3개월 뒤에 해고해야 한다. 그리고 디자이너는 불안정하고 정보가 거의 없는 일자리를 받아들이지 않는다.

유니콘을 찾아라

모든 사람이 여러 가지 일을 잘하지는 않을 것이다. 하지만 이 시점에서 당신이 채용하는 사람은 적어도 한 가지 이상에 능숙해야 한다. 전문가가 필요하지 않은 경우라면 인터뷰 테이블 건너편에 있는 사람이 어떤 형태로든 제너럴리스트인지 확인하라.

UX 전문가에는 그래픽 디자이너나 컨텐츠 전략가, 또는 다른 무언가만 있는 것이 아니다. 그들은 광범위한 기술과 적어도 하나의 전문 분야, 그리고 전체 문제와 그 영향을 파악하는 데 열정을 가진 사람들이다.

그들은 색상을 고르는 것이 아니라 어떤 색을 언제, 어떻게 사용할지 가려내기 위해 질문을 한다. 레이아웃을 고안하는 것이 아니라 관련성, 우선순위, 의미를 결정하기 위해 질문을 한다. 그들은 무언가를 하라는 지시를 들을 때까지 기다리지 않고 리딩한다. 만약 UX 담당자와 인터뷰 중인데 모든 질문을 당신이 하고 있다면, 전화를 끊어라. 이 사람은 당신이 찾고 있는 UX 담당자가 아니다.

당신 앞에 있는 사람이 어떤 부류의 디자이너가 될 것인지 알아내기 위해 질문을 만들고 대화를 준비하라.

불만 대신에 솔루션 제공하기

앞서 나는 일반적인 디자이너 경력의 궤적을 설명했다. 나쁜 디자인에 대해 불평하는 것에서 시작해서 결국에는 변화를 만들어 낼 수 있는 능력으로 발전하는 것이다.

그렇게 하지 않은 리더를 상상해보라.

예전에 내 동료에겐 이런 상사가 있었다. 그녀는 모든 사람의 작업을 검토해야 한다고 주장했고, 검토했을 때 대부분의 지적은 산출물에서 무엇이 잘못됐는지에 관한 것이었다. 그녀는 문제 해결 방법을 말하거나, 가이드라인을 제공하거나, 심지어 문제가 해결 가능한지 여부를 알려주지도 않았다. 그녀의 관리 스타일은 불평하고 넘어가는 것 같았다.

시간이 지나면서 이 사람에 대해 종합한 모습은 다음과 같다.

그녀는 사업주가 되기에 앞서 본인의 직종에서 비교적 많은 기술을 갖춘 시점에 도달했다. 어쩌면 좋을지도 모른다. 그녀는 배울 것이 더 많다고 생각하기보다는 자신이 할 수 있는 모든 것을 배웠다고 생각했다. (누가 알겠나? 아마도 그녀가 그랬을 것이다.) 이 시점에서 그녀는 자신의 회사를 설립해서 자신이 하던 일을 할 사람을 곧바로 채용하고, 사업을 운영하는 일에 더 관심을 갖게 됐다.

그러다가 사업이 달라졌다. 계속해서 발전했다. 새로운 규칙, 새로운 규제와 정책이 등장했다. 클라이언트는 성장했고, 클라이언트를 위해 일하는 전문가들도 향상됐다.

어느 순간 동료의 상사가 뒤처졌다. 그녀는 의식적인 능력(아마도)에서 무의식적인 무능력으로 이동했다. 그녀가 그 사실을 인정하지 않았을 뿐이다. 오히려 자신이 회사를 처음 시작했을 때와 마찬가지로 모든 면에서 유능하다고 계속해서 생각했다.

그렇게 10년이 흘렀다.

패스트푸드점에서보다 더 자주 교체되고 회사를 떠나는 직원들은 불평하는 재주밖에 없는 누군가에게 검토 및 승인을 받는 데 대부분의 시간을 보냈다. 문제 해결은 그녀가 더 이상 보유하고 있지 않은 기술이었다.

만약 본인이 기여하는 것보다 더 많은 불평을 하고 있다면, 휴가를 내라. 당신의 직업 선택에 대해 생각해보라. 당신이 여전히 올바른 곳에 있는 것인지를 숙고해보라. 만약 그렇다고 생각한다면, 그 일을 잘하는 방법에 대한 새로운 방안을 선택하라.

불평하는 사람을 좋아하는 이는 없다. 팀에는 솔루션이 필요하고, 리더가 그걸 가져온다.

공을 남에게 돌리기

나는 코드 수집가code-hoarder와 함께 일했었다. 당신도 그런 유형을 알 것이다. 그는 직업 안정성이란 변수와 함수에 대한 모호한 명명 규칙의 결과라고 생각하는 사람이다. 그가 그것을 설명할 수 있는 유일한 사람이라면, 아무도 그의 소중한 프로그래밍 재능을 빼앗을 수 없으며 다른 모든 사람이 그를 찾아와야 할 것이라고 추측했다. 그들은 그를 해고할 수도 없었다. 그들이 그의 비밀을 파헤치려고 해도 소용이 없었을 것이다.

비슷한 시기에 다른 누군가가 어떻게 그녀가 다른 회사에서 그렇게 많은 일을 해낼 수 있었는지 내게 말했다. 그녀는 그 곳에 처음 왔음에도 불구하고 주변 사람들의 아이디어와 기여에 대한 공로를 인정받아서 모든 것을 허락받고 있다고 말했다. 그녀는 일을 성사시키는 대신 자신의 공로를 포기하고 있었다. "누가 공로를 인정받을지 상관하지 않을 때 당신이 할 수 있는 일은 놀랍습니다."라고 그녀는 말했다.

나는 갑자기 다른 일을 구하고 싶어졌다.

코드 수집가는 오래가지 못했다. 인수가 이뤄지고 새로운 권력자가 장악했을 때, 코드 수집가는 1차 정리해고 대상이었다. 아무도 코드 수집가를 좋아하지 않는다.

그 이후로 난 마치 공짜인 것처럼 공로를 나눠주고 있다. 이렇게 하는 것이 일을 처리하는 데 종종 도움이 된다. 누군가가 어떤 사람을 정말로 좋아하고 그 사람의 아이디어가 좋다고 생각하면, 당신은 그 아이디어가 당신 것이었고 5분 전만 해도 그걸 신경 쓰는 사람이 당신뿐이었다 하더라도 그 사람이 공로를 가져가게 둔다. 3주가 지나면 누구의 아이디어였는지 아무도 기억하지 못할 것이다. 그들이 기억할 것은 당신이 그 시간 동안에 많은 일을 했다는 것이다.

하지만 그것 때문에 하는 게 아니다.

나는 공로를 내주기 시작한 후에 공로에 대해 다른 것을 배웠다. 그것이 다른 사람들을 좋게 보이게 하고, 그 사람들이 모두 팀에 있을 때 팀 전체가 좋아 보인다는 것을 배웠다. 그리고 이것은 긍정적인 효과만 불러일으킨다.

그리고 한 가지 더 있다.

당신이 공로를 돌리면, 사람들은 인정받는다고 느낀다. 인정받는다고 느낄 때 그들은 더 잘 지내고, 주변 사람들에게 더 고마워하고, 이어서 다른 사람들에게 공을 돌린다. 좀 이상하다는 건 나도 안다. 그러나 몇 차례 공로를 돌리면, 함께 일을 잘하고 공로를 인정하는 행복한 사람들이 주변에 많이 있음을 곧 알게 된다. 이상한 일이다.

그리고 한 가지 더 있다.

그들은 돌아서서 당신에게 여러 가지로 공로를 되돌려준다. 훌륭한 리더가 되고, 팀에 긍정적인 힘이 되고, 업무를 완수할 수 있는 사람이 되는 것처럼 말이다.

이렇게 길고 아름다운 사랑의 축제가 되는 것이다.

직관에 어긋나는 것처럼 보일지 모르지만, 난 맹세한다. 그것은 사심 없는 문화를 만든다. 상호 지원과 존중의 환경을 만든다. 그 결과 협동적인 성격과 서로 돕고자 하는 의지로 존경받는 사람들로 가득 찬 팀이 된다.

본인보다 팀에 대한 평판을 쌓아라. 당신의 이름을 올리는 것보다 제대로 하는 데 더 신경을 써라.

공로를 나눌 때가 되면 걱정하지 마라. 당신은 본인의 공로를 얻게 될 것이다.

가르칠 수 있게 알려주기

이 책의 시작부에서 나는 한 때 일시적으로 디자인 커리큘럼을 만드는 일에 관여한 적이 있다고 말했다. 그 이후로 난 수많은 웹 컨퍼런스에서 발표를 했다. 커리큘럼과 컨퍼런스에서도 보지 못했던 것은 바로 사람들에게 당신의 아이디어를 설득하는 세션이었다. 그래서 이것이 기술이라는 것을 깨닫는 데도 오랜 시간이 걸렸다. 사람들이 왜 상사의 동의를 얻고, 그들을 컨셉 미팅에 참여시키는 데 어려움을 겪는지 많이 궁금했다. 나는 왜 많은 사람들이 이해관계자들에게 디자인을 납득시키는 방법에 대해 질문하는지 궁금했다.

재러드 스풀과 이 문제에 대해 이야기했을 때, 그는 몇 군데의 컨퍼런스에서 이를 다루려고 했던 것으로 알고 있다고 말했다. 그러나 일반적으로 추가 비용이 발생하는 별도의 워크샵에서 다뤄지며, 이것은 최선의 전략이 아닐 수 있다. 회사에서 직원을 컨퍼런스에 보내는 것은 많은 비용이 든다. 4시간 또는 하루 종일 진행되는 워크샵은 훨씬 더 많은 비용이 든다. 그리고 설득과 같은 소프트 스킬에 대한 워크샵에 누군가가 참석하려면 비용을 고려하기에 앞서 몇 가지 큰 일이 선행돼야 한다.

첫째, 참석희망자는 자신이 문제의 소프트 스킬에 서툴다는 것을 알고 이를 개선하기를 원할 만큼 충분히 자각해야 한다. 그리고 그 사람은 상사에게 이렇게 말할 만큼 용감해야 한다. "이 워크샵에 참석하고 싶습니다. 그래야 제가 설득을 더 잘할 수 있거든요. 그리고 비용을 지불해주셨으면 합니다. 아, 그리고 그날엔 출근할 수 없습니다. 괜찮겠죠? 감사합니다."

다음으로 그 사람의 상사가 그 워크샵의 가치에 동의해야 한다. 예산 조정이 이뤄져야 할 만큼 디자이너가 그 부분에서 약하며, 예산 때문에 더 높은 사람과 대화가 필요할 수도 있다는 점에 동의해야 한다.

매일 하는 그런 일상적인 대화가 아니다.

(소프트 스킬에 대한 세션이 이미 컨퍼런스 라인업의 일부라면, 이야기가 달라졌을 것이다. 그렇다면 어색하지 않게 갈 수 있다.)

이 책의 앞부분에서 언급했듯이 UX 전문가로서 당신 업무의 상당 부분은 디자인이 아니라 아이디어를 납득시키는 것이다. 사람들에게 당신의 추천이 가치가 있고, 중요하게 여겨지며, 아마도 옳을 것이라고 확신시키는 것이다. (당신의 경험과 연구에 기초하며, 주장의 일부로 제시할 수도 있을 것이다.)

이것은 UX 팀의 다른 모든 사람에게도 해당된다.

그리고 그것은 사실이며, 당신은 소프트 스킬을 다루는 컨퍼런스 워크샵에 참석할 가능성이 낮기 때문에 그 정보를 다른 팀원들에게 전달할 다른 방법에 대해 생각하는 것이 중요하다. 가르치는 방법을 그들에게 알려줘라.

한 가지 방법은 점심 도시락을 곁들인 내부 기술 미팅을 특정 소프트 스킬에 대한 이야기로 중단시키는 것이다. 예를 들어 이 책에서 언급된 기술 중에 하나로 말이다.

다른 디자이너가 장애물을 극복할 수 없다고 불평할 때와 같은 일상적인 대화에 몇 가지 팁을 적용할 수 있다.

당신이 추천을 한 이유를 설명함으로써 주변 사람들을 교육하는 것을 개인적인 정책으로 삼을 수 있다.

이 책의 복사본을 사무실 주변에 놓아둘 수도 있다.

주변 사람들은 자신의 아이디어를 설득하는 데 더 능숙해져야 한다는 사실조차 모를 수도 있다. 어떻게 리딩해야 하는지 모를 수도 있다. 아마도 그들은 적절한 자리를 맡기 전까지 그들의 임무는 따라가는 것이라고 생각할 것이다. 그들은 자신의 아이디어를 뒷받침하는 근거를 설명하는 것의 모든 이점을 알지 못할 수도 있다.

당신이 팀의 일원이라면, 당신의 역할에 관계없이 다른 팀원이 그들의 아이디어를 납득시키는 방법을 배우도록 도와주는 것이 우선이다. 그들이 자신의 주장을 펼치는 방법을 알고 있는지, 그리고 처음부터 그렇게 해야 하는지 확인하라.

당신이 설득할 수 없으면 당신은 성공할 수 없다. 그리고 그들 또한 성공할 수 없다.

사람들로부터 떨어져서 관리하기

몇 년 전, 세스 고딘^{Seth Godin}은 직원을 두지 않으며 자신은 직원을 위해 일한다는 본인의 신념을 설명하는 200개 단어 분량의 블로그 게시물을 올렸다. 직원은 모든 일을 하는 사람들이다. 그의 일은 방해가 되지 않게 비켜주는 것이다.

한 번은 프로젝트 진행 중에 프로젝트 리더와 잡담을 나눴다. "관리자에는 정확히 두 가지 종류가 있어요."라고 나는 말했다. "딱 두 가지뿐이죠."라고 그가 답했다. 그는 내가 의미하는 바를 알고 있었다. 즉, 당신을 방해하는 관리자와 방해가 되지 않게 비켜주는 리더가 있다는 것이다.

나는 두 가지 부류 모두를 많이 겪었다. 후자가 항상 더 낫다(방해가 되지 않게 비켜주는 사람).

관리와 리더십의 차이에 대해 많은 관점이 있다. 책, 웹 기사, 세미나에서 그것들을 볼 수 있다. 논쟁은 그다지 유용하지 않다. 유용한 것은 통제를 받아야 하는 것과 관리를 받는 것의 차이를 이해하는 것이다. 그것들은 일반적으로 매우 다른 것들이다.

일반적으로 관리를 받는 것은 사람이다. 관리자들은 구성하고, 위임하고, 추적하는 것에 대한 대가로 돈을 받고 있다고 생각한다. 이는 근거 없는 믿음이다. 그리고 그런 믿음은 생산성에 해가 된다.

사람들은 일을 잘하고 싶어한다. 그건 인간의 본성이다. 그들은 자신의 노력에 자부심을 느끼고 싶어한다. 그렇지 않아 보인다면, 일반적으로 현재의 상황이 자신을 방해하고 있다고 생각하고 그 생각에 따라 단념했기 때문이다. 또는 '잘한다'에 대한 정의가 당신과 다르기 때문이다. 혹은 '잘한다'가 의미하는 바를 평가하는 능력과 관련해서 당신이 스펙트럼 상의 다른 지점에 있기 때문이다. (어쨌든 근본적인 문제를 해결하는 것이 이를 처리하는 유일한 효과적인 방법이다.) 그들이 일을 못하고 싶어서가 아니다.

이 밖에도 웹 산업에 있는 우리는 다른 산업에는 없는 뚜렷한 이점을 갖고 있다. 우리는 웹 산업에서 일한다.

웹 산업에 합류한 사람들은 온 힘을 다해 일한다. 그들은 이 일에 완전히 열성적인 사람이 되고, 일을 사랑한다. 그들은 그걸로 아침 식사를 때운다. 웹 산업에서는 사람들을 관리할 필요가 없다. 웹 산업 사람들과 멀찌감치 떨어져서 관리해야 한다. 다시 말해 당신이 관리자라면, 당신의 일은 사람들에게 무엇을 하라고 지시하는 것이 아니라 그들이 하고 싶어하는 일을 할 수 있도록 방해하지 않는 것이다.

나는 세스의 블로그 게시물을 마음에 새겼다. 나는 모든 세부 사항을 관리하고 실행하려는 사람들이 리딩하는 프로젝트에서 많은 어려움을 겪었다. 내가 팀을 운영할 때 내 목표는 위임하고 지시하는 것이 아니었다. 우리 팀의 책상에서 문제, 방해 요소와 정치를 제거하는 것이었다. 세스가 지적했듯이 그들은 일을 하는 사람들이다. 나는 거기서 디자이너, 컨텐츠 전략가, 사용성 테스트 진행자가 되기 위해 존재하는 것이 아니다. 팀원들이 그런 역할을 할 수 있도록 돕기 위해 있는 것이다.

당신이 책임자라면 사람을 관리하는 대신 사람들로부터 떨어져서 일을 관리하는 데 집중하라. 관리보다는 조언과 도움을 주어라.

다른 사람을 위한 기회 만들기

앞서 2장에서 말했듯이, 대체 가능하다는 것은 디자이너는 거의 하지 않지만 그들 모두가 해야 하는 일을 당신이 하고 있다는 의미다. 즉, 팀의 다른 사람들이 당신처럼 다재다능해질 수 있도록 돕는 것이다. 실제 모습은 다음과 같다.

더 많은 전략 작업을 하고 싶어하던 주니어 디자이너가 내 팀에 있었던 적이 있다. 그는 팀이 기술적 부채를 없애기 위해 엄청난 노력을 기울이는 동안 내게 최소 3번 이상 그렇게 말했다. 그는 적어도 디자인적으로는 도전적이었다. 그는 자신을 밀어붙이고 싶었다.

나는 그를 이해했다. 이것은 우리 중 누구도 지원한 것이 아니다. 나는 재작업을 하느니 차라리 다시 작업으로 돌아가고 싶은 마음이 컸다.

몇 주 후, 내가 공을 들이던 프로젝트가 결실을 맺었다. 그것은 내가 몇 주 동안 계획하고 관련된 이해관계자들을 설득하는 데 상당한 시간을 할애한 일이었다. 정말 꼭 해보고 싶은 프로젝트였다.

내가 관심을 갖고 좋아하는 부분인 전략이 먼저였다. 그러나 무언가가 내 신경을 갉아먹고 있었다.

이 디자이너는 정말 재능이 있었다. 그는 매일 나타났다. 우리 모두가 어떤 종류의 전진도 하지 못하게 하던 프로젝트를 그는 묵묵히 끌고 갔다. 그는 프로젝트가 아무리 지겨워도 훌륭한 일을 해냈다. 입사한 순간부터 그가 어디까지 갈 수 있는지 보고 싶었고, 그는 진흙탕에 갇힌 채 아무데도 가지 않았다. 그는 더 전략적인 일을 하고 싶어했고, 나는 그에게 기회를 주고 싶었다.

나는 그걸 해야 했다. 나는 그에게 프로젝트를 맡겼다. 필요하다면 안내를 하고 질문에 답하기 위해 있어주겠지만, 프로젝트는 온전히 그의 몫이라고 말했다.

비밀리에 나는 그 과정에서 그가 생각해봐야 할 것을 넌지시 언급하는 많은 질문들을 그에게 물어보기로 약속했다. 하지만 난 그와 어느 정도의 거리를 두겠다고 스스로에게 맹세했다. 기억하라. 좋은 아이디어는 모든 곳에서 나온다. 우리 모두는 무엇보다도 그가 무엇을 할 수 있는지 봐야 했다. 그는 앞으로 나아갈 여지가 필요했다.

그리고 그는 그렇게 했다.

그는 그 프로젝트에서 대단한 일을 했다. 그는 여러 가지 방법으로 많은 사람들에게 자신을 증명했다. 그리고 그 과정에서 그는 내가 나중에 전략적 사상가로서 그를 찾을 수 있게 해주는 몇 가지를 배웠다.

다시 말하지만, 웹 분야의 사람들은 이미 훌륭한 일을 하고 싶어한다. 그들은 더 많이 배우고, 더 많이 받아들이고, 더 많이 만들고, 더 많이 디자인하고, 더 많이 출시하길 원한다. 그들은 굶주렸다.

그러니 그들에게 기회를 줘라.

누군가가 어떤 것을 개선할 기회를 원하면, 기회를 줄 방법을 찾아라. 다음번에 그 사람의 마음을 사로잡을 프로젝트가 생기면, 당신이 정말 직접 하고 싶어도 손을 떼라. 십중팔구로 그 사람이 나설 것이다. 그리고 둘 다 그걸로 인해 더 좋아질 것이다.

프로젝트에 투입되는 인력을 결정할 위치에 있지 않더라도, 다른 사람들을 참여시킬 수 있는 몇 가지 방법을 항상 찾을 수 있다. 그들이 당신이 하고 있는 일에 관심이 있다면, 그들을 초대해서 무엇을 함께 할 수 있는지 찾아보라.

다만 이 시나리오의 반대편에 있는 경우, 즉 당신이 보다 많은 기회를 원하는 사람이라면 다음과 같은 조언을 건넨다. 기회를 얻기 위해 무언가를 하라.

한 번은 뛰어난 재능으로 유명한 디자이너를 내 프로젝트에 초대한 적이 있다. 그는 오랫동안 지역 에이전시에서 일하다가 최근에 컨설턴트가 되기 위해 독립했다. 그는 몇 주 전에 나에게 자신도 전략적인 작업에 더 많이 참여하고 싶다고 말했다. 그래서 많은 전략적인 작업이 포함될 프로젝트가 시작됐을 때, 난 이틀 동안 진행되는 클라이언트와의 킥오프 미팅에 참여할 것을 그에게 요청했고 그는 이를 수락했다. 우리는 회의실에 며칠 동안 머무르면서 많은 아이디어를 생각해냈고, 다음주 정도에 그것들을 다듬을 계획을 세웠다. 이틀 동안 그는 대단했다. 그는 아이디어로 가득 차 있었고, 우리는 함께 일을 잘했고, 클라이언트는 그를 좋아했으며, 우리는 많은 일을 해냈다. 그의 다음 임무는 보다 완벽한 버전의 전략을 만들고, 초기 디자인 아이디어가 이를 뒷받침하는지 확인하고, 좀 더 세련된 화면을 만드는 것이었다. 다음 주 월요일에 이에 대한 회의를 할 예정이었다.

그는 월요일 회의에 나타나지 않았다. 그리고 며칠 후 그가 무엇을 했는지 확인하고자 압박했을 때, 그는 우리가 일주일 전에 화이트보드에 그린 한 장의 스케치를 디지털 버전으로 우리에게 보냈다.

그 이후로 그를 프로젝트에 부르지 않았다. 당신도 그 이유를 알 거라고 생각한다.

사람들이 당신을 포함시키길 원한다면, 초대가 왔을 때 거기에 있어야 한다. 참석하고, 신뢰를 얻고, 관여해야 한다. 더 좋아지는 유일한 방법은 조금 빠져드는 것이다. 수영장에 뛰어들 준비를 하라.

개인보다 팀 선택하기

나와 함께 일했던 대기업, 즉 중간 관리자가 전략도 없이 프로젝트에 3주를 허비했고 전임 CEO가 20분 만에 해체해버린 그 회사는 옹졸한 관리자 외에도 해결해야 할 큰 문제가 있었다. 회사의 포트폴리오에는 20~30개의 서로 다른 제품이 있었고, 1년 정도 전까지 중앙 집중식 디자인 팀이 없었다.

이 회사에는 수많은 디자이너가 있었다. 모든 제품 팀에는 적어도 한 명의 디자이너가 배정됐고, 일부 팀에는 여럿이 있었다. 그 후, 관리적인 관점을 가진 누군가가 모든 디자이너를 모으고 회사 전체에서 사용될 디자인 표준을 개발해 회사의 제품 디자인을 통합하자는 생각을 했다. 물론 각 제품에는 고유한 문제와 특성이 있지만, 이러한 차이는 더 큰 표준으로 보내져서 이와 같은 다른 특별한 경우에 사용될 수 있다. 결국, 여러 제품을 사용하는 고객은 하나의 제품만 사용해도 항상 친숙하게 느껴지는 일관성 있고 학습 가능한 인터페이스에 의지할 수 있다.

중앙 디자인 팀이 탄생했다.

디렉터는 타 부서에서 우수한 인재들을 데려오고, 외부에서 노련한 베테랑 몇 명을 채용하고, 회사 전체의 제품 디자인에 대한 유사점과 차이점, 표준과 예외를 연구하기 시작했다. 그리고 모든 제품 팀의 디자이너를 위해 핵심 지식 기반으로 팀을 바꾸기 시작했다.

물론 시간이 오래 걸릴 것이다. 그리고 정말 하기 힘들 것이다. 대부분의 회사는 디자인 표준을 일원화할 수 있는 이와 같은 기회를 진작에 인식해 왔다. 20개의 다양한 제품이 옥신각신하기 훨씬 전에 말이다. 하지만 과거는 과거다.

나는 그 과정에서 1년간 그 팀에 관한 소식을 들었다. 임원은 그들이 발전하고 있다고 말했다. 그들은 몇몇 더 큰 제품들로 인해 제품 관리자의 존경을 받았고, 그녀는 팀이 곧 전환점에 도달할 수 있을 만큼 충분한 추진력을 얻고 있다고 느꼈다. 그들은 곧 전사적으로 채택될 예정이었다.

회사에서 함께 일하는 사람들에게 중앙 디자인에 대해 말할 때마다 아무도 그것에 대해 들어본 적이 없는 것 같았다. 들어봤다면 어깨를 으쓱하면서, "잘 모르겠네요."라고 애매하게 답했을 것이다.

그들은 생각했던 것만큼 이름을 알리지 못하고 있었다.

나는 그 조직을 더 도우려고 할 만큼 오래 있었던 것은 아니지만, 그 느낌을 알고 있었다. 나는 더 규모가 작긴 하지만 이전 회사에서 같은 일을 해야 했었다. 내가 전에 해 본 일뿐만 아니라 이 회사가 할 수 있는 일에 대해서도 생각하게 됐다.

내 대답은?

전부 다 하는 것이다. 이 장에 나온 모든 것을 수행하라.

록스타가 모든 인정을 받도록 하기보다는 팀 전체를 향상시켜라. 다른 사람을 가르치는 법을 알려줘라. 공로를 양보하라. 팀의 평판이 긍정적으로 유지될 수 있도록 사람들이 장애물 앞에서 침착함을 유지하도록 도와라. 불만 대신 솔루션을 제시하라. 가르쳐라.

그리고 이 모든 것을 다 수행하라.

전체 팀을 뛰어나게 만드는 데 집중하면 전체 팀이 신뢰할 수 있는 자산으로 알려지게 된다. 언쟁보다 협력이 기본일 때 팀 자체가 더 결속되고, 회사 전체가 매일 그 혜택을 누릴 것이다.

이 책, 이 장에 있는 아이디어를 확고하게 유지하라. 그러면 공로를 나눌 때가 되면, 당신은 공로를 인정받게 될 것이다.

당신의 공로를 인정받을 것이다.

09

학습하기

10,000시간. 이것은 말콤 글래드웰이 그의 책 『블링크』에서 말한 것이다. 해리 맥스가 말한 무의식적인 무능력을 숙달로 옮기는 데 10,000시간이 걸린다.

길고 엄청난 여정이다.

주당 40시간씩 52주를 일하는 것은 4.8년 간의 사무 노동에 해당한다. 현실을 살펴보자. 휴가도 가고, 감기 같은 것에 걸리면 1년에 실제로 일하는 건 48주가량이다. 10,000시간을 채우려면 5.2년이 걸린다. 그리고 이건 당신의 담당 업무가 비교적 좁은 경우다. 당신이 제너럴리스트라면 한 가지 기술을 마스터하는 데 훨씬 더 오랜 시간이 걸릴 것이다. 그 기술만 익히는 데 투자하는 시간이 훨씬 더 적기 때문이다.

만약 당신이 천천히 진행하는 것을 좋아한다면, 당신의 속도로 학습하고 40시간 후에 확인해도 괜찮다. 숙달에 이르기 위해서 당신의 방식을 걷어찰 필요는 없다. 웹 디자인은 올림픽이 아니다. 당신은 평범한 수준에서 잠시 동안 순항하고 그럭저럭 진행할 수 있다. 이 분야에는 재능과 야망이 풍부하다. 마스터가 된 다른 사람들은 분명 한가할 때 당신을 도울 것이다.

하지만 숙달에 도달하려면 10,000시간 보다 더 걸린다. 10,000시간 이상이 들어가기 때문이다. 일이 머릿속에서 떠나지 않는 시간, 더 많은 것을 알고 더 많은 것을 하기 위해 불타오르는 시간이다.

그것을 위해 불타오르지 않는다면, 당신은 엉뚱한 비즈니스에 발을 들인 것이다. 불타오르지 않는다면, 당신의 전체 경력은 노동처럼 느껴질 것이다. 당신의 부모님이 그랬던 것처럼 말이다. 불을 붙이기 보다는 태워버린 셈이다.

당신이 그걸 위해 열심히 노력한다면, 그건 일이 아니다. 열심히 하면, 잘하게 될 것이다. 그걸 즐기게 될 것이다. 당신은 1년에 한 번 노트북에서 눈을 떼어 지금까지의 모든 일을 목록으로 작성하고, 도대체 어떻게 이 모든 일을 해냈는지 궁금해할 것이다. 당신은 성취보다 그것에 대한 사랑에 집중할 것이기 때문에 당신이 그 과정에서 얼마나 많은 것을 달성하고 있는지 눈치채지 못할 것이다. 자격증을 쌓는 게 아니라 즐기는 것이다.

일에 몰입하면 자격증은 따라온다. 좋아하는 일을 하면 돈이 뒤따른다.

이 열광적인 시간 동안 잘 지내야 하며, 가장 깊은 가치를 추구해야 한다. 당신은 10,000시간 동안 하찮은 일을 수행하고 그 일에 약간만 더 능숙해질 수도 있다. 항상 같은 종류의 디자인 프로젝트(당신이 편하게 느끼고, 작고, 관리하기 쉬운 종류)를 고수하면, 당신은 항상 같은 위치에 도달하게 될 것이다. 당신은 그걸로 경력을 쌓을 수 있다.

당신의 부모님 역시 이런 방식으로 일했다.

이 모든 것을 날려버리고 싶다면, 가끔은 멋진 일을 하고 만족스러운 일을 하라. 혼자 몇 시간 이상 걸릴 것이다. 마음가짐이 필요할 것이다.

내가 학습한 방법

내가 90년대 후반에 첫 사이트를 만들었을 때, 웹 디자인 분야의 대학교 학위가 생기기까지는 몇 년이 더 걸렸다. 교육 자료는 빈약했고 대부분 온라인에 있었다. (당시 사람들은 여전히 거의 학교에서만 교육을 받았기 때문에 웹 디자인에 대한 온라인 교육은 이상하게도 자기 참조적self-referential이었다.) 사람들에게 웹 사이트를 만드는 법을 가르쳐준 웹 사이트들은 꽤 훌륭했지만, 그런 웹 사이트는 매우 드물었고 'UX'나 '인터랙션 디자인'에 대해 한마디도 하지 않았다. 그들은 복잡한 테이블을 HTML로 작성해 레이아웃 요구 사항을 모두 처리하는 방법에 대해 설명했다. 이것은 그 당시에 프론트엔드 웹 디자인의 수준만큼 정교하다. 심리학, UX 전략, 리서치는 없다. (이 모든 것이 그 직후에 발생한 닷컴 붕괴와 상당한 관련이 있다고 확신한다.)

모든 것이 끔찍하게 들리지만, 난 이점이 있다고 생각한다. 일반적인 HTML 및 JavaScript 기술 이외의 것을 배우는 것은 어려웠기 때문에 우리 업무의 대부분을 만들어내야 했다. 우리는 어떤 일을 시도하고, 그 일에 서투르고, 무엇이 효과가 있고, 무엇이 효과가 없는지 배워야 했다. 우리의 수업을 방법론으로 체계화해야 했으며, 우리는 가르쳐야 했다.

결국에는 일반화될 이 모든 지식을 얻기 위해 싸우는 것은 사람들이 인터넷의 '지나가는 트렌드'를 직업으로 바꾸는 데 더욱 전념하게 만드는 것처럼 보였다. 웹 업계에서 일하는 사람들은 누구나 할 것 없이 인생의 마지막 날인 것처럼 일을 했고, 일은 그들을 구원할 수 있는 유일한 것이었다. 난 내 첫 10,000시간을 3년 만에 달성했다. 직장에서 일하고, 집에서 일하고, 사이드 프로젝트를 하고, 개인 프로젝트를 했다. 그런 다음 난 전문 분야를 선택하고 또 다른 10,000시간을 쏟았다. 어느 순간, 난 UX에 대해 이야기하는 데 5,000시간을 투입했을 것이다. UX에 대해 글을 쓰는 데 얼마나 많은 시간을 들였는지 계산할 수 없었다. 바쁜 16년이었다. 집착은 당신을 그렇게 만들 것이다.

이제 회계사가 되기 위해서 하는 것처럼 웹 디자인을 배우러 학교에 갈 수 있다. 그저 웹 디자인을 전공으로 선택하고, 수업에 등록하고, 90분 단위로 이해하기 쉬운 모든 것을 배우고, 그 사이에 맥주와 프리스비를 곁들이고, 몇 년 후에 애매한 숙련도를 갖추고 졸업한다.

물론 유용한 정보에 쉽게 접근할 수 있다는 장점도 있지만, 그 과정에서 무언가 잃어버린 것 같다.

바로 열정이다.

여전히 많은 사람이 온 마음을 다해서 뛰어들고 있지만, 지금은 예전과 다르게 보일지도 모른다. 학교에서 모든 것을 배운다고 생각하면서 학교에 갈 수 있다. 더 많은 것을 배우겠다는 열정 없이 학교를 떠날 수 있다. 당신이 해야 할 첫 번째 일은 주당 40시간의 전체 근무 시간을 버티는 방법을 배우는 것이라는 것조차 깨닫지 못한 채 학교를 떠날 수 있다.

기본적으로 학습 파트는 가을 일정에 따라 당신이 체크인, 체크아웃을 할 수 있을 때 악화된다.

그것이 처음부터 장애물이 될 때, 숙달에는 주 40시간보다 훨씬 더 많은 시간이 필요하다는 것을 배울 기회는 훨씬 적으며, 수천 개 태양과 같은 열정을 동반한 시도에 뛰어들 가능성도 훨씬 낮아진다.

그리고 당신이 되고 싶은 리더가 될 가능성은 훨씬 적다.

당신이 평생 주 80시간을 일해야 한다는 말이 아니다. 나는 그런 논리를 옹호할 사람이 절대 아니다. 하지만 이 분야에서 경력을 유지하길 원한다면 일주일에 적절한 시간을 투입한다고 하더라도 열정은 필수적이라는 것을 제안한다.

학습이 중요한 이유

사용성 테스트 계획을 작성한 다음 참가자를 선별하고 일정을 잡는 방법, 킥오프 미팅을 실행하는 방법, 전략을 정의하는 방법, 데이터를 분석하고 이를 기반으로 디자인을 조정하는 방법, 그 외 모든 것에는 시간이 걸린다. 그리고 UX와 관련된 인간 심리는 말할 필요도 없다. 인간 심리는 가장 힘든 부분이고, 가장 심오한 주제이며 가장 풍부하고 미묘한 관찰 분야다.

적어도 일반적인 프로젝트를 수행하는 데 필요한 모든 활동과 기술에 비교적 익숙해지기 전까지는 당신이 리더의 새로운 인사이트와 계시를 우연히 발견하게 될 가능성은 매우 낮다. 당신이 용어를 구사하고 그 의미를 모두 이해할 수 있을 때까지 말이다. UX 방식에 어느 정도의 능숙함을 갖춰라.

리더가 되기 위해서 UX의 모든 것에 정통할 필요는 없지만, 적어도 한 분야에서는 그렇게 하는 것이 확실히 도움이 된다. UX에 일시적인 관심을 가진 사람은 누구나 평범한 수준에 도달할 수 있다. 평범한 사람은 더 이상 필요치 않다. 평범한 사람은 방해가 된다. 만약 당신이 현 상태를 지속시키고 전문가들이 밀어붙이려고 하는 것과 같은 기준을 설교한다면, 팀원들에게 득보다 실이 많을 것이다. 특히 당신이 앞장서서 팀을 이끌고 있다면 더욱 그렇다.

당신이 보통 수준밖에 안 되고 그것에 만족한다는 사실이 알려지면, 더 뛰어나고 더 경험이 많은 사람은 당신이 더 어려운 상황에 들어가는 것에 동의하지 않을 것이다.

탁월함을 위한 노력이 당신을 좋은 프로젝트, 좋은 직장으로 이끌 것이다. 그리고 궁극적으로 이러한 교훈을 배우고 공유하는 것이 이 직업을 발전시키는 것이다. 그리고 그렇게 하고 있다면, 당신은 확실히 리더다.

어둠 속에서 헤엄치고 프로젝트를 수행할 때마다 나의 갈 길을 알아내려 애쓰던 그 시절에는 거의 매일이 배움의 경험이었다. 난 모든 것을 읽고, 모든 것을 시도하고, 모든 것을 추적했다.

난 많은 일을 했다.

다시 말하지만, 난 당신이 근무 시간을 늘려서 서서히 죽을 고생을 하는 것을 옹호하는 것이 아니다. 그건 번아웃으로 이어질 뿐이다. 하지만 원하는 수준에 도달하려면 일주일에 몇 시간보다는 더 많이 걸린다고 생각한다. 학습은 기하급수적이며, 학습을 빨리 할수록 자신의 한계를 더 빨리 파악할 수 있다.

몇 년 전에 나는 그룹으로 나뉜 다른 사람들과 함께 스튜디오에서 배운 새로운 형태의 드럼 연주를 시도했다. 나는 평생 동안 드럼 연주를 해왔지만 이건 나에게 완전히 새로운 스타일이었다. 첫 해에는 내가 잘 하고 있다고 생각했다. 난 그 연주법을 빨리 습득하는 중이었고, 애초에 필요한 모든 음악적 지식을 이미 가지고 있었기 때문에 나의 진도에 대해 상당히 만족했다. 그러다 영상으로 내 모습을 봤다.

좋지 않은 하루였다.

끔찍한 실력에도 불구하고 난 중급자 그룹으로 올라갔다. 그때 난 매주 추가 연습 시간을 갖기 위해 초급자 그룹에서 계속 연습했다. 주 1회보다 주 2회 연습할 때 훨씬 더 많은 것을 배우고 있다는 걸 금세 깨달았다. 단순히 2배 더 자주 연습했기 때문이 아니라, 연습 사이에 레슨의 더 많은 내용이 충분히 이해됐기 때문이다. 레슨 내용은 내 머릿속에 더 생생하게 남았다. 근육 기억muscle memory은 훨씬 더 빠른 속도로 늘어나기 시작했다.

얼마 지나지 않아 중급자 그룹에서 상급자 그룹으로 이동했고, 난 초급자 그룹에서는 나왔지만 중급자 그룹엔 남았다. 그때쯤 난 이 새로운 기술이 얼마나 어려운 일인지 깨닫기 시작했다. 그로부터 1년 후, 나는 정기적으로 무대에 올라 많은 사람들을 위해 연주하는 공연 그룹에 초대됐다. 그제서야 내가 전문 연주자에 비해 얼마나 형편없는지 깨달았다. 그리고 난 그 어느 때보다 더 많이 배웠다.

다시 한번 말하겠다.

나는 그 어느 때보다 공연 그룹에서 더 많은 것을 배웠다.

내가 공연 그룹에 있었기 때문만은 아니었다. 내가 그 그룹에 합류할 때쯤에는 몇 년 동안 일주일에 두세 번 꾸준히 더 좋은 연주자들과 함께 점점 더 정교한 음악으로 연주를 하고 있었기 때문이다. 이 스튜디오에서 할 수 있는 한 멀리 갔을 때, 난 더 좋은 스튜디오로 옮기지 않는다면 얼마나 더 발전할 수 없을지 정확히 알고 있었다. 내가 정말 형편없었을 때, 난 내 뒤를 볼 수 있었고, 지금의 상황에서 결코 도달할 수 없는 수준까지 앞을 내다볼 수 있었다.

더 자주 하면 더 잘 배운다. 그리고 진지한 교육을 받고 얼마나 발전했는지 알게 되면 이해와 지식 수준에 대한 더 나은 맥락을 얻게 된다.

앞에 놓인 것을 이해하려면 뒤에 있는 것을 보아야 한다. 리드하려면, 따라와봤어야 한다. 분명 당신도 적어도 한 번쯤은 형편없는 모습이 동영상에 찍혔을 것이다.

당신은 기꺼이 겸손해져야 한다.

자존심 버리기

재미있는 일이다.

그 드럼 그룹에서 2년차가 되던 해에 어느 날 이상하게도 새로운 연주자가 나타났다. 그는 2주 전에 스튜디오에 전화를 걸어 최근에 1년간 학교에 다니기 위해서 일본에서 피닉스(내가 사는 곳)로 이사했다고 말했다. 그는 임시 숙소에 있는 동안 드럼 그룹과 함께 연주할 수 있는지 알고 싶어했다. 그룹의 책임자는 기꺼이 그를 초대했다. 어느 날 그가 나타났다. 그리고 다음 날에도 나타났다. 그는 첫 일주일은 대부분의 그룹과 함께 앉아서 보고, 듣고, 관찰하고, 말없이 있었다. 그는 방 뒷구석에 숨어 있었다. 말도 없고, 질문도 하지 않았다. 아마도 수줍음 때문인 듯했다.

며칠 후, 스튜디오의 베테랑들은 그가 음악을 정말 빨리 익히는 것 같다는 것을 알아차리기 시작했다. 그는 좋은 기량을 갖추고 있었다. 그는 좋은 리듬을 갖고 있었다. 그래서 그들은 "오랫동안 연주했나요?"라고 물었다. 그는 "어느 정도는요."라고 답했다.

"이 드럼 칠 줄 알아요?" "조금이요."

"그럼 이건요?" "조금이요."라고 그는 말했다.

그는 자신의 이야기를 편하게 하는 사람이 아니었다.

"일본에서 어떤 그룹과 함께 연주했나요?"

그의 대답은? 그는 유명 드럼 그룹의 창립자이자 리드 드러머로 밝혀졌다.

매일 몇 시간씩 연습하고, 함께 살면서 같이 연습하고 밥도 먹고, 매년 6~8개월 동안 순회 공연을 하고 전 세계를 돌며 연주하던 사람이었다. 그는 고등학교 때 드럼을 다시 시작했다. 우리를 만났을 때 그는 30살이었다. 그것은 그의 그룹이었다.

나는 그가 피닉스에 있는 동안 일주일에 한 번 그와 함께 연주할 수 있었다. 그리고 재미있었던 건 이거다.

그는 자신에 대해 한 마디도 하지 않았다. 그는 일본에 있는 자신의 그룹에 대해 절대 말하지 않았다. 결코 우리를 압도하지 않았다. 그는 네덜란드나 스위스, 혹은 북미 전역에서 수백 명의 관중 앞에서 공연한 것에 대한 이야기를 꺼낸 적이 없었다. 그는 아무도 방해하지 않았다. 그는 누군가가 틀렸다고 말하지 않았다. 우리가 그에게 도움을 청했을 때, 그는 도와줬고 가능한 한 말을 적게 했다.

그 행동을 앞서 나의 이야기에서 언급했던 중간 관리자와 비교해 보라. 그 관리자는 내가 그의 프로젝트에서 새로운 방향을 내세운 이후로 다른 프로젝트에 내가 참여하는 것을 막았다.

원래 그런 것이다. 안 그런가? 자존심이 있는 사람은 방어할 것이 많다. 자존심을 내려놓은 사람은 계속해서 배우고, 가르치고, 자신과 주변 사람들에게 가치 있는 사람이다.

자존심을 내려놓는 것은 쉬운 일이 아니다. 그러나 배우고 발전하고 경청하는 데 있어서는 필수적이다. 어느 수준의 숙달에 이르기 위해서는 필수적이다.

당신이 경력을 시작하는 단계에 있다면(예를 들어 첫 10,000시간을 달성하기 전), 자존심을 깔아뭉개는 것의 장점에 초점을 맞춰라. 맹세코 그것에는 많은 장점이 있다.

당신이 디자인한 것에 대해 처음으로 실시한 사용성 테스트를 생각해보라.

힘든 일이었다. 그렇지 않은가?

낯선 사람들이 등장했다. 그들은 당신이 몇 주 간의 시간을 쏟았고 자신만만했던 디자인을 사용하려고 했다. 그들은 실수를 하고 길을 잃었다. 그들은 자신들이 얼마나 고생을 하고 있는지 소리 내어 말했다. 그리고 당신은 그걸 믿을 수 없었다. 기분이 상해서 집으로 돌아갔다.

또는 사람들이 페이지에 갇히고 당신이 간단명료하다고 그토록 확신하던 프로세스를 포기한다는 데이터를 처음 보았을 때 그랬다.

그리고 당신은 그것을 통해 배웠다.

그것이 개인적인 문제가 아니라는 것을 스스로 터득하는 데 오랜 시간이 걸릴 수 있다. 옳고 그름, 또는 첫 시도에 완벽해지는 것에 관한 것이 아니다. 학습에 관한 것이다.

디자인은 실험이다. 디자인의 모든 것이 실험이다.

맞다, 가능한 한 잘하려고 하는 것은 좋은 생각이다. 아니다, 당신이 성공했다고 생각하고 나서 그렇지 않았다는 것을 알아차렸을 때 끔찍하게 실망하는 것은 좋은 생각이 아니다.

당신의 일은 배우고, 듣고, 검토하고, 포함하고, 협업하고, 조사하고, 변경하고, 수정하고, 확인하고, 학습하는 것이다.

자존심이 납작해지게 하라. 그렇게 놔둬라.

한 번은 내가 속한 공연 그룹의 한 여성이 내년 목표가 있다고 내게 말했다. 그것은 놀라울 정도로 단순했지만 달성하기 엄청나게 어려운 것이었다.

그녀의 목표는 마지막으로 한 번만 더 자존심을 포기하는 것이었다.

그녀는 이미 그렇게 하는 것에 능숙했다. 그녀는 항상 그 방에서 가장 즐거운 사람으로 알려져 있었다. 그녀는 춤을 추고 농담을 했다. 그녀는 발작을 일으키듯 웃었는데 가끔은 너무 심해서 그녀가 숨을 멈췄는가 싶을 정도였다. 그녀는 자조적이었다.

자존심을 버리려는 노력의 일부는 좌절에 빠진 사람들을 상대하지 않는 것을 의미한다고 그녀가 내게 말한 적이 있다. 그녀는 "내가 이 사람에게서 무엇을 배울 수 있을까?"라고 물으며 그들을 대했다.

그녀는 배움의 기술을 터득했다. 그리고 그녀 주변의 모든 사람은 그녀에게서 배운 것을 알고 있다. 그것은 바로 당신이 항상 향상될 수 있다는 것이다.

매일 조금씩 빠져들어라

직업적 맥락에서 자존심을 버리는 또 다른 큰 부분은 당신을 다소 메스껍게 만드는 프로젝트와 일거리를 떠맡는 것과 관련이 있다.

나의 첫 웹 디자인 일자리를 위한 인터뷰 당시, 나는 일주일치 정도의 기술을 갖고 있었다. 일주일 전 오후에 HTML에 대해 가능한 한 많이 알아보고 간단한 웹 사이트를 만든 후 신문에 난 구인 정보에 연락을 취했다. 웹 디자인 구인 정보는 당시에 신문에 실렸다.

그 다음 일자리에서는 수백 개의 제품 페이지로 구성된 상거래 사이트를 손수 코딩했다. 그 다음에는 사무직 기술자로 채용됐다. Flash 기반의 인터랙티브 컴팩트 디스크 명함을 만드는 방법뿐만 아니라 전화 통신 시스템을 구성하고, 레이저 프린터를 수리하는 방법도 알고 있어야 했다. 그 후, 이러닝eLearning 회사에서 교육용 프로그램 디자이너가 됐다. 그 다음은 또 다른 회사에서 프로그래머로 일했다. 그리고는 팀을 꾸리고 일류 소프트웨어 회사의 대규모 프로그래밍 부서를 와해시키는 임무를 맡은 디자이너가 됐다.

내 경력의 처음 10년 동안, 숨쉬는 시간의 약 90%가 내 능력 밖이었다고 생각한다. 내 말을 오해하지 마라. 그건 스트레스가 많고, 끔찍하고, 불안감에 휩싸이는 일이다.

하지만 동시에 꽤나 재미가 있기도 하다. 그리고 그 보상은 대단했다. 인간 심리에 대해 내가 얻은 인사이트, 그 당시 함께 일할 수 있었던 놀라운 사람들, 시작되고 수정되고 끝나지만 다시 시작돼 다른 무언가로 변하는 모든 프로젝트들이 그런 것들이다. 일이 진부해졌을 때 당신이 그것을 좋아한다면, 웹 비즈니스는 당신에게 맞지 않다. 무언가를 해낼 수 있을지 불안하지 않다면, 당신은 충분히 노력하지 않은 것이다. 타고난 호기심이 없다면 한동안 경력을 유지할 수 있겠지만, 강렬한 경험이 되지는 않을 것이다. 재미가 없을 것이다.

항상 조금 능력을 초과하는 일거리를 찾아라. 항상 약간은 불가능하다고 느껴지는 프로젝트에 도전하라. 형편없는 사람이 되는 위험을 감수해야 한다. 그런 위험이 없다면, 예전과 똑같은 일을 하고 있을 뿐이다. 위험이 없다면, 진정한 성공에 대한 희망도 없다. 형편없어지는 것은 재미있는 부분이다.

당신의 능력 밖에 있는 것은 세상에 없다.

멍청해져라. 지독해져라. 도전하라. 그것이 발전할 수 있는 유일한 방법이다.

실패를 받아들이는 것이 아니라
성공하는 법을 배우기

스포츠에 비유할 시간이다. 진작에 그랬어야 했다.

어렸을 때 난 여러 시즌 동안 리틀 리그 야구를 했다. 처음 몇 시즌 동안의 트라이아웃에서 내 수비는 평범했고 타율은 기껏해야 평균이었다. 빨리 달릴 수가 있는지도 모르겠다. 이 모든 것 때문에 난 외야로 밀려났다. 두 시즌 동안 나는 좌익수나 우익수로 뛰었고, 경기 중에는 거의 아무것도 하지 않았다. 10살짜리 아이들은 외야 담장까지 공을 보내는 데 그다지 능숙하지 않다. 나는 주로 서있었다.

내가 타석에 섰을 때, 공이 내 머리를 스쳐 지나가는 동안 스윙은 허공을 갈랐다. 난 아무것도 맞추지 못했다. 내 선구안은 최악이었다.

연습 중에는 적어도 한 번 공을 칠 수 있었다. 그리고 느린 공으로 나에게 친절하게 대해준 것은 코치가 아니라 우리의 선발 투수였다. 아마도 일주일에 한 번쯤은 내가 스윙을 하면 공이 날아갈 거다. 이유야 어찌됐든 경기 중에는 공을 배트로 맞출 수 없었다.

나는 결코 프로 야구선수가 될 수 없었다. 나는 그걸 받아들였다. 타자가 타석에 들어설 때마다 난 외야에서 몸을 웅크리고 있을 뿐이었고, 타자가 내 쪽으로는 아무것도 날리지 않을 테지만 코치가 말했으니 내가 그러고 있다는 걸 잘 알고 있었다.

세 번째 시즌 전에는 트라이아웃이 이전과 거의 동일했다. 다시 한번 외야로 터벅거리며 걸어가서 웅크리는 연습을 했다.

그러다가 시즌이 시작되기 직전에 포수가 병에 걸렸다. 그 아이는 단핵구증, 이른바 키스병에 걸렸다. 그 아이에 대한 일시적인 동경을 극복한 후, 난 이것이 우리에게 새로운 포수가 필요하다는 것을 의미함을 깨달았다. 코치는 그 자리에 트라이아웃이 있다고 말했다.

난 참여했다.

잘 해냈다.

난 포수 자리를 임시로 맡게 됐다.

단핵구증에 걸린 아이가 다시 건강해졌을 때쯤, 난 그의 자리를 정정당당하게 차지했다. 난 그보다 더 뛰어난 포수였다. 모든 연습과 경기에서 난 포수 장비를 걸치고 홈 플레이트 뒤로 가서 공을 잡았다. 그리고 나의 새로운 지위가 난 자랑스러웠다.

그리고 나서 경기 중에 정말 이상한 일이 벌어졌다. 하얀색 물체가 나를 향해 날아왔고, 내 방망이가 그것에 부딪치는 소리를 들었고, 내가 지난 두 시즌을 보냈던 외야로 야구공이 날아가는 것을 보았다. 그런 다음 땅에 떨어졌다. 그러자 사람들이 "뛰어!"라고 말했고, 난 그렇게 했다. 그리고 그들이 손을 들고 "멈춰!"라고 소리치기 전에 난 2루에 있었다. 그 후 다른 아이가 몇 번 스윙을 했는데, 난 태그아웃될 위험이 전혀 없음에도 불구하고 홈 플레이트 위로 슬라이딩했다.

다음 경기에서도 그 일이 또 벌어졌다. 그리고 그 다음에도 마찬가지였다. 그 다음에는 단타를 치고 실망했다. 그런 다음 난 2루타로 돌아갔다.

나는 그 시즌 거의 모든 경기에서 안타를 기록했다.

하지만 기다려보라. 이게 다가 아니다.

우리는 폭투 플레이를 자주 연습했다. 그것은 투수가 땅바닥에 떨어지는 나쁜 투구를 한 후 내가 볼 수 없는 공간으로 튕겨나갔을 때를 대비한 우리의 비상 계획이었다. 내 일은 마스크를 벗어 던지고, 주위를 휘젓고, 공을 찾고, 나쁜 일이 벌어지기 전에 공을 잡는 것이었다. 이런 폭투는 누군가가 3루에 있고 투수가 긴장했을 때 발생하는 경향이 있었다. 이 상황에서 투수의 임무는 내가 그에게 공을 던지고 그가 3루에 있는 아이를 태그아웃 시킬 수 있도록 홈으로 쇄도하는 것이었다.

우리는 그걸 많이 연습했다. 열두 살짜리에게는 힘든 플레이였다.

경기 중에는 연습처럼 되지 않았다. 새롭게 발견한 자부심도 효과가 없었다. 공은 날아가고, 나는 공을 찾고, 투수에게 너무 늦게 던져주고, 플레이는 끝날 것이다. 상대팀은 지나갔다.

그러던 어느 날, 그 일이 벌어졌다. 폭투. 마스크. 날아가는 공. 사방에 먼지. 공을 잡고 방향을 돌렸는데 처음으로 투수가 있어야 할 자리를 채웠고 주자는 아직 홈 플레이트에 이르지 않았다. 난 투수에게 공을 던졌고, 그는 글러브를 돌려서 슬라이딩을 하던 주자의 발목을 태그했다.

아웃이었다.

그리고 환호성이 나왔다. 그런 다음 코치가 유니폼을 입은 아이들과 함께 경기장으로 달려와 비명을 지르며 박수를 쳤다. 이어서 등을 두드리며 축하해주었다. 우리는 그날 우승한 것과 다름없었다. 왜냐하면 이번엔 우리가 성공했기 때문이다. 노력과 연습, 인내심이 필요했지만 우리가 해냈다.

웹 산업에서 오랫동안 일해 왔다면, 실패를 포용한다는 아이디어를 적어도 한 번쯤은 들어봤을 것이다.

나는 이 아이디어가 수년 동안 전문 분야를 괴롭혀왔고, 당신이 지지할 수 있는 가장 어리석은 아이디어이기 때문에 이에 대해 잠시 이야기하고 싶다.

누가 시작했는지 모르지만 몇 년 동안 그것은 전염병으로 변했다. 몇몇 박사들이 실패를 포용하는 아이디어에 관한 책을 쓴 적이 있다. 잠시 동안, 실패에 대한 아이디어를 홍보하고 축하하는 FailCon이라는 컨퍼런스가 있었다. 그 아이디어가 너무 널리 퍼져서 홍보가 더 이상 필요치 않게 되자 컨퍼런스는 문을 닫았다. 실리콘 밸리는 실패를 받아들이는 아이디어를 사실상 미덕으로 바꿨다. (그 곳의 사업이 얼마나 자주 실패하는지 생각하면 그리 놀라운 일이 아니다.) 사람들은 지금 자녀를 양육해 참가 트로피를 받는다.

성공은 중요한 부분이 아니라고 그들이 말하는 것 같다. 그렇게 나타나고 있고, 노력하고 있다. 때때로 사람들은 아인슈타인Einstein이 "나는 실패하지 않았다. 작동하지 않는 10,000가지 방법을 찾았을 뿐이다."라고 한 말을 사용해서 그 아이디어에 대한 지지로 아인슈타인을 끌어들인다. 아인슈타인이 말 그대로 자신은 실패하지 않았다고 말했기 때문에 이것은 물론 심각하게 잘못 판단한 것이다. 실패는 확실히 그의 목표가 아니었다. 그는 성공으로 가는 길에 모든 것을 배제하고 있었다.

약간의 구글링으로 실패를 포용하는 방법에 대한 WikiHow 기사를 찾았다. 그 단계 중 하나는 "슬퍼하는 것을 멈춰라."이다.

정말이다.

알고 있다. 난 괴팍한 사람이다. 하지만 이런 터무니없는 아이디어에 대한 나의 불평은 여러 면에서 장점이 있다.

먼저, 난 이것이 부분적으로 의미론적인 문제라는 것을 인정한다. 실패를 포용하는 아이디어를 지속시키려는 사람들은 당신이 실패해야 한다는 뜻으로 말하는 것이 아니다. 당신이 자신을 밀어붙여야 한다는 뜻이다. 당신은 온갖 것을 시도해야 한다. 자신이 어디까지 갈 수 있는지 확인해야 한다. 난 그걸 이해한다. 하지만 '실패'는 강력하고 끔찍한 단어다.

그것은 성공의 결핍, 작동하지 않는 상태, 해야 할 일을 하지 않는 상태를 묘사한다. 앞서 글을 잘 쓰는 것의 가치에 대해 이야기했다. 글쓰기에서 한 가지 가이드라인은 부정적인 것을 표현하는 문구를 피하고 대신 긍정적인 것에 초점을 맞추도록 단어를 바꾸는 것이다. 그 예는 다음과 같다.

나는 별로 힘들어 보이지 않으려고 하면서 파티를 끝내려고 노력했다.

이 문장의 긍정적인 버전은?

나는 즐거운 시간을 보내고 있는 것처럼 보이려고 노력했다.

훨씬 깔끔하다. 부정적인 말에서 벗어나기 위해 표현을 비트는 것보다 긍정의 단어를 집어넣는 것이 더 쉽다. (그런데 앞의 문장은 부정적인 표현의 또 다른 좋은 예다.)

하지만 이는 내 주장 중에 가장 약한 것이다. 더 강한 것들은 다음과 같다.

예언은 자기 충족적이 되기 쉽다

자기 충족적인 인간이 되는 것과 같은 예언은 설득력 있는 속임수에 민감하다. 그중 하나는 반복이다. 전략(http://smallbusiness.chron.com/repetition-persuasive-strategy-26001.html)에 따라 몇 번이고 반복해서 말하면 장점이 있든 없든 사람들은 종종 그것을 믿기 시작한다. 그것이 대통령이 선출되는 방식이고, 전쟁이 시작되는 방식이며, 회사 전체가 디자인이 중요하다는 것을 납득할 수 있는 방식이다.

조작이라고? 맞다, 조작이다. 조작은 좋은 것이며, 필수적인 도구다. 만약 그것이 당신을 더 편안하게 만든다면 그것을 '설득' 또는 '영향력'이라고 불러라. 그냥 그것을 이해해라. 잘 다루면 당신에게 도움이 될 것이다.

하지만 반복은 당신 자신의 믿음도 강화시킨다는 것을 기억하라. 말을 많이 할수록 나중에 그것에 대한 생각을 바꾸기가 어려워진다. 반복에 주의하라. 자신의 나쁜 습관과 생각에 빠질 수 있다.

실패하는 것처럼 말이다.

빈번하게, 그리고 열정적으로 말하면 전자레인지에서 수프가 너무 뜨겁게 데워져서 나올 때마다 당신이 잘하고 있다고 생각할 것이다.

비록 그 의도가 반대라는 것을 알더라도, 하루 종일 머릿속에 있는 '실패'라는 단어는 자멸적이다. 어떤 직업이든, 어떤 경력이든 일이 잘 안 풀린다. 실패가 목표라는 것을 머릿속에 주입하는 것은 아무 소용이 없다. 비록 실패가 알려지고 성취 가능한 수준 이상으로 자신을 밀어붙이는 것을 의미한다고 해도 말이다. 달성하고자 하는 목표를 설정하는 것이 훨씬 좋다.

리더는 실패를 응원하지 않는다

리더가 하는 일, 더 정확히 말하면 리더가 하지 않는 일을 생각해 보라.

그들은 옥상에 서서 "실패!"라고 외치지 않는다. 그들은 실패의 영광을 즐기지 않는다. 당신이 일어서서 계속 가는 한 실패는 괜찮다고 더그아웃에서 소리치는 야구 코치는 없다. 당신이 파울볼을 치고, 배트를 놓치고, 발목을 삐었다고 해서 응원하는 아이들과 함께 덕아웃에서 필드로 달려오는 야구 코치도 분명 없다.

이런 일을 일어나지 않는다. 리더는 나쁜 아이디어를 지지하지 않기 때문이다. 그들은 그런 아이디어를 차단한다.

실패는 나쁜 마음가짐이다. 비효율적일 뿐만 아니라, 온갖 잘못된 것에 초점을 맞춘다. 심리학 연구에 따르면 부정적인 생각은 스트레스를 유발한다. 건강 연구에 따르면 이는 건강 악화로 이어진다. 그리고 실패를 수용하는 발상은 사람들이 실패의 긍정적인 면을 확신하도록 돕기 위한 것처럼 보이지만, 그 아이디어에만 초점을 맞추는 것은 당신이 잘못된 목표를 겨냥하고 있다는 것을 의미한다. 연습 중에 폭투 플레이가 실패한 모든 순간을 축하하는 셈이다.

리더는 그렇게 하지 않는다.

반복되는 실패는 아무런 도움이 되지 않는다

반복되는 실패는 당신에게 성공하는 법을 알려주지 않는다. 성공은 성공하는 법을 가르쳐 준다.

스타트업 창업자가 한 번 성공하면 다시 성공할 가능성이 높아진다. 그러나 실패했을 때, 그들은 처음과 마찬가지로 다음 번에도 실패할 가능성이 높다. 어쨌든 이것은 벤처 투자가들이 밝혀낸 사실이다.

어떤 사람들은 당신이 성공에서 배울 수 있을 만큼 실패에서도 배울 수 있다고 믿는다. 이것은 사실이 아니다. 두 가지 모두를 할 수 있는 방법은 수억 가지가 있지만, 이러한 결과 중 오직 하나만이 바람직하다. 당신은 실패하는 방법을 배우려고 하는 것이 아니다. 그건 너무 쉽다. 거기에는 배울 것이 없다. 당신은 성공하는 법을 배우려고 애쓰는 것이다.

한 번 실패하면 실패하는 한 가지 방법을 배우게 된다. 그러나 한 번 성공하면, 적어도 한 가지 성공하는 법을 배운 것이다. 그리고 한 가지 방법으로 성공하는 법을 배운다면, 다른 방법으로 성공하는 것을 배울 확률이 높아진다. 왜냐하면 성공하는 과정에서 당신은 성공을 다시 하기 위해 필요한 몇 가지 기술을 습득하기 때문이다. 전략을 바꾸는 법, 우선 순위를 매기는 법, 다시 생각하는 법, 어떻게 하면 목표를 달성할 수 있을지 상상하기 위해 잠시 동안 가만히 앉아서 서까래[1]를 응시하는 법을 배운다. 당신은 장애물을 뚫고 나가는 법, 긍정적인 결과를 제공할 변수를 조절하는 법을 배운다.

무엇보다 성공이 가능하다는 것을 배우게 되며, 이는 다시 성공이 이뤄질 수 있다고 믿는 데 필수적이다.

디자이너는 성공하면, 교훈을 챙겨간다. 나중에 다른 상황에 적용할 수 있는 인사이트를 챙긴다. 그들은 한 번 사실이라고 인지한 것에서 다음 번에 시작할 수 있다. 그들은 정확한 것에 더 가깝게 시작할 수 있다. 그들이 실패하면, 그 경험에서 아무것도 배우지 못하는 경우가 많다. 다음 번에도 실패할 확률이 높다.

어느 날이든, 실패하는 방법은 수없이 많기 때문에 한 가지를 배운다고 해서 반드시 다른 모든 방법을 배제하는 것에 근접해지는 것은 아니다. 웹 디

---

1   지붕을 지지하는 나무 – 옮긴이

자인에는 수많은 변수가 있다. 모든 가능성을 제외시키고 성공을 위한 방법을 찾는 데 몇 년이 걸릴 수 있다.

물론 그렇게 오래 걸리지는 않는다.

이유는 무엇인가?

그런데 웹 디자인에서 성공이란 정확히 무엇인가?

내가 여기서 말한 모든 것에도 불구하고, 웹 디자인에서의 성공은 기껏해야 모호한 개념이다.

실패를 수용하는 아이디어를 받아들이기 시작하는 순간, 그것은 증기로 변한다. 사업의 성패를 가르는 진정한 기준이 없기 때문이다. 물론 특정 회사를 가리켜 성공이라고 부를 수 있다. 그러나 성공에 대한 환상을 가능하게 하는 바로 그 이유 때문에 각각의 회사를 가리키고 그 반대라고 부를 수도 있다.

재정적 성장이 성공을 의미하는가? 회사에서 더 많은 요금을 부과하기 시작해서 그렇게 된 거라면? 아니면 더 작은 회사를 인수해 더 많은 부채가 있음에도 불구하고 더 많은 수익을 올렸기 때문인가?

사용자 가입의 급증은 성공을 의미하는가? 그와 동시에 이전보다 더 많은 사용자가 몇 개월 후에 계정을 해지한다면 어떻게 되는가?

'페이지 체류시간' 지표는 어떤가? 페이지에서 많은 시간을 보내는 사용자는 당신이 그들의 관심을 유지하는 데 성공했음을 나타내는가? 아니면 그들이 꼼짝 못한 채 다음에 무엇을 해야 할지 모른다는 뜻인가?

성공과 실패는 모두 당신이 손전등을 어떻게 들고 있느냐에 따라 달라질 수 있다.

의미론적 논쟁이 아니다. 범위에 대한 논쟁이다. 성공 여부는 목표의 정확성과 얼마나 많은 다른 요소를 당신이 무시하는지에 달려있다. 당신이 하려고 했던 것이 사용자 등록을 늘리는 것이었는데 그렇게 했고, 사용자가 고객으로 남아 있는 기간은 고려하지 않았다면 당신은 성공한 것이다. 만약 당신이 더 많은 장기 고객을 원했고 6개월 후에 그것을 달성한 것을 알수 있었다면, 비록 전반적으로 더 적은 수의 등록과 더 적은 수의 고객을 의미하더라도 당신은 성공한 것이다.

타당성에 대한 논쟁이기도 하다. 손전등을 한 쪽으로 돌리면, 성공이다. 다른 쪽으로 돌리면, 당신은 다른 무언가를 한 것이다. 돈을 버는 데는 성공하고 윤리를 지키는 데는 실패할 수 있다. 당신은 좋은 마케팅 캠페인을 통해 더 많은 고객을 유치하는 데는 성공할 수 있지만, 좋은 제품을 가지고는 고객 유치에 실패할 수 있다.

웹 디자인이라는 맥락에서 성공 또는 실패는 타당한 질문인가?

아니, 그렇지 않다.

사람들은 그저 그렇게 생각하는 것을 좋아한다.

웹 디자인은 마침내 해낼 때까지 같은 것을 반복해서 연습하는 문제가 아니다. 이것은 당신이 가진 목표에 대해 지금 충분히 잘 작동하는 것처럼 보이지만 아마도 더 나은 방식으로 수행될 수 있고 아마도 곧 해야 할 몇 가지 변수 조합을 알아낼 때까지 백만 가지의 다른 것을 시도하는 문제다.

성공과 실패는 견해가 아니다. 성공과 실패로 당신의 작업을 평가하는 것을 멈춰라.

당신이 자랑스럽게 생각하는 방식으로 당신이 바라는 일을 하고 있는지 여부로 당신의 일을 평가하라. 그 제품을 사용하는 사람들은 그것에 만족하는가? 그들은 그것을 좋아하는가?

당신은 그것을 좋아하는가?

어떤 회사든 몇 분 동안 파고들면 회사에 대해 엄청나게 잘못됐다고 느껴지는 무언가를 찾을 수 있다. 일을 오래하고 나이가 들수록 그걸 찾는 데 더 능숙해진다. 원한다면 매일 작은 성과를 쌓을 수 있지만, 충분히 긴 시간에 걸쳐 중요한 유일한 척도는 당신이 한 일과 그 일을 한 방법에 대해 당신이 만족하는지 여부다.

당신을 자랑스럽게 만드는 일을 하라.

돌파구를 찾아라

하지만 당신이 세상을 성공과 실패의 상자에 담아야 한다면 내 야구 이야기와 긍정의 문구, 그리고 반복의 힘을 기억하라.

실패를 포용한다는 개념은 당신이 마침내 무언가를 성취하는 순간보다 무언가를 제외시키는 순간을 기대한다는 생각을 고취시킨다. 그것은 목표보다 단계에 초점을 맞춘다.

맙소사, 그걸 멈춰라. 실패를 추구하는 데에는 장점이 거의 없다. 돌파구를 찾는 데 훨씬 더 많은 것이 있다.

나쁜 결과로 인해 자존심이 무너질 때, 그것을 실패라 부르지 마라. 제품이 수익을 잃거나 자금이 고갈되고, 가게가 문을 닫는 것처럼 실제로 실패하지 않는 한 그것은 실패가 아니다. 대부분의 경우, 당신이 하는 것은 일이다. 평범한 일이다. 발명하고 반복하는 것이다. 성공하는 방법을 배우는 것이다.

나는 이 책을 처음부터 형편없게 쓰는 법을 배워서 쓴 것이 아니다. 글을 써서 책을 집필했다. 포수 마스크를 벗고 공을 찾아 주자를 태그아웃하고, 방망이를 휘둘러서 해냈다. 내가 받아들일 수 있는 유일한 결과는 그것을 완성하는 것이었다.

나를 믿어라, 난 어려움을 받아들이지 않았다. 오늘 조금 뒤처지면 다음 주에는 훨씬 더 뒤처질 것이라는 사실을 알면서 몇 달 동안 매일 아침 일어나는 것은 즐겁지 않다. 필요할 때 유익하고 유용해지는 것은 항상 쉬운 일이 아니다. 나는 어려움을 극복했다. 작업을 마치면 다시 전체를 검토하고 개선했다. 이 과정에서 실패는 발견되지 않았고, 앞으로 나아가는 움직임만 있을 뿐이었다. 당신이 프로젝트를 끝마치고 싶다면, 걱정할 일만 있을 뿐이다.

당신은 녹초가 될 것이다. 방해를 받을 것이다. 산만해지고 좌절하고 불안해질 것이다. 이것들은 포용할 수 있는 것들이 아니다. 그것들에게 관심조차 두지 마라. 그것들을 무시하고, 당신이 원하는 결과를 찾고 그것에 도달할 때까지 계속하라. 언젠가 그 사람을 아웃시킬 것이다. 어느 날, 야구공이 중견수에게 날아갈 것이다. 이것이 포용하는 순간이다.

실패를 목표로 삼지 마라. 돌파구를 목표로 나아가라.

당신은 실패하고 있지 않다. 이론을 테스트하고, 아이디어를 검증하고, 무언가를 배제하고, 반복하고 있다.

당신은 배우고 있다.

실패하지 말고, 배워라.

10

비합리적이 되기

▶ 높은 기준의 장점
▶ 탁월함을 위해 디자인하기

합리적인 사람은 세상에 적응한다. 비합리적인 사람은 세상을 자신에게 맞추려고 고집을 피운다. 그러므로 모든 진보는 비합리적인 사람에게 달려 있다.

— 조지 버나드 쇼(George Bernard Shaw)

당신이 멋진 일을 하고 싶다고 가정해 보자. 사용하는 사람들에게 긍정적인 영향을 미치고, 사람들의 삶을 더 쉽고, 더 좋게 그리고 더 쉽게 관리할 수 있게 하는 디자인을 만들고 싶어한다고 가정해 보겠다.

당신은 합리적인 리더가 되는 것이 거기에 이르는 길이라고 생각할 수도 있다. 그렇지 않다. 합리적인 사람은 리더가 아니다.

우리 모두 한결같이 이성적으로 보이는 사람들과 일하고 싶어하고, 우리 중 일부는 다른 사람들에게 이성적으로 비춰지길 바라지만, 쇼는 다른 종류의 합리성에 대해 이야기하고 있다. 침착하게 결정을 내리고, 예의바른 태도를 지닌 그런 종류의 사람을 지칭하는 것이 아니었다. 혈압의 급상승 없이 일을 끝내는 사람, 상어 이빨 없이 리딩하는 사람도 아니다.

물론 이것들은 모두 좋은 자질일 수 있다. 아무도 당신이 그들을 멘토, 동료, 보스로 삼길 원하는 것에 대해 비난하지 않을 것이다. 그리고 자신을 위해 이러한 침착함을 추구하는 것은 당신에게 유리하게 작용할 뿐이다.

그러나 쇼는 그런 자질에 대해 말하고 있지 않았다. 그는 그러한 자질들의 이면에 있는 원동력, 즉 그것들을 유용하게 만드는 힘에 대해 이야기하고 있었다.

즐거움은 당신의 기쁨이 당신에게 여전히 영향을 줄 수 있는 경우에만 유용하다. 침착한 의사 결정은 그러한 결정이 사려 깊은 증거에 기초한 경우에만 유용하다. 혈압 상승 없이 일을 마치는 것은 완료한 작업이 훌륭한 디자인의 목적에 부합하는 경우에만 유용하다. 그렇지 않으면 이러한 성격적 특성과 이러한 행동은 완전히 무의미하다. 그것들은 당신을 친구로 만들지는 모르지만, 당신이 일을 잘하게 만들어주진 않을 것이다.

합리적이라는 것은 함께 어울리는 것이다. 그것은 돼야 하는 것이 아니라 있는 그대로를 받아들이는 것이다. 애쓰지 않고 만족하는 것이다. 리딩하지 않고 관리하는 것이다.

이것은 비즈니스가 구축되는 방식이 아니다. 직업이 향상되고, 산업이 파괴되고, 세상이 변하는 방식이 아니다.

쇼의 인용문에서 중요한 내용은 세 번째 문장이다. 논거가 형성되는 곳으로, 앞의 두 문장의 의미가 합쳐져서 교훈을 주는 부분이다.

그러므로 모든 진보는 비합리적인 사람에게 달려있다.

변화가 일어나려면 비합리적이어야 한다. 최고의 예지력을 갖고, 최상의 결과와 함께 세상을 최상의 형태로 보고 나서 그 기준을 달성하기 위해 불합리하게 행동해야 한다.

이것은 당신이 옳다고 믿기 때문에 갖게 된 변덕이나 잘못된 믿음에 대해 고집을 부리고 완고한 입장을 취할 수 있는 권한을 부여하는 것이 아니다. 그것은 진보가 아니다. 비합리적이라는 개념은 고집에 관한 것이 아니다. 그것은 당신이 추구하는 작업의 품질을 달성하기 위해 당신이 할 수 있는 모든 조치를 취할 수 있을 만큼 충분히 악착스러운 것에 관한 것이다.

그것은 자신의 편견을 없애기 위해 연구를 하는 것을 의미한다. 처음에 놓쳤던 진실을 찾기 위해 더 많은 질문을 하고, 더 많은 답변을 듣는 것을 의미한다. 더 나아질 수 있다는 확신이 있기 때문에 기꺼이 작업을 내던지고 다시 시작하는 것을 의미한다.

이것이 UX 직업이 처음에 생겨난 계기다. 이 때문에 인터넷이 존재하게 됐다. 누군가는 더 나은 길이 있다고 판단했고, 그것을 추구했고, 그것이 무엇인지 알아냈고, 반대편으로 나왔다.

이것이 모든 최고의 웹 비즈니스가 형성되고 성장한 방식이다. 이것이 바로 기술이 지난 수십 년 동안 그렇게 비약적으로 발전한 이유다. 그 기술의 설계가 짧은 시간에 그렇게 많이 개선된 이유다.

웹은 비합리적인 사람들을 등에 업고 만들어졌다. 비합리적인 사람들이 추진한 기술 설계는 기술 발전을 위한 자금을 창출한 대량 도입의 원인이 돼 왔다. 비합리적인 사람이 없다면, 서점에 컴퓨터 섹션이 없다. UX 직업은 없다. 디자인 분야에 대한 높은 기대치는 없다.

좋든 싫든 당신이 디자이너라면, 비합리적인 사람 중 한 명이 되는 것이 당신의 일이다. 당신은 디자이너이며, 이것은 특별한 힘이다. 그 힘을 사용하라. 그렇게 하는 동안 당신은 차분하고 신중하며 유쾌할 수 있다. 사실 그것이 당신에게 꽤 도움이 될 수 있다. 그러나 변화를 일으키기 위해서는 당신의 비합리적인 부분이 그 모든 것 뒤에서 계속 불타올라야 한다. 당신과 주변 사람들이 당신의 특별한 기준에 따라 세상을 밀어붙이고 구성하고 재창조하지 않는다면, 개선은 없다.

무언가가 형편없다면, 바로 말하라. 무언가에 결함이 있다면, 지적하라. (그리고 나서 개선안을 제안하라. 불평만으로는 쓸모가 없고 짜증나기 때문이다.) 있어야 할 것이 없다면 있어야 하는 이유를 말하고, 그것이 중요한 것이라면 온 힘을 다해서 얻어내라. 당신이 그것을 챙길 유일한 사람이고 그것을 실현시킬 만큼 충분히 신경을 쓰지 않는다면, 그것은 이뤄지지 않을 것이다.

진보는 사람들이 열심히 밀어붙일 때 이뤄진다. 그들은 그 가치를 지지하며, 좋은 논거를 만들어낸다. 그들은 설득하고, 도전하고, 증명한다. 그것이 안전벨트가 발명되고, 미국이 독립을 쟁취한 방법이다. 이렇게 해서 'UX'가 일반적인 개념이 됐고 어디서나 수요가 있게 됐다. (15년 전만해도 이러한 언쟁을 하는 사람이 훨씬 적었다. 당시에는 힘들었지만 가치 있는 전쟁이었다.)

합리적이지 마라. 큰 성과를 거두는 데 성공하라.

가기 힘든 길

한 가지 경고:

외로울 수 있다. 세상에 대한 깊은 신념과 까다로운 비전 없이는 누구도 스티브 잡스Steve Jobs가 될 수 없으며, 그 과정에서 몇몇 사람들을 소외시키지 않고는 아무도 그런 비전을 실현하지 못한다.

아무도 그것을 듣고 싶어하지 않을 때 그 주장을 하는 것은 가기 힘든 길이다. 모두가 자신의 가정이 옳다고 생각할 때 더 많은 연구를 요청하는 것은 쓸쓸한 하루를 보내게 만들 수 있다.

어쨌든 그렇게 하라. 그럴만한 가치가 있다.

당신이 훌륭한 일을 하고 싶고, 사용자에게 긍정적인 영향을 미치는 디자인, 즉 사람들의 삶을 더 쉽고 더 좋고 더 관리하기 쉽게 만드는 디자인을 하고 싶은 사람이라면 그렇게 할 만한 가치가 있다.

높은 기준의 장점

좋은 일을 하는 데 중대한 장애물 중 하나는 낮은 기준이다. 높은 기준은 사람이나 정치와 같은 다른 장애물을 극복하는 데 도움을 준다. (자세한 내용은 잠시 뒤에 다룬다.) 즉, 그것은 당신이 더 나은 디자이너가 되도록 도와준다. 또한 더 나은 상황과 프로젝트로 당신을 인도할 수 있는 사람들에게 다가갈 수 있게 돕는다.

달성하기 힘든 높은 기준에 관해

웹 디자인 맥락에서 높은 기준이란 적당한 비용으로 모든 것을 제대로 바꿀 수 있는 훌륭한 그래픽 디자인 작업, 감동적인 카피라이팅, 매력적인 서비스를 의미할 수 있다. 드문 경우지만 이 모든 것을 한 번에 의미할 수도 있다. 단순히 웹 사이트를 둘러보는 것만으로는 누가 잘하고 있는지, 못하고 있는지 구분하기 어려울 수 있다. 비결은 당신이 좋다고 생각하는 것과 다른 사람들이 좋다고 생각하는 것을 비교하고, 그것들이 어떻게 맞춰지는지를 보는 것이다. 이것은 웹 포럼에 관한 대화, 회사의 성공을 강조하는 뉴스 기사, 떠오르는 스타트업에 대한 신문 리뷰, 트위터 버즈(Twitter buzz) 또는 무언가가 왜 좋거나 나쁜지에 대한 다른 사람의 주장을 읽을 수 있는 다른 모든 방법을 통해 일어날 수 있다. 더 많이 찾고 비교할수록 다른 사람들이 생각하는 품질이 무엇인지, 그들의 정의가 자신의 정의와 어떻게 비교되는지 더 많이 알게 된다. 시간이 지남에 따라 품질에 대한 관점이 바뀐다. 대다수의 사람들이 좋다고 생각하는 것과 일치하게 될 것이다. 그렇게 되고 나면, 1마일 떨어진 곳에서도 뛰어난 작업을 발견할 수 있다. 몇 년 후, 당신의 고급스러운 취향은 제2의 천성이 된다. 잘 알려진 디자이너를 연구하라. 그들의 작업을 검토하라. 그들이 하는 말을 듣고, 그들이 보는 것을 보라. 당신의 기준은 빠르게 올라갈 것이다.

이제 높은 기준이 어떻게 도움이 되는지 알아보겠다.

해리 맥스가 말한 무의식적인 무능력에서 숙달로 넘어가는 이야기로 잠시 돌아가 보겠다. 그것은 단계적으로, 그리고 천천히 일어난다. 말콤 글래드웰은 10,000시간이 걸린다고 말한다. 나는 몇 시간 이상이 걸린다고 일찍이 말했다. 달아오를 시간이 필요하다. 열정 없이는 그 단계에 도달할 수 없다.

숙달에는 한 가지 다른 요소가 필요하다. 가능한 한 높은 기준에 대한 전념이다.

기대치를 너무 낮게 설정하면, 그것을 충족시키는 것을 디자인하기가 너무 쉽다. 당신이 평범한 취향을 갖고 있다면, 그것을 지속시키기에 충분한 것을 디자인하기가 매우 쉽다. 좋지 못한 디자인은 비교적 달성하기 쉽다. 약간의 기술이 필요하기는 하지만, 보통 수준 이하일 수 있다. 수준 이하의 웹 사이트를 디자인하는 사람들은 대부분 그들에게 불리한 증거가 쌓여 있음에도 불구하고 꽤 잘하고 있다고 생각한다.

UX는 쉽지 않다. 복잡하고, 정교하고, 미묘하며 시간이 많이 소요된다. 언제든 이 일이 쉽다고 생각한다면, 당신은 정말로 재능 있고 경험이 풍부한 것이거나 아직 충분한 수준에 다다르지 못한 것이다. 당신은 기대치를 너무 낮게 설정했고 손쉽게 도달하고 있다. 그리고 그것이 당신이 다다를 수 있는 한도이다.

높은 기준의 장점은 효과적인 디자인과 효과적이지 못한 디자인의 차이를 배우게 된다는 점이다. 사람들이 '깔끔한' 디자인을 언급할 때 의미하는 바를 열심히 배우게 된다. 좋은 사이트나 애플리케이션의 품질과 그것이 10분 뒤에 잊어버리고 다시는 쓰지 않을 사이트 및 애플리케이션의 품질과 어떻게 비교되는지를 파악하는 데 능숙해질 것이다. 일상 생활에서 만나는 디자인이 당신에게 어떤 영향을 미치는지, 그리고 그 디자인이 어떤 방식으로 영향을 주었는지에 더 많은 관심을 기울이게 될 것이다. 디자인의 측정 가능성이 왜 그렇게 중요한지 알게 될 것이다. (힌트: 왜냐하면 그것이 방정식에서 당신의 취향을 배제하고, 디자인이 제 역할을 하고 있는지에 당신의 에너지를 집중시키기 때문이다.)

높은 기준이 당신을 다른 사람들보다 더 많은 일을 하고 배우도록 이끌 것이다.

높은 기준은 기량으로 이어진다

아는 것이 싸움의 절반이라는 말이 있다. 하지만, 좋은 디자인과 나쁜 디자인의 차이를 배우는 것은 간단한 일이 아니다. 이 경우, 아는 것이 싸움의 절반이 아니다. 20퍼센트 정도 된다. 높은 기준에 대한 몰두가 당신을 자동으로 일을 잘 하는 사람의 목록에 올려주는 것은 아니다.

그 이유를 설명하기 위해 잠시 여담을 하겠다.

어니스트 헤밍웨이가 4학년 수준에서 글을 썼다고 앞서 언급했다. 그는 평이한 언어를 사용했으며 그가 만든 모든 문학 작품에서 그것을 고수했다. 하지만 모든 사람이 그의 스타일과 성공을 칭찬했음에도 불구하고, 그걸 제대로 모방한 작가는 거의 없다.

이렇게 단순하고 호소력 있는 글쓰기를 배우려면 수년간의 긴 시간이 걸리기 때문이다. 마라톤을 하는 것보다 걷는 것을 배우는 것이 더 쉬울 것이라고 생각할 수도 있지만, 헤밍웨이처럼 간단하게 글쓰는 법을 배우는 사람은 거의 없다. 대부분 훨씬 더 복잡하게 글을 쓴다. 학교에서는 복잡한 문장에 대해 가르친다. 대학에서는 학문적인 작문에 관해 가르친다. 대부분의 사람들은 여기서 멈춘다. 그들은 이제껏 해왔고 앞으로 하게 될 가장 복잡하고 화려한 글쓰기에 대한 수업으로 작문 교육을 마친다. 그것을 무시하고 4학년 수준의 글쓰기를 다시 배우려면 터무니없이 많은 작업이 필요하다.

높은 기준에 대한 당신의 전념은 강력한 힘이다. 그것은 당신이 전형적인 수업을 지나치게 만들고, 명확성과 단순성의 의미를 다시 배우게 할 것이다. 하지만 시간이 오래 걸릴 것에 대비하라. 무엇이 좋은지 아는 것은 그것을 만들어 내는 것과 같지 않다. 헤밍웨이는 헤밍웨이가 되기까지 꽤나 오랜 시간이 걸렸다.

무의식적인 무능력에서 숙달로 넘어가는 데 그저 몇 년이 걸리는 것이 아니며, 열정적인 수년의 시간이 걸리는 것도 아니다. 품질을 이해하고, 품질을 연구하고, 품질을 향해 매진하고, 품질을 당신의 목표로 만들기 위해서는 끊임없는 열망이 필요하다.

이것이 실제로 사람들이 숙달에 가까워질수록 겸손해지는 주된 이유다. 더 좋아질수록 당신은 자신이 얼마나 더 잘 할 수 있는지에 대해 더 많이 알게 된다.

높은 기준은 당신의 설득력을 높여준다

시간이 지남에 따라 높은 기준은 설득력을 포함한 당신의 모든 디자인 기술을 향상시킬 것이다. 당신은 필요에 따라 그 기술들을 완전히 익힐 것이다. 정치는 어떤 프로젝트에서든 당신을 매장시킬 수 있으며, 매우 다양한 형태로 나타날 수 있다. 당신은 심지어 그것이 어느 방향에서 오는 것인지도 매번 알지 못한다. 상사와 좋은 관계를 맺고자 하는 이해관계자가 문제가 될 수도 있다. 제대로 연구된 디자인 결정보다 변덕이 더 중요한 보스가 장애물일 수도 있다. 비록 좋지 않은 아이디어에 기반을 두었다고 하더라고 자신의 작업을 현재 프로젝트에 더 많이 밀어 넣는 것을 통해 다른 프로젝트로 넘어가려는 디자이너가 난관이 될 수도 있다.

높은 기준을 고수하는 것은 당신이 상황에 대처하는 방법을 찾을 수 있다는 것을 의미한다. 당신은 더 많은 질문을 하고, 더 많은 연구를 하고, 더 많은 증거를 보여주는 데 전념할 것이다. 이 모든 것은 좋은 디자인이 반드시 성공해야 한다는 것을 의심의 여지없이 증명하기 위한 것이다. 더 많은 돈을 안겨줄 것이다. 무엇이 되든 간에 당신의 다음 목표에 더 가까이 다가가는 데 도움을 줄 것이다.

높은 기준은 사람으로 이어진다

디자인 경력을 시작할 때, 당신의 가장 큰 바람은 배울 점이 있는 사람들과 일하는 것이다. 당신보다 훨씬 뛰어나고, 경험이 많고, 당신이 초보자를 빠르게 벗어나도록 도와줄 수 있는 사람들이다.

높은 기준에 대한 전념은 당신을 그런 사람들에게 데려간다. 지금 함께 일하고 있는 사람들이 평범하고 답답하고 지루하더라도, 당신의 높은 기준은 그들이 하지 않을 모든 종류의 일을 당신이 수행하게 만들 것이다.

당신이 존경하는 전문가에게 이메일을 보내는 것과 같다. 전문가란 좋은 글이나 책을 썼고 당신이 더 많은 것을 배우고 싶은 사람을 말한다.

지난 10년 동안 내 클라이언트 프로젝트의 대부분은 내가 쓴 글을 읽었거나 내가 컨퍼런스에서 발표하는 것을 본 사람들에 의해 시작됐다. 그 외에도 내 글을 읽고 후속 질문이 있는 사람들로부터 종종 이메일을 받는다. 디자인에 관심이 있는 사람이 마찬가지로 디자인을 중요하게 여기는 사람에게 연락하는 것은 일반적인 관행이라고 자신 있게 말할 수 있다. (그나저나 연락하는 것을 겁내지 마라. 저자는 독자의 의견을 듣는 것을 좋아한다.)

높은 기준에 대한 전념은 또한 회사에서 최고의 사람들을 찾고, 그들의 두뇌를 선택하고, 자원해서 그들과 프로젝트에서 함께 일하게 만들 것이다. (나는 이메일로 채용 가능성을 문의해 온 여러 명의 후배 디자이너들과 수년간 계약을 맺어왔다. 동일한 방식으로 채용을 하고 있는 몇몇 에이전시도 알고 있다.)

높은 기준에 대한 전념은 주변 사람들이 당신의 의견을 더 자주 묻게 만들 것이다. 당신의 상급자들이 당신을 그들의 프로젝트에 합류시키게 만들 것이다.

다시 말해서 그것은 높은 기준을 지닌 다른 사람들과 당신이 서로 끌어당기게 만들 것이다.

간단히 말해서, 당신 주변에 영향력 있는 사람들이 모일 것이다. 그리고 최고에게서 배우는 것보다 더 좋은 학습 방법은 없다.

일을 처음 시작했을 때 난 태평양 어딘가에서 홀로 뗏목을 타는 듯했다. 난 웹 디자인을 하는 사람을 한 명도 알지 못했다. 사람들이 이 일을 전문적으로 하는 대기업 중 한 곳에서 내가 일하게 될 거라고는 생각조차 못했다. 그리고 첫 번째 웹 디자인 작업을 마친 후에도 내가 많은 시간을 할애했던 이 주제에 관심을 가진 사람을 만나기까지는 시간이 좀 걸렸다.

난 사용자 그룹을 만들고, 웹 포럼에 합류했다. 내가 읽은 책의 저자에게 이메일을 보냈다. 높은 기준에 대한 전념은 나와 같은 생각을 가진 모든 부류의 사람들과 서서히 연락을 취하게 만들었다. 그들은 대기업의 디자이너, 작가였다. 결국 그들은 컨퍼런스 발표자였다. 한 사람이 다른 사람으로 이어졌다. 그러다 책을 쓰고 있는 나 자신을 발견했다. 그리고 두 번째 책을 썼다. 그리고 나서 텍사스 오스틴에서 열린 SxSW^{South by Southwest} 컨퍼런스 무대에 섰다. 크리스티나 워드케 옆에 앉았고, 700명의 청중 앞에 서서 내 이름을 알렸다. 이 모든 것은 UX 사람들이 일하는 방식을 정의하고 개선하는 데 내가 관심이 있었기 때문이다.

높은 기준에 대한 전념은 당신이 그것을 고수한다면 먼 길을 가게 할 것이다.

높은 기준은 무의식적인 저급한 취향에서 의식적인 고급스러운 취향과 그것을 만들어 내는 능력으로 당신을 이동시켜줄 것이다. 당신을 사소한 프로젝트에서 주요 프로젝트로 옮겨줄 것이다. 주목받지 않는 위치에서 앞장서는 위치로 데려갈 것이다.

이렇게 전념할 수 없다면, 지금 그만 둬라. 지칠 것이다. 웹 디자인은 열정이 있어야 잘 할 수 있는 힘든 일이다. 그것이 없다면 금세 기운이 소진될 것이다.

상상할 수 있는 최상의 기준을 받아들이고 그것을 목표로 삼아라. 그렇게 한다면 당신의 경력은 기대보다 더 과감해질 수 있다.

탁월함을 위해 디자인하기

이 모든 소프트 스킬의 목표에 대해 마지막으로 한 가지 덧붙일 말이 있다.

약 10년 전, 난 당시 유행하던 여러 유형의 인터페이스에 대해 수백 시간의 사용성 테스트를 진행하는 프로젝트에 참여했다. 때때로 그것은 영화의 오래된 고문 장면 중 하나처럼 느껴졌다. 주인공이 눈을 뜨고 의자에 묶인 채로 정신을 잃을 때까지 앞에 놓인 스크린에 무서운 이미지가 스쳐 지나가게 틀어놓는 것이다.

실제로 몇 주 동안 그렇게 느껴졌다.

그런데 불현듯 뭔가가 분명해졌고, 내가 몇 번이고 반복했던 문장이 떠올랐다.

곧 당신은 자신이 의도한 디자인을 얻게 된다.

당신이 무한 스크롤로 인터페이스를 디자인하면, 사람들은 무한 스크롤을 하게 되며 페이지 끝에 도달할 수 없다. 그들은 키보드의 화살표 키를 손가락으로 부서져라 누르고, 마우스로 전환해서 스크롤 바를 최대한 드래그하려고 애쓰고, 좌절하고 포기한다. (어쨌든 그때는 그랬다. 이제는 무한 스크롤이 더 일반적이므로, 새로운 테스트가 필요하다.)

한 페이지에 3개의 입력 필드(사이트 검색, 뉴스레터 구독, 로그인)를 넣으면, 자신이 생각하는 것을 아무 필드에나 입력하면서 문제없이 작동할 거라 믿는 사용자를 보게 된다. 3개의 필드는 이것들 중에 하나를 수행하는 3가지 방법을 의미한다. 맞는가?

당신이 한 가지를 말하는 제목을 쓰면, 그것이 다른 것을 의미한다고 생각하는 사람들을 얻게 된다.

이는 좋은 일이 될 수 있다. 이는 당신이 상상조차 하지 못했던 멋지고 흥미로운 일을 사용자가 할 수 있도록 무심코 허용했으며, 사용자가 그걸 발견했기 때문에 제품을 수정해서 그걸 지원할 수 있음을 의미할 수 있다. 트위터의 해시태그 지원이 그 예다. 그것은 검색 가능한 주제를 만드는 기본 방법으로 출발했다.

해석의 여지가 너무 많은 디자인이 문제인 경우가 대부분이다. 대부분의 경우, 그것은 당신이 손해를 보고, 잠재 고객을 쫓아낼 무언가를 디자인했다는 것을 의미한다. 그리고 이해하지 못할 온갖 종류의 고객 지원 이메일을 야기한다. 왜냐하면 수정 방법은 고사하고, 어떻게 해서 누군가가 당신의 인터페이스를 그렇게까지 잘못 사용할 수 있을지 상상도 할 수 없기 때문이다.

이런 상황을 몇 차례 보고 나면, 당신은 사용자를 비난하고 싶을 것이다. 그건 우연이라고 생각할 것이다. 당신은 제대로 했고, 모두가 말하는 멍청한 사용자 중에 한 명을 상대하고 있을 뿐이다.

몇 차례 더 겪고 나면, 뭔가 있을 거라 생각하기 시작한다. 왜 이렇게 많은 사람이 내 디자인을 잘못 해석하는 거지?

자주 목격하게 되면, 반박할 수 없다. 그들 모두는 당신의 디자인에서 당신이 보지 못한 것을 본다. 그들은 당신의 디자인을 가지고 당신이 생각하지 못한 방식으로 뭔가를 하고 있다. 당신은 이해되지 않는 것을 의도했다. 그들은 당신이 적어놓은 것을 알아차리지 못했다. 당신은 오해의 소지가 있는 단어, 잘못 배치한 텍스트 필드, 이상한 설명, 아무도 인지하지 못하는 설명을 사용했다.

직관적이고 예측 가능한 인터페이스라고 생각했던 것을 수백 명의 사람들이 잘못 해석하는 것을 목격하면 당신은 변하게 될 것이다. 몇 달에 걸친 사용성 테스트를 하는 동안 테스트 중인 디자인이 내 것이 아니라는 사실에 큰 위안을 얻었다. 그리고 난 웹 페이지를 똑같은 방식으로 볼 수 없었다. 한 가지를 평가할 때, 제목이나 버튼 또는 인터랙티브 요소가 잘못 해석될 수 있는 다양한 방식을 볼 수 있었다. 디자인할 때, 하룻밤 쉬었다가 다음날 다시 새로운 시각으로 돌아와서 내가 대체 무슨 생각을 하고 있었는지 궁금해하며 수정하려고 노력할 수 있다. 난 사용자가 보는 것처럼 볼 수 있다. 사용자는 그것이 무엇을 의미하는지, 혹은 디자이너가 무엇을 의도했는지 모르고 화면에 올려진 것만 볼 수 있다.

난 당신이 이 지점에 도달하길 간절히 바란다. 충분히 공부하고, 보고, 들어라. 이 모든 것을 너무 많이 하면 당신의 두뇌가 반으로 접히고 디자이너가 아닌 사람이 보듯이 화면을 보게 된다. 화면을 처음 보고 그것이 무엇을 의미하는지 궁금했던 때로 돌아갈 수 없다. 그러기엔 너무 늦었다. 다른 사람들이 가진 감정, 그들이 해결하려는 수수께끼, 매일 매 순간마다 마주치는 열린 해석의 인터페이스를 체득하기 위해 그들이 하는 행동을 충분히 지켜볼 수 있을 뿐이다.

솔직히 사람들이 웹을 사용할 수 있다는 것은 놀라운 일이다. 기술 설계를 개선하는 데 있어 우리가 이룬 모든 진전에도 불구하고, 대부분은 여전히 끔찍할 정도로 복잡하고 배우기 어렵다. 많은 사람이 특히 하나의 애플리케이션이나 사이트에서 다음 것으로 넘어갈 때와 같이 일관성 없는 디자인의 난리를 극복하고, 억지로 실무 지식에 욱여넣을 수 있다는 것은 인간의 위대함을 보여주는 증거다.

적당한 선에서 타협하는 것이다.

대부분의 사람들이 매일 몇 개의 핵심 사이트와 애플리케이션만 사용하는 것은 놀라운 일이 아니다. 각자 학습 곡선이 있다. 당신은 좋아하는 것, 배운 것, 아는 것을 고수한다.

당신이 충분히 공부하고, 충분히 보고, 충분히 들을 수 있다면, 당신은 대부분의 사람들이 일상에서 실제로 다루고 있는 것을 볼 수 있다. 그리고 디자인 지식을 거기에 적용해 더 좋아지게 만들 수 있다. 옵션을 디자인하는 대신 기본값을 디자인할 수 있다. 해석을 디자인하는 대신 구체적으로 디자인할 수 있다. 가능성을 디자인하는 대신 명확한 경로를 디자인할 수 있다.

그리고 나서 당신의 디자인에서 얻은 교훈을 자신의 삶, 업무 관계, 목표에 적용할 수 있다.

비합리적인 디자이너가 돼라.

직업을 유지하기 위해 디자인하는 대신 경력을 쌓기 위해 디자인하라.

보편화하기 위해 디자인하지 말고 전문가가 되기 위해 디자인하라.

이해관계자가 당신을 이끌게 디자인하는 대신 당신이 그들을 리딩하도록 디자인하라.

언제나처럼 좋은 디자인이 아니라 그 어느 때보다 좋은 디자인을 하라.

당신의 인생을 성공과 실패로 평가하기 위해 디자인하는 대신 당신을 자랑스럽게 만드는 방식으로 당신을 자랑스럽게 만드는 것을 하도록 디자인하라.

강한 의지와 확고한 신념, 높은 기준을 갖고 강한 윤리에 따라 디자인하라.

매우 높은 기준이어야 한다.

당신은 자신의 역할, 기술 세트, 커뮤니케이션, 당신에 대한 사람들의 반응, 상황과 사람, 제약, 변화에 대한 당신의 반응을 디자인할 수 있다.

당신은 자신이 디자인한 것을 얻게 된다.

리드하는 디자인을 하라.

찾아보기

264

UXer에게 꼭 필요한 경험
아무도 말해주지 않는 기술

발 행 | 2023년 9월 26일

옮긴이 | 심 규 대
지은이 | 로버트 후크만 주니어

펴낸이 | 권 성 준
편집장 | 황 영 주
편 집 | 김 진 아
　　　　김 은 비
디자인 | 윤 서 빈

에이콘출판주식회사
서울특별시 양천구 국회대로 287 (목동)
전화 02-2653-7600, 팩스 02-2653-0433
www.acornpub.co.kr / editor@acornpub.co.kr

한국어판 ⓒ 에이콘출판주식회사, 2023, Printed in Korea.
ISBN 979-11-6175-785-8
http://www.acornpub.co.kr/book/experience-required

책값은 뒤표지에 있습니다.